Deus me ama

Um ano de devocionais de mulher para mulher

God Loves Her: 366 Devotions for Women by Women
© 2022 by Our Daily Bread Publishing,
3000 Kraft Avenue SE, Grand Rapids, Michigan 49512 USA.

Adaptação e edição: Rita Rosário
Coordenação de Editorial: Adolfo Hickmann
Tradução: Rita Rosário, Thaís Soler
Revisão: Dayse Fontoura, Lozane Winter
Adaptação gráfica: Audrey Novac Ribeiro
Diagramação: Raquel Segala Ribeiro

Dados Internacionais de Catalogação na Publicação (CIP)

Cetas, Anne M.; Kasper, Cindy Hess; Pye, Amy B. et all
Deus me ama — Um ano de devocionais de mulher para mulher
Tradução: Rita Rosário, Thaís Soler – Curitiba/PR, Publicações Pão Diário.
Título original: *God loves her: 365 Devotions for Women by Women*

1. Devocional   3. Prática cristã
2. Bíblia   4. Mulheres

Exceto se indicado o contrário, as citações bíblicas são extraídas da Bíblia Sagrada NVT — Nova Versão Transformadora © Editora Mundo Cristão, 2016.

Proibida a reprodução total ou parcial sem prévia autorização, por escrito, da editora. Todos os direitos reservados protegidos pela Lei 9.610 de 19/02/1998.

Pedidos de permissões para usar citações deste devocional devem ser direcionados a: permissao@paodiario.org

© 2023 Publicações Pão Diário. Todos os direitos reservados.

Publicações Pão Diário
Caixa Postal 9740, 82620-981 Curitiba/PR, Brasil
E-mail: publicacoes@paodiario.org
www.publicacoespaodiario.com.br
Telefone: (41) 3257-4028

Código: RM784
ISBN: 978-65-5350-174-4

1.ª edição: 2023 • 2.ª impressão: 2024

Impresso na China

Prefácio

Meu momento preferido do dia é meu tempo silencioso com Deus todas as manhãs. Mas, quando não estou em minha casa, pode ser difícil encontrar o tempo e o local adequados. Numa viagem recente, passamos alguns dias com alguns familiares numa casa que alugáramos, e eu estava de olho na mesa da cozinha para ser o meu "cantinho matinal". Mas, quando acordei cedo no dia seguinte e fui até a cozinha com a minha Bíblia e meus lápis coloridos, alguém já estava lá. A mesa estava coberta por um laptop e outros acessórios de trabalho remoto. Alguém mais também estivera de olho naquela mesa.

Logo descobri que as duas salas também não serviriam. Ambas se conectavam à cozinha, e o trabalhador remoto estava participando de reuniões — sem fone.

Assim que acordei na manhã seguinte, orei pedindo ao Senhor que me mostrasse onde eu poderia investir um bom tempo com Ele e Sua Palavra. Senhor, Tu sabes o quanto valorizo meu tempo contigo. E nada é difícil demais para ti. O Senhor poderia criar uma maneira para isto?

Entrei na cozinha e deparei-me com a mesma cena: um parente numa reunião no viva-voz na mesa. Mas, enquanto eu servia uma xícara de café, ele encerrou a chamada, levantou-se e se espreguiçou.

"Estou acordado desde antes do amanhecer", ele disse. "Vou tirar uma soneca".

Fiquei olhando enquanto ele liberava a mesa e voltava para seu quarto. Reclinada sobre a bancada, balancei minha cabeça, maravilhada, e disse em meu coração: Senhor, Tu me amas. Obrigada!

Já ouvimos que Deus nos ama. Para muitas de nós, a frase "Porque Deus amou o mundo de tal maneira" ecoa em nossas memórias de infância. Sabemos "que [Ele] deu o seu Filho unigênito, para que todo o que nele crê não pereça, mas tenha a vida eterna" — por causa do Seu amor (João 3:16).

Também podemos saber que fomos salvas pela fé — "por causa do grande amor com que nos amou" (Efésios 2:4). Se aprendemos algo sobre Deus, provavelmente foi que Ele é amor e que Ele nos ama.

Mas você sabia que Ele ama você?

Você sabia que é intensamente pessoal o amor que Deus tem por você?

Ana chorou porque ela não podia ter filhos e sofria escárnio por isso. Perturbada e sem conseguir alimentar-se, ela derramou sua alma diante de Deus, rogando por um filho. E podemos ler: "o Senhor se lembrou dela" (1 Samuel 1:19). Foi algo especial para ela.

Ana orou ao Senhor Deus, e Ele a respondeu, abençoando-a com um filho. Que imensa demonstração de amor!

E que tal Maria Madalena? Ela havia visto o seu Salvador passar pela agonia da cruz e tinha ido cedo ao Seu túmulo, enquanto ainda estava escuro. Quando ela viu que a rocha havia sido removida, correu para Pedro e João, dizendo-lhes que o corpo de Jesus havia sumido. Eles correram para ver isso por si próprios e, após confirmarem essa notícia, voltaram para suas casas. Mas Maria permaneceu, chorando, querendo descobrir para onde haviam levado o seu Senhor. Em pouco tempo, ela virou-se e viu Jesus. Ela não sabia que era Jesus até que Ele disse o nome dela (João 20:16). Que alegria deve ter inundado o coração de Maria quando ela percebeu que Jesus havia ressurgido dentre os mortos.

Maria chorou, buscando o seu Senhor; e, em uma magnífica demonstração de amor, Jesus apareceu a ela.

Os devocionais neste livro destacam a preciosa verdade de que Deus nos ama — que Ele ama você, pessoalmente! Oro para que, ao ler este livro, você seja atraída para perto do Senhor. Peça que Ele lhe mostre vislumbres diários do Seu amor. Você poderá vê-los em uma miríade de formas: nas palavras encorajadoras de um amigo, num abraço inesperado, num ato de gentileza de um estranho ou numa resposta surpreendente à oração.

Tudo isso vem do nosso Deus amoroso e fiel. Porque Ele a ama.

Kim Cash Tate
Autora, professora de ensino bíblico,
palestrante, cantora e compositora.

Amor para sempre

SALMO 136:1-9

*Sabemos quanto Deus nos ama
e confiamos em seu amor. Deus é amor...*
—1 João 4:16

Anos atrás, meu filho de 4 anos me deu um coração de madeira emoldurado numa placa de metal com a expressão "para sempre" pintada no centro. "Eu te amo para sempre, mamãe", disse ele. Eu o agradeci com um abraço e disse: "Eu te amo mais". Esse presente inestimável ainda me assegura do amor infindável de meu filho. Em dias difíceis, Deus usa esse amoroso presente para me confortar e encorajar ao afirmar que sou profundamente amada.

Isso também me relembra a dádiva do eterno amor de Deus, expresso em Sua Palavra e confirmado pelo Seu Espírito. Podemos confiar na bondade imutável de Deus e agradecidos cantar louvores que confirmam Seu amor duradouro, como o salmista faz (Salmo 136:1). Podemos exaltar o Senhor como o maior e acima de tudo (vv.2-3), ao refletirmos sobre as Suas infinitas maravilhas e entendimento ilimitado (vv.4-5). O Deus que nos ama para sempre é o Criador consciente e cuidadoso dos céus e da Terra, que mantém o controle do tempo em si (vv.6-9).

Podemos nos alegrar porque o amor eterno que o salmista cantou é o mesmo amor contínuo que nosso Criador e Sustentador derrama na vida dos Seus filhos hoje. Não importa o que estivermos enfrentando, nosso Criador permanece conosco nos fortalecendo e afirmando que nos ama incondicional e completamente. Obrigado, Deus, pelas incontáveis lembranças do Teu amor sem fim e transformador de vidas!

Xochitl

2 DE JANEIRO

Florescendo como uma flor

SALMO 103:13-22

Nossos dias na terra são como o capim;
como as flores do campo, desabrochamos.
—Salmo 103:15

Meu neto mais novo tem poucos meses de vida, mas quando o vejo, sempre noto pequenas mudanças. Recentemente, ao acalentá-lo, ele me olhou e sorriu! Chorei de alegria com a lembrança dos primeiros sorrisos dos meus filhos, o que aconteceu há tanto tempo, mas parece que foi ontem. Alguns momentos são assim: inexplicáveis.

No Salmo 103, Davi escreveu um cântico poético que louva a Deus e também reflete sobre a fugacidade dos momentos alegres de nossa vida: "Nossos dias na terra são como o capim; como as flores do campo, desabrochamos. O vento sopra, porém, e desaparecemos…" (vv.15-16).

Contudo, apesar de reconhecer a brevidade da vida, Davi descreve o processo da flor desabrochando. Embora cada flor desabroche rapidamente, sua fragrância, cor e beleza trazem grande alegria no momento. E, mesmo que cada flor individual possa ser esquecida rapidamente — "como se nunca [tivessem] existido" (v.16) —, temos, por outro lado, a garantia de que "o amor do Senhor por aqueles que o temem dura de eternidade a eternidade" (v.17).

Como as flores, podemos nos alegrar e florescer de repente; mas também podemos celebrar a verdade de que os momentos da nossa vida jamais são esquecidos. Deus guarda cada detalhe sobre os nossos dias, e o Seu amor eterno permanece com os Seus filhos para sempre! *Alyson*

3 DE JANEIRO

Deus conhece sua história

SALMO 139:1-6,23-24

*Examina-me, ó Deus, e conhece meu coração;
prova-me e vê meus pensamentos.*
—Salmo 139:23

Enquanto dirigia para casa, depois do almoço com a minha melhor amiga, agradeci a Deus em voz alta por ela. Uma amiga que me conhece e me ama, apesar de coisas que não amo em mim mesma. É uma das poucas que fazem parte de um pequeno círculo que me aceita como sou: minhas peculiaridades, hábitos e erros. Ainda assim, há partes da minha história que não compartilho com quem amo, momentos em que não fui heroica: fui crítica, cruel ou não demonstrei amor. Mas Deus conhece toda a minha história. Com Ele posso falar livremente, mesmo aquilo que eu reluto em falar com os outros.

As palavras do Salmo 139 descrevem a intimidade que desfrutamos com nosso Rei Soberano. Ele nos conhece por completo (v.1)! Ele sabe "tudo que faço" (v.3). O Senhor nos convida a ir até Ele com nossa confusão, nossos anseios e nossas lutas com a tentação. Quando estamos dispostos a nos entregarmos totalmente a Ele, Deus estende a Sua mão para restaurar e reescrever as partes da nossa história que nos deixam tristes por vagarmos longe dele.

Deus nos conhece melhor do que qualquer um jamais poderá, e ainda assim… Ele nos ama! Quando nos rendemos diariamente ao Senhor e procuramos conhecê-lo mais plenamente, Deus pode transformar nossa história para a Sua glória. Ele é o autor que continua a escrevê-la. *Cindy*

4 DE JANEIRO

Histórias de cicatrizes

JOÃO 20:24-29

Veja minhas mãos. Ponha sua mão na marca em meu lado. Não seja incrédulo. Creia!
—João 20:27

A borboleta pousava e saía dos amores-perfeitos do jardim de minha mãe. Eu era criança e queria pegá-la. Corri do nosso quintal até a cozinha e peguei um frasco de vidro, mas, no meu retorno apressado, tropecei e bati no chão de concreto com força. O frasco esmagou o meu pulso deixando um corte feio que precisou de 18 pontos para fechar. Hoje a cicatriz rasteja como uma lagarta no meu pulso, contando a história de ferimentos e curas.

Quando Jesus apareceu aos discípulos após a Sua morte, Ele tinha as Suas cicatrizes. João relata que Tomé quis ver "as marcas dos pregos" e que Jesus o convidou a pôr seus dedos em suas cicatrizes (vv.25-27). Para demonstrar que Ele era o mesmo Jesus, Cristo ressuscitou dos mortos com as cicatrizes de Seu sofrimento ainda visíveis.

As cicatrizes de Jesus provam que Ele é o Salvador e relatam a história da nossa salvação. As marcas que foram perfuradas em Suas mãos, pés e em Seu lado revelam uma história de dor infligida, suportada e depois curada que pertenceria a nós. Jesus fez isso para que pudéssemos ser restaurados e curados por Ele. Você já refletiu sobre a história que as cicatrizes de Cristo contam? *Elisa*

Acolhendo os estrangeiros

DEUTERONÔMIO 10:12-19

*Amem também os estrangeiros,
pois, em outros tempos, vocês foram
estrangeiros na terra do Egito.*
—Deuteronômio 10:19

Quando os meus amigos moraram na Moldávia, um dos países mais pobres da Europa, eles se impressionaram com a recepção calorosa que tiveram, especialmente por parte dos cristãos. Uma vez, levaram algumas provisões para um casal pobre da igreja que abrigava diversas crianças. O casal os tratou como hóspedes de honra, dando-lhes chá e algo para comer. Saíram dali maravilhados com a hospitalidade e levando os presentes de frutas e legumes que haviam recebido.

Esses cristãos praticam a hospitalidade ordenada por Deus que instruiu o Seu povo a viver "de maneira agradável a ele e que ame e sirva o Senhor, seu Deus, de todo o coração e de toda a alma" (Deuteronômio 10:12). Como os israelitas conseguiram praticar essa ordenança? Lemos a resposta alguns versículos depois: "amem também os estrangeiros, pois, em outros tempos, vocês foram estrangeiros na terra do Egito" (v.19). Ao acolhê-los, serviam e honravam a Deus; e estendendo-lhes amor e cuidado, demonstravam a confiança no Senhor.

Nossas circunstâncias podem ser diferentes daquelas dos moldávios ou dos israelitas, mas também podemos demonstrar o amor de Deus por meio da nossa hospitalidade. Abrindo o nosso lar ou cumprimentando com um sorriso, podemos estender o cuidado e a hospitalidade de Deus a um mundo solitário e ferido. *Amy*

6 DE JANEIRO

Livro de história de Deus

GÊNESIS 1:26-31

*Deus os abençoou […] olhou para tudo
que havia feito e viu que era muito bom.*
—Gênesis 1:28-31

Querendo aproveitar um dia lindo, saí para dar uma volta e logo conheci um novo vizinho. Ele me parou e se apresentou: "Olá, o meu nome é Gênesis e tenho 6 anos e meio". Achei muito interessante e respondi: "Gênesis é um grande nome! É o nome do primeiro livro da Bíblia". Ele me perguntou: "O que é a Bíblia?". "É o livro de histórias de Deus sobre como Ele fez o mundo e as pessoas e como Ele nos ama". Em seguida ele fez uma pergunta inquisitiva que me fez sorrir: "Por que Deus fez o mundo, as pessoas, os carros e as casas? E a minha foto está no livro dele?".

Embora não haja uma imagem literal do meu novo amigo Gênesis ou de qualquer um de nós nas Escrituras, somos uma grande parte do livro de histórias de Deus. Vemos, em Gênesis 1, que "…Deus criou os seres humanos à sua própria imagem, à imagem de Deus os criou" (v.27). O Senhor caminhou com eles no jardim, e então os advertiu sobre ceder à tentação de ser seu próprio deus (cap.3). Mais tarde, em Seu livro, Deus contou como, em amor, Seu Filho, Jesus, veio caminhar conosco aqui revelando o plano divino para perdoar e restaurar a Sua criação.

Ao olharmos para a Bíblia, aprendemos que o nosso Criador deseja que o conheçamos, que lhe falemos e até mesmo que façamos nossas perguntas a Ele. Deus se preocupa conosco mais do que podemos imaginar. *Anne*

7 DE JANEIRO

Um tempo para a beleza

ISAÍAS 61:1-7

*Bela coroa em vez de cinzas, uma
alegre bênção em vez de lamento…*
—Isaías 61:3

Certa manhã de inverno, acordei esperando ver a mesma paisagem que me recebia há semanas: grama bege por entre manchas de neve, céus cinzentos e árvores esqueléticas. Algo incomum, porém, aconteceu da noite para o dia. Uma geada cobria tudo com cristais de gelo. A paisagem sem vida e deprimente se tornara uma linda cena que brilhava ao sol e me deslumbrava.

Às vezes, vemos problemas sem a imaginação necessária para ter fé. Esperamos que a dor, o medo e o desespero nos cumprimentem todas as manhãs, mas ignoramos a possibilidade de algo diferente acontecer. Não esperamos recuperação, crescimento ou vitória por meio do poder de Deus. No entanto, a Bíblia diz que Deus é quem nos ajuda em tempos difíceis. Ele restaura corações partidos e liberta as pessoas em cativeiro. Ele consola o luto com "…bela coroa em vez de cinzas, uma alegre bênção em vez de lamento, louvores festivos em vez de desespero…" (Isaías 61:3).

Não é que Ele apenas queira nos animar em meio aos problemas, o próprio Deus é a nossa esperança durante as provações. Mesmo que tenhamos que esperar pelo Céu para encontrar o maior alívio, o Senhor está conosco, encorajando-nos e nos dando vislumbres de si mesmo. Em nossa vida, podemos entender as palavras de Agostinho: "Na minha ferida mais profunda, vi Tua glória e ela me deslumbrou". *Jennifer*

8 DE JANEIRO

A bênção virá

GÁLATAS 6:7-10

Não nos cansemos de fazer o bem.
[...] teremos uma colheita de bênçãos,
se não desistirmos.
—Gálatas 6:9

Fiz uma caminhada com uma amiga e os netos dela, e, enquanto empurrava o carrinho do bebê, ela comentou que estava desperdiçando os seus esforços. O marcador de passos do seu relógio de pulso não estava contando suas passadas porque ela não balançava os braços. Lembrei-a de que aquele exercício ajudava a sua saúde física mesmo assim. Ela sorriu: "Mas eu quero receber a estrela dourada deste dia!".

Entendo como ela se sente! É desencorajador trabalhar em algo sem resultados imediatos. Mas recompensas nem sempre são imediatas ou imediatamente visíveis.

Quando isso ocorre, é fácil sentir que as coisas boas que fazemos são inúteis. Paulo explicou para a igreja da Galácia que a "pessoa sempre colherá aquilo que semear" (Gálatas 6:7). Então, que "não nos cansemos de fazer o bem. No momento certo, teremos uma colheita de bênçãos, se não desistirmos" (v.9). Fazer o bem não é um jeito de ganhar a salvação, e o texto não especifica se o colheremos aqui ou no Céu, mas podemos ter certeza de que haverá uma "colheita de bênçãos" (v.9).

É difícil fazer o bem, especialmente quando não vemos ou não sabemos qual será a "colheita". Mas, como no caso da minha amiga, que teve os benefícios físicos com a caminhada, vale a pena prosseguir, porque a bênção virá! *Julie*

Luz guia

GÊNESIS 1:1-5

Deus disse: "Haja luz", e houve luz.
—Gênesis 1:3

O restaurante era adorável, mas escuro. Apenas uma pequena vela tremeluzia em todas as mesas. Para enxergarem melhor, os clientes usavam os smartphones para ler seus menus, olhar para os colegas de mesa e até mesmo para ver o que estavam comendo. Finalmente, um cliente empurrou a cadeira silenciosamente, aproximou-se de um garçom e fez-lhe um pedido simples: "Você poderia acender as luzes?". Em pouco tempo, acenderam-se as luzes e os fregueses explodiram em aplausos, com risos, conversas alegres e agradecimentos. O marido da minha amiga desligou o telefone, pegou os talheres e falou por todos nós: "Que haja luz! E agora vamos comer!".

Nossa noite obscura se tornara festiva com o toque de um interruptor. Mas quanto mais importante é conhecer a fonte genuína da verdadeira luz. O próprio Deus falou as palavras surpreendentes: "Haja luz", no primeiro dia em que Ele criou o Universo "e houve luz" (v.3). "E Deus viu que a luz era boa" (v.4).

A luz expressa o grande amor de Deus por nós. A Sua luz nos direciona a Jesus, "a luz do mundo" (João 8:12), que nos afasta da obscuridade do pecado. Andando em Sua luz, encontramos o caminho claro para a vida que glorifica o Filho. Ele é o presente mais reluzente do mundo. À medida que Ele brilha, andemos em Seu caminho. *Patricia*

O milagre da neve branca

ISAÍAS 1:15-20

Embora seus pecados sejam como o escarlate,
eu os tornarei brancos como a neve...
—Isaías 1:18

No século 17, Sir Isaac Newton usou um prisma para estudar como a luz nos ajuda a ver cores diferentes. Ele descobriu que quando a luz passa através de um objeto, este parece possuir uma cor específica. Enquanto um único cristal de gelo parece translúcido, a neve é composta de muitos cristais de gelo esmagados juntos. Quando a luz passa através de todos os cristais, a neve parece ser branca.

A Bíblia menciona outra coisa que tem cor — o pecado. Por meio do profeta Isaías, Deus confrontou os pecados do povo de Judá e descreveu o pecado deles "como escarlate" e "vermelho como carmesim". Mas Deus prometeu que eles seriam "brancos como a neve" (Isaías 1:18). Como? Judá precisava se afastar do erro e buscar o perdão de Deus.

Graças a Jesus, temos acesso permanente ao perdão de Deus. Jesus chamou a si mesmo "a luz do mundo" e disse que aqueles que o seguirem "...não andarão no escuro, pois terão a luz da vida" (João 8:12). Quando confessamos nossos pecados, Deus nos perdoa e somos vistos através da luz do sacrifício de Cristo na cruz. Isso significa que Deus nos vê como Ele vê Jesus — irrepreensível.

Não precisamos nos sentir culpados e envergonhados pelo que fizemos de errado. Em vez disso, podemos nos apegar à verdade do perdão de Deus, que nos torna "brancos como a neve".

Linda

Prescrição bíblica

PROVÉRBIOS 17:19-22

O coração alegre é um bom remédio,
mas o espírito abatido consome as forças.
—Provérbios 17:22

Gregório e Elisabete separam uma "Noite da Piada" para se divertirem com seus quatro filhos em idade escolar. Cada um traz várias piadas que ouviu (ou inventou) durante a semana e eles as compartilham à mesa do jantar. Esta tradição cria lembranças alegres. Os pais perceberam que o riso era saudável e levantava os ânimos em dias difíceis.

C. S. Lewis também observou o benefício que a conversa alegre ao redor da mesa traz e escreveu: "Não há nada tão bom debaixo do Sol como as pessoas rirem juntas durante uma refeição".

A sabedoria em incentivar a alegria é descrita em Provérbios, onde lemos: "O coração alegre é um bom remédio, mas o espírito abatido consome as forças" (17:22). Esse provérbio oferece uma "receita" para estimular a saúde e a cura, permitindo que a alegria encha o nosso coração, um remédio que custa pouco e produz grandes resultados.

Todos nós precisamos desta prescrição bíblica. Quando trazemos a alegria para dentro de nossa comunicação, ela pode colocar a discordância em perspectiva. Pode nos ajudar a experimentar a paz, mesmo depois de uma prova estressante na escola ou de um dia difícil no trabalho. O riso entre a família e os amigos pode criar um lugar seguro onde todos reconhecem e sentem que são amados.

Você precisa rir mais em seu dia a dia como um "bom remédio" para o seu espírito? Lembre-se, você tem o incentivo das Escrituras para cultivar a alegria em seu coração. *Lisa*

Pequeno, mas significativo

2 CORÍNTIOS 1:8-11

*Nele depositamos nossa esperança,
e ele continuará a nos livrar. E vocês
nos têm ajudado ao orar por nós.*
—2 Coríntios 1:10-11

O dia começou como qualquer outro, mas terminou como um pesadelo. Ester e centenas de mulheres foram sequestradas de seu colégio interno por um grupo religioso militante. Um mês depois, todas foram libertas, exceto Ester, que se recusara a negar a Cristo. Quando meu amigo e eu lemos sobre ela e os perseguidos por sua fé, isso comoveu o nosso coração. Queríamos fazer algo. Mas o quê?

Ao escrever para a igreja de Corinto, o apóstolo Paulo compartilhou sobre o que experimentou na Ásia. A perseguição foi tão severa que ele e seus companheiros pensaram que não sobreviveriam (v.8). No entanto, as orações dos cristãos o ajudaram (v.11). Embora a igreja de Corinto estivesse muito distante do apóstolo, as orações deles eram importantes e Deus as ouvia. Que incrível mistério: o Soberano escolheu usar as nossas orações para cumprir o Seu propósito. Que privilégio!

Hoje podemos continuar a lembrar de nossos irmãos em Cristo que sofrem por sua fé. Há algo que podemos fazer. Podemos orar por aqueles que são marginalizados, oprimidos, espancados, torturados e às vezes até mortos por sua fé em Cristo. Vamos orar para que eles experimentem o conforto e o encorajamento de Deus e sejam fortalecidos com esperança enquanto permanecem firmes com Jesus. *Poh Fang*

Amo isso — todo mundo!

1 JOÃO 4:7-19

Deus é amor, e quem permanece no
amor permanece em Deus, e Deus nele.
—1 João 4:16

Jenna, minha sobrinha de 3 anos diz algo que sempre derrete o meu coração. Quando ela gosta de algo, de verdade, seja torta de banana, pular no trampolim ou jogar disco de frisbee, ela anuncia: "Amo isso — todo mundo!" Essas palavras são acompanhadas de um abraço enorme nos ares. Às vezes me pergunto: quando foi a última vez que me atrevi a amar assim? Sem reter nada, completamente sem medo?

João escreveu "Deus é amor" (vv.8,16). Talvez pelo fato de o amor de Deus ser o alicerce mais sólido e não a nossa ira, medo ou vergonha, é difícil para nós adultos "compreendermos a essência desse amor". O mundo nos divide em grupos com base no que mais tememos e, com frequência nos envolvemos, ignorando ou achando que são as vozes vilãs que desafiam a nossa visão preferida da realidade.

No entanto, em meio às lutas de decepção e poder (vv.5-6), o amor de Deus permanece, como luz que brilha nas trevas, convidando-nos a aprender o caminho da humildade, confiança e amor (1:7-9; 3:18). Não importa quais verdades dolorosas a luz descortina, sabemos que ainda seremos amados (4:10,18; Romanos 8:1).

Quando Jenna se inclina e sussurra: "amo isso, todo mundo!", respondo de volta, "Eu te amo mundo todo!" E sinto gratidão por esse lembrete gentil de que a cada momento sou envolta em amor e graça ilimitados. *Monica*

14 DE JANEIRO

Alegria em lugares difíceis

HABACUQUE 3:16-19

Mesmo assim me alegrarei no Senhor,
exultarei no Deus de minha salvação!
—Habacuque 3:18

A mensagem de voz da minha amiga terminava com: "Faça o seu dia ser bom!". Ao refletir sobre suas palavras, percebi que não temos o poder de tornar o nosso dia sempre "bom" — algumas circunstâncias são devastadoras. Mas um olhar cauteloso pode revelar algo belo no meu dia, mesmo que as coisas estejam ruins.

Habacuque não passava por circunstâncias fáceis. Deus havia lhe mostrado dias em que nenhuma das colheitas nem dos rebanhos, dos quais o povo dependia, seria produtivo (v.17). Seria preciso mais do que simples otimismo para suportar as dificuldades que viriam. Israel viveria extrema pobreza, e Habacuque provava o medo que faz o coração palpitar, os lábios estremecerem e as pernas tremerem (v.16).

Mas ele afirmou que se alegraria e exultaria "no Senhor" (v.18). Desse modo, ele proclamou a sua esperança no Deus que provê a força para caminharmos em lugares difíceis (v.19).

Às vezes, passamos por fases de dor profunda e dificuldades. Mas não importa o que perdemos, desejamos e nunca tivemos. Como Habacuque, podemos alegrar-nos em nosso relacionamento com o Deus de amor. Mesmo quando parece que nada mais nos resta, Ele nunca falhará nem nos abandonará (Hebreus 13:5). Aquele que cuida de "todos que choram" é o maior motivo da nossa alegria (Isaías 61:3). *Kirsten*

Outra chance

MIQUEIAS 7:1-3,18-20

Voltarás a ter compaixão de nós; […] e lançarás nossos pecados nas profundezas do mar.
—Miqueias 7:19

Na loja de bicicletas de segunda mão perto do nosso bairro, os voluntários reconstroem as bicicletas descartadas e as doam às crianças carentes. O fundador dessa loja, Ernie Clark, também as doa para adultos carentes, sem-teto, deficientes e veteranos militares que lutam para sobreviver na vida civil. Não só as bicicletas têm uma segunda chance, mas às vezes os seus destinatários também.

As segundas chances podem transformar a vida de uma pessoa, especialmente quando essa segunda chance vem de Deus. O profeta Miqueias exaltou tal graça num tempo em que Israel se submeteu ao suborno, à fraude e a outros pecados desprezíveis. Ele lamentou: "Os fiéis desapareceram; não resta uma só pessoa honesta na terra" (v.2). Miqueias sabia que Deus puniria o mal com justiça. Mas, sendo amoroso, Ele daria outra chance àqueles que se arrependessem. Humilhado por tal amor, Miqueias perguntou: "Que outro Deus há semelhante a ti, que perdoas a culpa do remanescente e esqueces os pecados dos que te pertencem?" (v.18).

Podemos nos alegrar, pois se pedirmos perdão Deus não nos abandona por causa de nossos pecados. Sobre Deus, Miqueias declarou: "Voltarás a ter compaixão de nós; pisarás nossas maldades sob teus pés e lançarás nossos pecados nas profundezas do mar!" (v.19).

O amor de Deus dá segundas chances a todos que o buscam.

Patricia

16 DE JANEIRO

Fora de contexto

JOÃO 20:13-16

Então, ao virar-se para sair, viu alguém
em pé. Era Jesus, mas ela não o reconheceu.
—João 20:14

Na fila para o voo, alguém me cutucou. Virei-me e recebi um cumprimento caloroso. "Elisa! Você se lembra de mim? Sou a Joana!". Minha mente foi à procura das "Joanas" que eu conhecia, mas não a localizou. Será que era uma vizinha? Uma colega de trabalho? Eu não sabia...

Sentindo minha dificuldade, Joana respondeu: "Elisa, nós nos conhecemos no Ensino Médio". Surgiu uma lembrança: jogos de futebol nas noites de sexta-feira, torcida nas arquibancadas. Eu a reconheci assim que o contexto ficou claro.

Após a morte de Jesus, Maria Madalena foi ao sepulcro cedo de manhã e viu que a pedra tinha sido removida, e o corpo, desaparecido (vv.1,2). Ela correu até Pedro e João, que a acompanharam de volta ao sepulcro vazio (vv.3,10). Mas, do lado de fora, Maria continuou sofrendo (v.11). Quando Jesus apareceu, "ela não o reconheceu" (v.14), achando que Ele fosse o jardineiro (v.15).

Como Maria não reconheceu Jesus? Seu corpo ressurreto estava tão diferente a ponto de ser difícil de reconhecê-lo? Será que a dor a impediu de reconhecer Jesus? Ou será que isso se deu porque, como eu, Jesus estava "fora do contexto", vivo no jardim em vez de estar morto no sepulcro?

De que forma nós também deixamos de reconhecer Jesus em nossos dias, — talvez durante a oração ou a leitura da Bíblia, ou simplesmente quando Ele sussurra em nosso coração? *Elisa*

17 DE JANEIRO

É melhor serem dois

ECLESIASTES 4:9-11

*É melhor serem dois que um,
pois um ajuda o outro a alcançar o sucesso.*
—Eclesiastes 4:9

No Triátlon Ironman de 1997, duas mulheres lutaram muito até atingir a linha de chegada. Exaustas, perseveraram vacilantes, até que Sian Welch esbarrou em Wendy Ingraham. Ambas caíram e lutaram para se levantar, tropeçaram para frente e caíram de novo a cerca de 20 metros da chegada. Wendy começou a engatinhar e a multidão aplaudiu. Quando a concorrente seguiu o exemplo, eles aplaudiram ainda mais alto. Wendy cruzou a linha de chegada em 4.º lugar e caiu nos braços estendidos de seus apoiadores. Daí, virou-se e estendeu sua mão para sua companheira caída. Sian lançou seu corpo à frente, esticou o braço em direção à mão de Wendy e cruzou a linha de chegada. Quando ela terminou a corrida em quinto lugar, a multidão gritou sua aprovação.

A finalização dessa prova que inclui natação, ciclismo e corrida de 140 km inspirou muitas pessoas. A imagem das competidoras cansadas e perseverando juntas está arraigada em minha mente, reafirmando a verdade descrita em Eclesiastes 4:9-11.

Não há vergonha em admitir que precisamos de ajuda (v.9), nem podemos honestamente negar nossas necessidades ou escondê-las do Deus onisciente. Em algum momento, cairemos, física ou emocionalmente.

Saber que não estamos sozinhos traz conforto e nos ajuda a perseverar. Nosso Pai nos ajuda e nos capacita a alcançar os necessitados, assegurando-lhes também de que não estão sozinhos.

Xochitl

18 DE JANEIRO

Promessas antigas

NÚMEROS 6:22-27

Que o Senhor o abençoe e o proteja.
—Números 6:24

Em 1979, o Dr. Gabriel Barkay e sua equipe descobriram dois pergaminhos de prata em um cemitério fora da Cidade Velha de Jerusalém. Em 2004, após 25 anos de cuidadosa pesquisa, os estudiosos confirmaram que os manuscritos eram o mais antigo texto bíblico existente, enterrados em 600 a.C. Acho particularmente tocante os pergaminhos conterem a bênção sacerdotal que Deus queria que Seu povo ouvisse: "Que o Senhor o abençoe e o proteja. Que o Senhor olhe para você com favor e lhe mostre bondade" (Números 6:24-25).

Ao conceder esta bênção, Deus mostrou a Arão e seus filhos (através de Moisés) como abençoar o povo em Seu nome. Os líderes deviam memorizar as palavras na forma que Deus lhes dera, para que falassem ao povo exatamente como o Senhor desejava. Note como essas palavras enfatizam que Deus é quem abençoa, pois duas vezes é dito "o Senhor". E quatro vezes usa-se pronome pessoal para refletir o quanto Deus deseja que o Seu povo receba o Seu amor e favor.

Pondere por um momento que os mais antigos fragmentos da Bíblia contam o desejo divino de abençoar. Que lembrança do amor ilimitado de Deus e como Ele quer relacionar-se conosco!

Se você se sente longe de Deus hoje, apegue-se firmemente à promessa nestas antigas palavras. "Que o Senhor o abençoe e o proteja." *Amy*

Não esqueça!

ATOS 1:1-11

*Foi elevado numa nuvem, e os discípulos
não conseguiram mais vê-lo.*
—Atos 1:9

Minha sobrinha, sua filha Kailyn e eu tivemos uma maravilhosa tarde de sábado juntas. Sopramos bolhas coloridas, colorimos um livro com desenhos de princesa e comemos deliciosos sanduíches. Já no carro, Kailyn chamou-me pela janela aberta dizendo: "Tia, não se esqueça de mim". Fui em direção ao carro e sussurrei: "Eu nunca poderia te esquecer e prometo que vou te ver em breve".

Em Atos 1, os discípulos observaram como Jesus foi "elevado numa nuvem" para o Céu (v.9). Questiono-me se eles achavam que poderiam ser esquecidos pelo seu Mestre. Mas Ele tinha acabado de prometer que lhes enviaria o Seu Espírito para viver neles e capacitá-los para lidar com a perseguição que estava por vir (v.8). E Jesus os ensinou que estava indo embora para preparar-lhes um lugar e voltaria para levá-los para estar com Ele (João 14:3). No entanto, os discípulos devem ter se perguntado por quanto tempo teriam que esperar. Talvez eles quisessem dizer: "Não nos esqueça, Jesus!".

Para nós que colocamos a nossa fé em Jesus, Ele vive em nós através do Espírito Santo. Podemos nos perguntar quando Jesus voltará para restaurar a nós e a Sua criação completamente. Mas isso vai acontecer e Ele não nos esquecerá. "Portanto, animem e edifiquem uns aos outros, como têm feito" (1 Tessalonicenses 5:10-11).

Anne

20 DE JANEIRO

Para uma ocasião como esta

ESTER 4:10-17

Quem sabe não foi justamente para uma ocasião como esta que você chegou à posição de rainha?
—Ester 4:14

Tammie Jo Shults não estava escalada para pilotar naquele dia. Ela havia trocado os voos com seu marido, também piloto da mesma companhia aérea, para poder assistir à corrida de que seu filho faria parte. Ela certamente não planejava uma aterrissagem emergencial e rápida quando um dos dois motores explodiu, aproximadamente a 10 mil quilômetros, e se partiu no ar, enviando estilhaços por uma janela, e ferindo fatalmente um passageiro. Felizmente, Tammie Jo pousou o avião em segurança.

Tammi Jo não tinha ideia de que faria uma aterrissagem de emergência e que salvaria a vida de muitas pessoas. Pense em Ester no Antigo Testamento. Ela nunca sonhou que seria fundamental para salvar a vida de seu povo judeu. Deus permitiu que Ester se tornasse a rainha da Pérsia. Quando chegou a hora de interceder por seus compatriotas ela enfrentou a possibilidade de sua própria morte a fim de salvar a vida de seu povo. Ela perseverou na missão para a qual Deus a chamou.

"Se conto com o favor do rei, e se lhe parecer bem atender meu pedido, poupe minha vida e a vida de meu povo", disse ela ao rei Xerxes" (Ester 7:3).

Os judeus dessa época se regozijaram com a inesperada ascensão de Ester à realeza. Deus a colocou no trono, "para uma ocasião como esta" (4:14).

Nós também podemos confiar que Deus prepara o tempo e as nossas experiências de vida para nos ajudar a cumprir os Seus propósitos para nós. *Lori*

Expandindo as fronteiras

LUCAS 10:25-37

Ame o seu próximo como a si mesmo.
—Marcos 12:31

Em 2017, o furacão Harvey destruiu vidas e propriedades nos EUA. Muitas pessoas forneceram alimento, água, roupas e um teto para os desabrigados.

Dean Kramer era o dono de uma loja de pianos e sentiu-se motivado a fazer algo mais ao refletir sobre como a música poderia trazer um tipo especial de cura e senso de normalidade aos que tinham perdido tudo. Ele e sua equipe reformaram pianos usados para doá-los onde houvesse a necessidade. Naquela primavera, Kramer e sua esposa, Lois, começaram a longa jornada para o Texas, dirigindo um caminhão cheio de pianos para doar às famílias, igrejas e escolas na área que tinha sido devastada.

Às vezes, assumimos que a palavra "próximo" significa alguém que mora perto ou pelo menos alguém que conhecemos. Mas em Lucas 10, Jesus contou a parábola do bom samaritano para ensinar que o amor por nosso próximo não deveria ter fronteiras. O bom samaritano doou livre e generosamente a um estranho ferido, embora o homem fosse judeu e fizesse parte de um grupo de pessoas que tinha desacordos com os samaritanos (vv.25-37).

Quando perguntaram a Kramer por que ele estava doando os pianos, ele explicou: Somos aconselhados a amar o nosso próximo. E foi Jesus quem afirmou: "Nenhum outro mandamento é maior…" (v.31) do que amar a Deus e ao próximo.

Cindy

22 DE JANEIRO

Bom para você

PROVÉRBIOS 24:13-14

A sabedoria é doce para a alma; se você a encontrar, terá um futuro brilhante.
—Provérbios 24:14

As pessoas ao redor do mundo gastaram cerca de 98,2 bilhões de dólares em chocolate no ano de 2016. Esse número impressiona, mas não nos surpreende. O chocolate é delicioso e nós gostamos de consumi-lo. Assim, as pessoas se alegraram coletivamente quando souberam que esse prazeroso doce tem benefícios significativos para a saúde. Contém flavonoides que ajudam a proteger o corpo contra o envelhecimento e doenças cardíacas. Nunca uma recomendação médica foi tão bem recebida ou aceita, com moderação é claro!

Salomão sugeriu que há outro "prazer" digno de nosso investimento: sabedoria. Ele recomendou ao seu filho comer mel "pois é bom" (Provérbios 24:13) e comparou sua doçura à sabedoria. A pessoa que se alimenta da sabedoria de Deus nas Escrituras a considera não apenas "doce para a alma", mas benéfica para o ensino e a capacitação, equipando-nos para "toda boa obra" que precisaremos realizar na vida (2 Timóteo 3:16-17).

A sabedoria é o que nos permite fazer escolhas inteligentes e entender o mundo ao nosso redor. E vale a pena investir e compartilhar com os que amamos, como Salomão queria fazer com seu filho. Podemos nos sentir ainda melhor quando nos deleitamos com a sabedoria de Deus na Bíblia. É um doce prazer que podemos desfrutar sem limites; na verdade, somos encorajados a fazer isso! E somos gratos a Deus pela brandura de Sua Palavra! *Kirsten*

23 DE JANEIRO

Dominar a língua

TIAGO 3:1-6

Que todas as suas palavras sejam boas e úteis,
a fim de dar ânimo àqueles que as ouvirem.
—Efésios 4:29

A autora Beryl Markham detalhou seu trabalho com Cancsiscan, um garanhão mal-humorado que ela fora encarregada de domar. Nele, ela tinha encontrado um oponente à altura. Não importava a sua estratégia, ela nunca conseguiu domar completamente o garanhão orgulhoso, conseguiu apenas uma vitória sobre sua teimosia.

E nós? Sentimos isso na batalha para domar a nossa língua? Tiago compara a língua ao freio na boca do cavalo ou ao leme do navio (vv.3-5) e lamenta: "E, assim, bênção e maldição saem da mesma boca. Meus irmãos, isso não está certo" (v.10).

Como vencer a batalha sobre a língua? Paulo nos oferece alguns conselhos para que possamos dominá-la. O primeiro requer que falemos apenas a verdade (Efésios 4:25), mas isso não nos dá uma licença para sermos contundente. O apóstolo prossegue com: "Evitem o linguajar sujo e insultante. Que todas as suas palavras sejam boas e úteis, a fim de dar ânimo àqueles que as ouvirem" (v.29). Nós também podemos jogar o lixo fora: "Livrem-se de toda a amargura, raiva, ira, das palavras ásperas e da calúnia, e de todo tipo de maldade" (v.31). Isso é fácil? Não se tentarmos fazer isso sozinhos. Felizmente, temos o Espírito Santo que nos ajuda quando confiamos nele. Com Cancsiscan era necessário ter consistência na batalha das vontades e isso vale também para que as nossas "palavras sejam boas e úteis".

Linda

24 DE JANEIRO

Orações sob o palheiro

2 CORÍNTIOS 1:8-11

E vocês nos têm ajudado ao orar por nós.
—2 Coríntios 1:11

Muitas vezes Samuel Mills e seus amigos se reuniram para orar pedindo que Deus enviasse mais pessoas a fim de compartilhar as boas-novas de Jesus. Em 1806 após voltarem de sua reunião de oração, eles foram pegos numa tempestade e se refugiaram sob um monte de feno. Sua reunião semanal de oração tornou-se então conhecida como a Reunião de Oração sob o Palheiro, que originou um movimento missionário global. Hoje, há um monumento chamado Orações sob o palheiro nos EUA lembrando o que Deus pode fazer através da oração.

O Pai se alegra quando os Seus filhos se aproximam dele com um pedido comum. É como se fosse uma reunião de família quando as pessoas se juntam com o mesmo propósito e compartilham um fardo comum.

Paulo reconhece como Deus o ajudou por meio das orações dos outros durante severo sofrimento: "ele continuará a nos livrar. E vocês nos têm ajudado ao orar por nós". Deus escolheu usar as nossas orações, individuais e em grupos, para realizar Sua obra no mundo. Não admira que o verso continue: "Então muitos darão graças porque Deus, em sua bondade, respondeu a tantas orações feitas em nosso favor" (vv.10-11).

Oremos juntos para que possamos nos alegrar coletivamente na bondade de Deus. Nosso Pai amoroso nos espera para virmos ao Senhor e para que Ele possa agir por meio de nós de maneiras que vão muito além de qualquer coisa que possamos imaginar.

Poh Fang

Jamais esquecido

ISAÍAS 49:8-16

Vejam, escrevi seu nome
na palma de minhas mãos.
—Isaías 49:16

Meus filhos me encorajaram a provar que eu ainda dominava as noções básicas do piano. Sentei-me e toquei uma escala em Dó maior. Tendo tocado pouco piano por duas décadas, surpreendi-me com minhas lembranças! Encorajei-me e toquei as sete escalas, na sequência. Surpreendi-me! Anos de prática tinham gravado as notas e a técnica tão profundamente na "memória" dos meus dedos que eles sabiam instantaneamente o que fazer.

Há coisas que jamais podem ser esquecidas. O amor de Deus por Seus filhos está gravado mais profundamente do que qualquer uma das nossas "memórias". Na verdade, Deus não as pode esquecer. Era isso que os israelitas precisavam ouvir quando o exílio os fez sentirem-se abandonados por Deus (Isaías 49:14). A Sua resposta por meio de Isaías foi inequívoca: "não me esqueceria de vocês!" (v.15). A promessa de Deus de cuidar de Seu povo era mais indubitável do que o amor de uma mãe por seu filho. Para assegurar-lhes do Seu amor imutável, Ele lhes deu uma imagem do Seu compromisso: "escrevi seu nome na palma de minhas mãos" (v.16). Essa linda demonstração do cuidado constante de Deus por Seus filhos; seus nomes e rostos estão sempre diante dele.

Podemos facilmente nos sentir negligenciados e esquecidos, porém, é reconfortante saber que o nosso nome está escrito nas mãos de Deus, e que somos sempre lembrados, cuidados e amados por Ele. *Lisa*

26 DE JANEIRO

Feitos um para o outro

GÊNESIS 2:18-24

Não é bom que o homem esteja sozinho.
Farei alguém que o ajude e o complete.
—Gênesis 2:18

"Eu cuido dele. Quando ele está feliz, fico feliz", diz Stella. Merle responde: "Fico feliz quando ela está por perto". Eles são casados há 79 anos. Quando Merle foi colocado numa casa de repouso, ele sentiu-se muito triste, então Stella prontamente o levou de volta para casa. Ele tem 101 e ela 95 anos. Embora ela precise do andador para se locomover, faz o que pode para o marido, como preparar as comidas que ele gosta. Mas não pode fazer tudo sozinha, portanto, os netos e vizinhos ajudam naquilo que ela precisa.

A vida desse casal é um exemplo de Gênesis 2, onde Deus diz: "Não é bom que o homem esteja sozinho. Farei alguém que o ajude e o complete" (v.18). Nenhuma das criaturas que Deus fez antes de Adão se encaixa nessa descrição. Somente em Eva, Adão encontrou uma ajudante e companheira adequada feita a partir da sua própria costela (vv.19-24).

Eva foi a companhia perfeita para Adão, e por intermédio deles Deus instituiu o casamento. Não foi apenas para que um ajudasse o outro, mas também para iniciar uma família e cuidar da Sua criação, que inclui outras pessoas e seres (1:28). Daquela primeira família, surgiu uma comunidade para que, casados ou solteiros, idosos ou jovens, nenhum de nós permanecesse sozinho. Como comunidade, Deus nos deu o privilégio de compartilharmos "os fardos uns dos outros" (Gálatas 6:2). *Alyson*

27 DE JANEIRO

Não alimente as provocações

PROVÉRBIOS 26:4-12

Orem para que [...] suas conversas
sejam amistosas e agradáveis...
—Colossenses 4:5-6

Já ouviu a expressão: "Não alimente os provocadores"? A provocação ou "trolação" é um novo problema no mundo digital atual: os provocadores on-line publicam comentários intencionalmente inflamatórios e prejudiciais em fóruns sociais. Mas ignorar tais comentários, não "alimentar" os provocadores, torna-lhes mais difícil sabotar uma conversa.

É fácil encontrar pessoas que não estão genuinamente interessadas em conversas produtivas. "Não responda". Provérbios 26:4 nos adverte que, ao discutir com uma pessoa arrogante e pouco receptiva, arriscamo-nos a nos rebaixarmos ao patamar dela.

No entanto, até a pessoa aparentemente mais teimosa é também uma preciosa portadora da imagem de Deus. Se formos rápidos em dispensar os outros, podemos estar correndo o risco de sermos arrogantes e de nos tornarmos não receptivos à graça de Deus (Mateus 5:22). Isso explica a razão de Provérbios 26:5 oferecer a diretriz exatamente oposta. É preciso a humilde dependência a Deus para discernir a melhor maneira de mostrar aos outros o amor em cada situação. Em algumas situações nos posicionamos; em outras, é melhor mantermos o silêncio.

Temos paz em saber que o Deus que nos aproximou quando nos opúnhamos a Ele (Romanos 5:6) atua no coração de cada pessoa. Descansemos em Sua sabedoria enquanto tentamos compartilhar o amor de Cristo. *Monica*

28 DE JANEIRO

Quem é Ele?

SALMO 24

Quem é o Rei da glória?
O Senhor dos Exércitos; ele é o Rei da glória.
—Salmo 24:10

Voltando de nossa lua de mel, nós esperávamos a nossa bagagem no aeroporto quando cutuquei meu marido e lhe mostrei um ator parado a poucos metros. Meu esposo apertou os olhos e perguntou: "Quem é ele?".

Destaquei os seus papéis mais notáveis, aproximei-me dele e pedi para tirarmos uma foto juntos. Isso faz 24 anos e ainda gosto de compartilhar sobre o dia em que conheci um astro do cinema.

Reconhecer um ator famoso é legal, mas há alguém mais importante que sou grata por conhecer pessoalmente. "Quem é o Rei da glória?" (v.8). O salmista aponta para o Senhor Todo-Poderoso como Criador, Sustentador e que domina sobre todas as coisas. Ele canta: "A terra e tudo que nela há são do Senhor; o mundo e todos os seus habitantes lhe pertencem. Pois sobre os mares ele edificou os alicerces da terra e sobre as profundezas do oceano a estabeleceu" (vv.1-2). Com admiração Davi proclama que embora Deus esteja acima de tudo, Ele é acessível (vv.3-,4). Podemos conhecê-lo, sermos capacitados por Ele e confiar nele para lutar em nosso favor, enquanto vivemos para Sua glória (v.8).

Deus dá oportunidades para que o declaremos como o único famoso que realmente vale a pena conhecer e compartilhar. Os que não o reconhecem podem ter mais razões para perguntar: "Quem é?". Como Davi, podemos apontar para o Senhor com admiração e contar a Sua história! *Xochitl*

Ame o estrangeiro

ÊXODO 23:1-9

Não maltrate nem oprima os estrangeiros. [...] vocês também foram estrangeiros na terra do Egito.
—Êxodo 22:21

Depois que uma pessoa de minha família se converteu a outra religião, os amigos cristãos me incentivaram a "convencê-la" a voltar para Jesus. Primeiro procurei amar essa pessoa como Cristo o faria, inclusive em lugares públicos onde algumas pessoas franziam o cenho para suas roupas "de aparência estrangeira". Outros fizeram comentários rudes. "Volte para casa!", um homem gritou para ela, sem saber ou aparentemente se importar com o fato de ela já estar "em sua casa".

Moisés ensinou uma maneira muito mais gentil de agir em relação às pessoas cujo vestuário ou crenças são diferentes. Ensinando leis de justiça e misericórdia, Moisés instruiu os filhos de Israel: "Não explore os estrangeiros. Vocês sabem o que significa viver em terra estranha, pois foram estrangeiros no Egito" (23:9). O decreto expressa a preocupação de Deus por todos os estrangeiros, pessoas vulneráveis aos preconceitos e abusos, e esse cuidado é repetido nos livros de Êxodo 22:21 e Levítico 19:33.

Portanto, quando invisto meu tempo com essa minha parente num restaurante ou parque, caminhando juntas ou sentadas conversando na varanda de casa, procuro demonstrar a mesma gentileza e respeito que gostaria de receber. É uma das melhores maneiras de lembrá-la do terno amor de Jesus, não a envergonhar por tê-lo rejeitado e amá-la como o Senhor nos ama com surpreendente graça. *Patricia*

30 DE JANEIRO

Oração intercessória

ROMANOS 8:26-34

*Pois o Espírito intercede por nós,
o povo santo, segundo a vontade de Deus.*
—Romanos 8:27

Parei num restaurante local para almoçar com minha família numa tarde de sábado. Enquanto o garçom nos servia, meu marido lhe perguntou o nome dele e lhe disse: "Oramos em família antes de comer. Há algo pelo qual possamos orar por você hoje?. "Alan, cujo nome agora conhecíamos, olhou para nós num misto de surpresa e ansiedade. Após breve silêncio, ele nos disse que dormia no sofá de seu amigo todas as noites, seu carro parara de funcionar e ele estava sem condições de consertá-lo.

À medida que meu marido pedia a Deus que provesse a Alan e lhe mostrasse Seu amor, pensei em como a nossa oração mediadora era semelhante ao que acontece quando o Espírito Santo assume a nossa causa e nos conecta a Deus. Em nossos momentos de maior necessidade quando percebemos que não somos páreos para lidar com a vida por conta própria, quando não sabemos o que dizer a Deus: "O Espírito intercede por nós" (Romanos 8:27). O que o Espírito diz é um mistério, mas temos certeza de que sempre se encaixa na vontade de Deus para nossa vida.

Na próxima vez em que você orar pela orientação, provisão e proteção de Deus na vida de outra pessoa, permita que esse ato de bondade o relembre de que suas necessidades espirituais também estão sendo elevadas a Deus, que conhece o seu nome e se preocupa com os seus problemas. *Jennifer*

Intervenção soberana

ÊXODO 3:1-9

Olhou para os israelitas
e percebeu sua necessidade.
—Êxodo 3:25

Bárbara cresceu sob os cuidados do governo britânico na década de 1960, mas aos 16 anos ela e seu bebê recém-nascido, Simon, ficaram desabrigados. O governo não era mais obrigado a ampará-la. A jovem escreveu à rainha da Inglaterra pedindo ajuda e obteve resposta! A rainha doou-lhe uma casa própria.

A rainha tinha os meios disponíveis para ajudar Bárbara e a sua compaixão pode representar um pequeno reflexo do poder de Deus. O Rei dos céus conhece as nossas necessidades e soberanamente realiza os Seus planos em nossa vida. À medida que o faz, entretanto, Deus deseja que nos acheguemos a Ele e que compartilhemos as nossas necessidades e outras preocupações como parte de nosso relacionamento de amor com Ele.

Os israelitas trouxeram seu desejo de liberdade diante de Deus. Eles estavam sofrendo sob o fardo da escravidão egípcia e clamaram por socorro. O Senhor os ouviu e lembrou-se da Sua promessa (v.25). Deus instruiu Moisés a libertar o Seu povo e declarou que mais uma vez Ele os libertaria e os levaria "…a uma terra fértil e espaçosa. É uma terra que produz leite e mel com fartura" (3:8).

Nosso Rei ama quando nos achegamos a Ele! Deus supre sabiamente o que precisamos, não necessariamente o que desejamos. Descansemos em Sua soberania e amorosa provisão.

Ruth

1.º DE FEVEREIRO

Partida preciosa

SALMO 116:1-19

*O Senhor se importa profundamente
com a morte de seus fiéis.*
—Salmo 116:15

Um correspondente do jornal *Boston Globe* descreveu a exibição *The Wait*, de 2018, da escultora Liz Shepherd, como algo que "evoca o que é precioso, exposto e transcendente na vida". Inspirada no momento que ela passou na cabeceira de seu pai moribundo, essa exposição busca transmitir a saudade, o vazio da perda e a frágil sensação de que os entes queridos estão fora do alcance.

A ideia de que a morte é preciosa pode parecer contraintuitiva; no entanto, o salmista declara: "O Senhor se importa profundamente com a morte de seus fiéis" (Salmo 116:15). Deus valoriza a morte do Seu povo, pois, ao passarem além dessa vida, Ele os recebe em Seu lar.

Quem são esses servos fiéis de Deus? Para o salmista, são aqueles que servem a Deus com gratidão por Sua libertação, que invocam Seu nome e que honram as palavras que falam diante dele (vv.16-18). Essas ações representam as escolhas propositais para andar com Deus, aceitar a liberdade que Ele oferece e cultivar o relacionamento com o Senhor.

Dessa forma, encontramo-nos na companhia de Jesus, que é o escolhido por Deus e precioso para Ele. As Escrituras dizem: "...Ponho em Sião uma pedra angular, escolhida para grande honra; quem confiar nela jamais será envergonhado" (1 Pedro 2:4-6). Quando a nossa confiança está em Deus, nossa partida desta vida é preciosa à Sua vista. *Remi*

2 DE FEVEREIRO

Palavras que ferem

1 SAMUEL 1:1-8

Os comentários de algumas pessoas ferem,
mas as palavras dos sábios trazem cura.
—Provérbios 12:18

"Magrela", provocou o menino. "Vareta", outro emendou. Em resposta, eu poderia ter respondido "o que vem de baixo não me atinge". Mas, mesmo sendo uma garotinha, eu sabia que não era bem assim. As palavras cruéis e impensadas doíam, às vezes doíam até demais, deixando ferimentos que se aprofundavam e duravam muito mais tempo do que o vergão causado por uma pedra ou pedaço de pau.

Ana certamente conhecia a dor das palavras impensadas. Seu marido, Elcana, amava-a, mas ela não tinha filhos, no entanto, a segunda esposa dele, Penina, tinha muitos. Em uma cultura em que o valor da mulher era muitas vezes baseado no fato de ter filhos, Penina aumentava a dor de Ana ao "provocá-la" continuamente por ainda não ter filhos. Ela agiu assim até Ana chorar e deixar de comer (1 Samuel 1:6-7).

As intenções de Elcana eram provavelmente boas, mas a sua pergunta impensada: "Ana, por que você chora? […] Será que não sou melhor para você do que dez filhos?" (v.8) ainda era dolorosa.

Como Ana, nós também cambaleamos com palavras ofensivas. E talvez reagimos às nossas dores atacando e ferindo outros com as nossas palavras. Mas todos nós podemos recorrer ao nosso Deus amoroso e compassivo em busca de força e cura (Salmo 27:5,12-14). Ele nos recebe com palavras de amor e graça. *Alyson*

3 DE FEVEREIRO

A verdadeira natureza do amor

2 CORÍNTIOS 8:1-9

*Deram não apenas o que podiam,
mas muito além disso…*
—2 Coríntios 8:3

Durante o confinamento da pandemia, João foi forçado a fechar sua academia e ficou sem a sua renda por meses. Certo dia, um amigo pediu para ir encontrá-lo em suas instalações ao final do dia. João não entendeu o motivo, mas foi até lá. Logo os carros começaram a entrar no estacionamento. O motorista do primeiro carro colocou uma cesta na calçada perto da entrada. Em seguida, vieram aproximadamente 50 carros, um após outro. As pessoas acenavam e colocavam cartões e algum dinheiro na cesta. Alguns sacrificaram seu dinheiro; porém todos deram do seu tempo para encorajar João.

De acordo com Paulo, a verdadeira natureza do amor é sacrificial. O apóstolo explicou ao povo de Corinto que os macedônios deram "muito além" do que podiam para que pudessem atender às necessidades dos apóstolos e dos outros (2 Coríntios 8:3). Eles até "suplicaram" a Paulo pela oportunidade de fazer doações a eles e ao povo de Deus. A motivação para eles doarem era o sagrado sacrifício de Jesus. Ele deixou as riquezas do Céu para vir à Terra para ser servo e dar Sua própria vida. "Embora fosse rico, por amor a [nós] ele se fez pobre" (v.9).

Que nós também supliquemos a Deus para que possamos nos destacar "no generoso ato de contribuir" (v.7) para atender amorosamente às necessidades de outros. *Anne*

4 DE FEVEREIRO

Derrubando os pinos

ECLESIASTES 1:3-11

A história […] se repete. O que foi feito antes será feito outra vez. Nada debaixo do sol é realmente novo. —Eclesiastes 1:9

Fiquei intrigada quando notei a tatuagem dos pinos de boliche no tornozelo da minha amiga. A música *"Setting Up the Pins"* (Organizando os pinos) de Sara Groves a inspirou para fazer essa tatuagem. A canção encoraja a alegrar-se com as tarefas rotineiras e repetitivas que às vezes parecem tão inúteis quanto arrumar manualmente os pinos de boliche, apenas para alguém vir derrubá-los.

Lavar. Cozinhar. Cortar a grama. A vida parece cheia de tarefas que, uma vez concluídas, precisam ser refeitas. Não é uma luta nova, mas uma frustração antiga, registrada no livro de Eclesiastes. O livro começa com o escritor reclamando sobre os intermináveis ciclos da vida humana como fúteis (Eclesiastes 1:2-3), sem sentido, pois "O que foi feito antes será feito outra vez" (v.9).

No entanto, o escritor foi capaz de recuperar o sentimento de alegria e significado, lembrando-nos que a nossa realização final vem de como reverenciamos a Deus e "obedecemos aos Seus mandamentos" (12:13). Confortamo-nos em saber que Deus valoriza até mesmo os aspectos comuns e aparentemente mundanos da vida e recompensará a nossa fidelidade (v.14).

Quais são os "pinos" que você está reposicionando continuamente? Nos momentos em que as tarefas repetitivas começam a parecer cansativas, que tenhamos um momento para oferecê-las como oferta de amor a Deus. *Lisa*

Um legado duradouro

GÊNESIS 4:1-2

[Eva] disse: "Com a ajuda do Senhor, tive um filho".
—Gênesis 4:1

Thomas Edison inventou a primeira lâmpada. Jonas Salk desenvolveu uma vacina eficaz contra a poliomielite. Amy Carmichael escreveu muitos dos hinos que cantamos para adorar o Senhor. Mas e você? Por que você foi colocado na Terra? Em que você investirá a sua vida?

Gênesis 4 nos diz que Eva engravidou e "…deu à luz Caim". Depois de segurar Caim pela primeira vez, ela anunciou: "Com a ajuda do Senhor, tive um filho" (v.1). No esforço para explicar a surpreendente experiência do primeiro nascimento, Eva usou uma frase que refletiu a sua total dependência da ajuda soberana de Deus: "Com a ajuda do Senhor". Eventualmente, através da semente de Eva, Deus proveria resgate para o Seu povo por meio de outro Filho (João 3:16). Que legado!

A paternidade é uma das muitas maneiras pelas quais as pessoas fazem contribuições duradouras para esse mundo. A sua contribuição pode surgir no local onde você escreve, tricota ou pinta. Talvez você seja um exemplo para outra pessoa desprovida da influência divina. Ou o seu investimento poderá vir depois da sua morte de formas que você nunca teria imaginado. Poderá ser o trabalho que você deixará para trás ou a sua reputação de integridade nos negócios. Em todo caso, suas palavras ecoarão a mesma dependência que Eva tinha em Deus? "Com a ajuda do Senhor", o que você fará por Sua honra? *Elisa*

6 DE FEVEREIRO

Dos lábios dos bebês

MATEUS 21:14-16

Dos lábios das crianças e dos recém-nascidos firmaste o teu nome como fortaleza…
—Salmo 8:2 NVI

Depois de ver Vivian, 10, usar um galho como microfone para imitar um pregador, Michele decidiu lhe dar a chance de "pregar" em sua vila no Sudão. Vivian aceitou, e a missionária Michele escreveu: "A multidão ficou em êxtase. [...] Uma menininha que fora abandonada se levantara diante de todos com a autoridade de uma filha do Rei, compartilhando poderosamente a realidade do reino de Deus. Muitas pessoas foram à frente para receber Jesus" (Michele Perry, *Love Has a Face*, O amor tem um rosto).

Naquele dia, as pessoas não esperavam a pregação de uma criança. O incidente me traz à mente a frase "dos lábios das crianças", extraída do Salmo 8. Davi escreveu: "Dos lábios das crianças e dos recém-nascidos firmaste o teu nome como fortaleza, por causa dos teus adversários" (Salmo 8:2 NVI). Jesus mais tarde citou esse versículo em Mateus 21:16, após os sacerdotes e escribas criticarem as crianças que louvavam a Jesus no Templo de Jerusalém. As crianças eram um incômodo para esses líderes. Citando essa passagem das Escrituras, Jesus mostrou que Deus levava a sério o louvor das crianças. Elas faziam o que os líderes não estavam dispostos a fazer: glorificar o tão esperado Messias.

Como Vivian e as crianças no Templo mostraram, Deus pode usar até uma criança para glorificá-lo. Do coração delas, corre uma fonte de louvor. *Linda*

7 DE FEVEREIRO

Materiais perigosos

ISAÍAS 6:1-10

*Veja, esta brasa tocou seus lábios. Sua culpa
foi removida, e seus pecados foram perdoados.*
—Isaías 6:7

Ouvi o forte som da sirene e suas luzes piscavam através do meu para-brisa. Elas iluminavam as palavras "materiais perigosos" na lateral do caminhão. Soube depois que seguiam para um laboratório de ciências, onde um recipiente de 400 litros de ácido sulfúrico tinha começado a vazar. O esquadrão de segurança teve que conter essa substância imediatamente devido a sua capacidade de danificar o que quer que entrasse em contato com o ácido. Pensando sobre isso, perguntava-me o que aconteceria se as sirenes tocassem toda vez que uma palavra dura ou crítica "vazasse" da minha boca? Infelizmente, haveria muito barulho ao meu redor.

O profeta Isaías compartilhou essa percepção sobre o seu pecado. Quando ele contemplou a glória de Deus numa visão, sentiu-se dominado por sua indignidade. Isaías reconheceu que era "um homem de lábios impuros" vivendo com pessoas que compartilhavam o mesmo problema (Isaías 6:5). O que aconteceu na sequência me dá esperança. Um anjo tocou seus lábios com brasa ardente e lhe disse: "Sua culpa foi removida, e seus pecados foram perdoados" (v.7).

Em cada momento fazemos escolhas com nossas palavras: escritas e faladas. Elas têm conteúdo "perigoso"? Permitiremos que a glória de Deus nos convença e Sua graça nos cure para que possamos honrá-lo com tudo o que expressamos? *Jennifer*

8 DE FEVEREIRO

Lavado no amor

TIAGO 2:14-26

*Vejam que somos declarados justos
pelo que fazemos, e não apenas pela fé.*
—Tiago 2:24

As pessoas de uma pequena igreja descobriram como expressar o amor de Deus de maneira prática. Reuniram-se numa lavanderia local para ajudar sua comunidade e se dispuseram a lavar as roupas de pessoas com necessidades financeiras. Ajudavam-nas a dobrar as roupas, e, por vezes, forneciam-lhes uma refeição quente ou sacolas com mantimentos para os mais necessitados. Um dos voluntários descobriu que a sua maior recompensa estava no "contato com as pessoas e em ouvir suas histórias". Esses voluntários queriam viver a sua fé por meio de palavras e ações amorosas que os ajudavam a nutrir relacionamentos genuínos com os outros.

Tiago afirma que todo ato do serviço amoroso de um cristão professo é resultado da fé genuína. Ele afirma que "a fé por si mesma, a menos que produza boas obras, está morta" (Tiago 2:14-17). Declarar que cremos nos torna filhos de Deus, mas é quando o servimos servindo aos outros que agimos como cristãos que confiam e seguem a Jesus (v.24). A fé e o serviço são tão interdependentes quanto o corpo e o espírito (v.26), são uma bela demonstração do poder de Cristo enquanto Ele age em nós e por nosso intermédio.

Depois de aceitar pessoalmente que o sacrifício de Deus na cruz nos lava com Seu perfeito amor, podemos responder com a fé autêntica que transborda nas maneiras como servimos aos outros. *Xochitl*

9 DE FEVEREIRO

Fortalecido pela canção

SALMO 59:1,14-17

Cantarei sobre o teu poder;
cada manhã, cantarei com alegria sobre
o teu amor. […] minha fortaleza.
—Salmo 59:16

Quando os aldeões franceses ajudaram refugiados judeus a se esconderem dos nazistas durante a Segunda Guerra Mundial, eles cantavam na densa floresta que cercava sua cidade para os refugiados saberem que era seguro sair do esconderijo. Esses bravos habitantes de Le Chambon-sur-Lignon atenderam ao chamado do pastor local André Trocmé e sua esposa, Magda, para oferecer refúgio aos judeus naquele planalto, varrido pelo vento, conhecido como "A montanha protestante". A música tornou-se uma característica da bravura deles e ajudou a salvar até 3.000 judeus da morte quase certa.

Noutro momento perigoso, Davi cantou quando o seu inimigo Saul enviou assassinos noturnos à sua casa. A canção de gratidão a Deus era o seu refúgio. Davi alegrou-se: "cantarei sobre o teu poder; cada manhã, cantarei com alegria sobre o teu amor. Pois tu tens sido minha fortaleza, lugar seguro em minha aflição" (Salmo 59:16). Tal cântico não significou um "assobio no escuro" durante o perigo. O canto de Davi transmitiu sua confiança no Deus Todo-Poderoso. "…ó Deus, és minha fortaleza, o Deus que mostra amor por mim" (v.17).

O louvor de Davi e dos aldeões traz um convite para bendizermos a Deus hoje com o nosso cântico, entoando-lhe melodias apesar das preocupações da vida. Sua presença amorosa fortalecerá o nosso coração. *Patricia*

10 DE FEVEREIRO

Pensamentos de alegria

FILIPENSES 4:4-9

Alegrem-se sempre no Senhor.
Repito: alegrem-se!
—Filipenses 4:4

Numa coletânea de entrevistas chamada *O que guardamos* de Bill Shapiro, na Revista Life, cada pessoa fala de um único item de grande importância do qual nunca se separariam. Isso me fez refletir sobre as posses que mais significam para mim e me trazem alegria. Um é uma simples receita escrita à mão por minha mãe há 40 anos. Outra é uma xícara de chá da minha avó. Outros podem valorizar memórias preciosas, elogios encorajadores, sorrisos de netos ou uma percepção especial que tiveram ao estudar a Bíblia.

Às vezes guardamos em nosso coração coisas que nos trazem grande infelicidade: Ansiedade — oculta, mas facilmente recuperada. Raiva — abaixo da superfície, mas pronta para atacar. Ressentimento — corroendo silenciosamente o íntimo de nossos pensamentos.

O apóstolo Paulo abordou uma maneira mais positiva de "pensar" na carta à igreja de Filipos. Ele os encorajou a sempre se alegrarem, serem gentis e levarem tudo a Deus em oração (Filipenses 4:4-9).

As palavras edificantes de Paulo sobre o que pensar nos ajudam a ver que é possível afastar pensamentos obscuros e permitir que a paz de Deus guarde o nosso coração e mente em Jesus (v.7). Quando os pensamentos que ocupam nossa mente são verdadeiros, nobres, corretos, puros, amáveis, admiráveis e louváveis mantemos a paz de Deus em nosso coração (v.8).

Cindy

11 DE FEVEREIRO

Por meio de uma nova lente

ÊXODO 25:31-40

Por meio de tudo que ele fez [...] podem perceber claramente seus atributos invisíveis: seu poder eterno e sua natureza divina. Portanto, não têm desculpa alguma.
—Romanos 1:20

"Deve ser incrível olhar uma árvore e ver as folhas e não apenas uma mancha verde!", meu pai falou. Eu não poderia ter dito isso de forma melhor. Aos 18 anos, eu não gostava de usar óculos, mas eles mudaram a maneira como eu via tudo, deixando as "manchas" lindas!

Ao folhear as Escrituras, leio certos livros como se estivesse sem óculos. Não parece haver muito para ler. Mas perceber os detalhes do texto pode revelar a beleza no que pode parecer uma passagem enfadonha.

Isso ocorreu quando eu lia o Êxodo. As instruções de Deus para a construção do tabernáculo, Sua morada temporária entre os israelitas, pareciam um monte de detalhes maçantes. Mas parei no capítulo 25, onde Deus orientou a confecção do candelabro. Por fora, deveria ser "de ouro puro batido", incluindo sua base, haste central, lâmpadas, botões e flores (Êxodo 5:31). As taças deveriam ter "a forma de flor de amendoeira" (v.34). As amendoeiras são de tirar o fôlego. E Deus incorporou essa beleza natural em Seu tabernáculo!

Paulo escreveu que os atributos invisíveis de Deus podem ser percebidos claramente pelo Seu poder e Sua natureza divina (Romanos 1:20). Para vê-la, às vezes temos que olhar para a criação e passagens bíblicas que possam parecer desinteressantes através de uma nova lente. *Julie*

12 DE FEVEREIRO

Você precisa relaxar!

SALMO 116:1-9

Volte, minha alma, a descansar,
pois o Senhor lhe tem sido bom.
— Salmo 116:7

"Você precisa relaxar", declara o médico no filme Bernardo e Bianca na terra dos cangurus (Disney, 1990) tentando tratar o albatroz ferido Wilbur, um paciente relutante. "Relaxar? Estou relaxado!", Wilbur responde nervoso e com sarcasmo, enquanto seu pânico aumenta. "Se estivesse mais relaxado, estaria morto!".

Você se identifica? À luz dos métodos duvidosos do médico (como uma motosserra apelidada como "destrutora do tecido epidérmico"), as apreensões de Wilbur parecem justificadas. A cena é engraçada porque mostra como nos sentimos quando estamos em pânico ao enfrentarmos ou não uma ameaça à vida.

Se estivermos aterrorizados, o incentivo para relaxar pode parecer ridículo. Quando os terrores da vida se acumulam ao meu redor, e quando as dolorosas cordas da morte (Salmo 116:3) apertam o meu estômago, o meu instinto é revidar, em vez de relaxar.

E as minhas tentativas de revidar em pânico apenas aumentam a minha ansiedade paralisando-me de medo. Porém, mesmo com relutância, permito-me sentir a minha dor e a elevo a Deus (v.4), e algo surpreendente acontece. O "nó" que sinto relaxa um pouco (v.7) e uma paz que não consigo entender me invade.

À medida que o consolo do Espírito me envolve, entendo mais sobre a essência do evangelho e que lutamos melhor quando nós nos entregamos nos poderosos braços de Deus (1 Pedro 5:6-7).

Monica

13 DE FEVEREIRO

Desatando a corda

GÊNESIS 33:1-11

Esaú correu ao encontro de Jacó e o abraçou;
[...] e o beijou. E os dois choraram.
—Gênesis 33:4

Uma organização cristã promove a natureza terapêutica do perdão, e uma de suas atividades é um esquete no qual a pessoa que foi injustiçada é amarrada com uma corda ao transgressor. Só quem sofreu o pecado pode desatar a corda. Não importa o que fizer, terá alguém em suas costas. Sem perdão, sem desatar a corda, não há escape.

Oferecer o perdão a quem vem a nós triste pelos erros cometidos inicia o processo de nos liberarmos da amargura e da dor que podem se apegar a nós por causa dos erros que sofremos. No texto de hoje, os dois irmãos ficaram separados por 20 anos depois que Jacó roubou de Esaú o direito de primogenitura. Após tanto tempo, Deus disse a Jacó para retornar à sua terra natal (Gênesis 31:3). Ele obedeceu, mas nervosamente enviou para Esaú rebanhos de animais como presentes (32:13-15). Quando os irmãos se encontraram, Jacó curvou-se aos pés de Esaú sete vezes com humildade (33:3). Imagine a sua surpresa quando Esaú correu e o abraçou, ambos chorando pela reconciliação (v.4). Jacó não estava mais preso ao pecado que cometera contra seu irmão.

Você se sente preso por falta de perdão, com raiva, medo ou vergonha? Saiba que Deus, por meio do Seu Filho e Espírito, pode libertá-lo quando você buscar a Sua ajuda. Ele permitirá que você inicie o processo de desvincular-se de quaisquer amarras e o libertará. *Amy*

14 DE FEVEREIRO

O amor de Deus é mais forte

CÂNTICO DOS CÂNTICOS: 8:6-7

Pois o amor é forte como a morte.
—Cântico dos Cânticos: 8:6

Em 2020, Alyssa Mendoza recebeu um e-mail do seu pai com instruções sobre o que fazer pela sua mãe nas bodas de prata dos seus pais. Por que isso foi chocante? Porque o pai dela havia falecido 10 meses antes disso. Ela descobriu que o pai, enquanto estava doente, percebeu que poderia não estar mais presente. Ele tinha agendado o e-mail e pago o envio das flores para a sua esposa nos aniversários futuros e no Dia dos Namorados.

Essa história poderia constituir um exemplo do tipo de amor descrito em detalhes em Cântico dos Cânticos. "Pois o amor é forte como a morte, e o ciúme, exigente como a sepultura" (Cântico 8:6). Comparar túmulos e morte ao amor parece estranho, mas ambos são fortes porque não desistem dos seus cativos. No entanto, nem o amor verdadeiro desistirá da pessoa amada. O capítulo 8 atinge o seu auge nos versículos 6 e 7, descrevendo o amor conjugal como algo tão forte que até mesmo as muitas águas não o podem apagar (v.7).

Ao longo da Bíblia, o amor entre marido e mulher é comparado ao amor de Deus (Isaías 54:5; Efésios 5:25; Apocalipse 21:2). Jesus é o Noivo e a Igreja é a Sua noiva. Deus demonstrou o Seu amor por nós enviando Cristo para enfrentar a morte para que não tivéssemos de morrer pelos nossos pecados (João 3:16). Quer sejamos casados ou solteiros, podemos recordar que o amor de Deus é mais forte do que qualquer coisa que possamos imaginar. *Julie*

15 DE FEVEREIRO

À imagem de Deus

GÊNESIS 1:26-31

*...Deus criou os seres humanos à sua
própria imagem, à imagem de Deus os criou;
homem e mulher os criou.*
—Gênesis 1:27

Quando a sua linda pele marrom começou a perder a sua cor, a jovem senhora se assustou, sentiu-se como se ela estivesse desaparecendo ou perdendo o seu "eu". Com maquiagem pesada, ela cobria o que chamava de suas "manchas" de pele mais claras causadas por vitiligo — a perda de melanina, pigmento da pele que lhe dá o tom.

Porém, certo dia, ela se perguntou: "Por que esconder? Confiando na força de Deus para aceitar-se exatamente como era, ela parou de usar maquiagem pesada. Logo, começou a receber atenção por causa da sua autoconfiança. Por fim, tornou-se a primeira porta-voz do vitiligo para uma marca global de cosméticos.

"É uma enorme bênção", disse a um apresentador de TV, acrescentando que a sua fé, família e amigos são sua fonte de encorajamento.

A história dessa mulher nos convida a lembrar que cada um de nós foi criado à Sua imagem. "...Deus criou os seres humanos à sua própria imagem, à imagem de Deus os criou; homem e mulher os criou" (Gênesis 1:27). Não importa a nossa aparência exterior, todos nós somos portadores da imagem divina. Como Suas criaturas, refletimos Sua glória; e como cristãos estamos sendo transformados para representar Jesus neste mundo. Você luta para amar a sua aparência? Olhe-se no espelho e sorria para Deus. Ele o criou à Sua imagem. *Patricia*

16 DE FEVEREIRO

Todos precisam de compaixão

MATEUS 9:27-38

*Quando viu as multidões, teve compaixão
delas, pois estavam confusas e desamparadas,
como ovelhas sem pastor.* —Mateus 9:36

Jeferson era ainda um novo cristão recém-saído da faculdade quando trabalhou para uma grande empresa de petróleo. Como vendedor, ele viajava; e em suas viagens ouvia as histórias das pessoas — muitas delas comoventes. Ele percebeu que os seus clientes precisavam mais da compaixão do que do petróleo — precisavam de Deus. Isso o levou a frequentar o seminário para aprender mais sobre a essência de Deus e depois se tornar pastor.

A fonte da sua compaixão foi Jesus. Em Mateus 9:27-33, temos um vislumbre da compaixão de Cristo na cura milagrosa de dois homens cegos e de um homem possesso. Ao longo do Seu ministério terreno, Jesus pregou o evangelho e curou "…por todas as cidades e todos os povoados…" (v.35). Por quê? "Quando viu as multidões, teve compaixão delas, pois estavam confusas e desamparadas, como ovelhas sem pastor" (v.36).

O mundo de hoje ainda está cheio de pessoas perturbadas e feridas que precisam do cuidado suave do Salvador. Como um pastor que lidera, protege e cuida de Suas ovelhas, Jesus estende a Sua compaixão a todos que vêm a Ele (11:28). Não importa onde estamos na vida e o que tenhamos experimentado, encontramos em Jesus um coração transbordando de ternura e cuidado. E por termos sido beneficiados pela amorosa compaixão de Deus, não podemos evitar, queremos oferecê-la aos outros.

Alyson

17 DE FEVEREIRO

Celebrando a criatividade de Deus

ROMANOS 12:3-8

*Deus, em sua graça,
nos concedeu diferentes dons.*
—Romanos 12:6

A música encheu o auditório da igreja, e o artista daltônico Lance Brown postou-se à frente da tela em branco, de costas à congregação, mergulhando o pincel em tinta preta. E suavemente desenhou a cruz. Pincelada após pincelada, esse "narrador visual" criou imagens da crucificação e da ressurreição de Cristo. Cobriu as grandes manchas da tela com tinta preta, azul e branco e terminou em 6 minutos a pintura que agora era abstrata. Em seguida, Brown virou-a de cabeça para baixo revelando a imagem oculta — a face de Jesus cheia de compaixão. Brown relutou quando um amigo lhe sugeriu que ele pintasse rapidamente durante um culto na igreja. No entanto, ele hoje viaja internacionalmente para levar as pessoas à adoração enquanto pinta e compartilha sobre Cristo.

Paulo confirma o valor e o propósito dos diversos dons que Deus derramou sobre o Seu povo. O Senhor capacita cada cristão para glorificar o Seu nome e edificar os outros em amor (Romanos 12:3-5). Paulo nos encoraja a identificar e usar os nossos dons e a servirmos com diligência e alegria para edificar os outros e trazê-los para Jesus, (vv.6-8).

Deus nos concedeu dons espirituais, talentos, habilidades e experiências para servir de todo o coração nos bastidores ou sob os holofotes. Ao celebrarmos a Sua criatividade, o Senhor usa a nossa singularidade para espalhar o evangelho e edificar outros cristãos em amor. *Xochitl*

18 DE FEVEREIRO

Aja imediatamente

JOÃO 14:15-21

*Se vocês me amam,
obedeçam a meus mandamentos.*
—João 14:15

Quando foi a última vez que você se sentiu compelido a ajudar alguém, e acabou deixando o momento passar sem reação? No livro *The 10-Second Rule* (A regra dos 10 segundos), Clare De Graaf sugere que as nossas "inspirações" diárias podem ser uma das maneiras pelas quais Deus nos chama a uma caminhada espiritual mais profunda, a uma vida de obediência movida pelo amor a Ele. Clare o incentiva a simplesmente "agir sobre o que você está quase certo de que Jesus quer que faça e a fazê-lo imediatamente, antes de mudar de ideia".

Jesus diz: "Se vocês me amam, obedeçam a meus mandamentos" (v.15). Podemos pensar: Eu o amo, mas como posso estar certo da Sua vontade e segui-la? Em Sua sabedoria, Jesus concedeu o que precisamos para entender melhor e seguir a sabedoria encontrada na Bíblia. Certa vez, Ele disse: "E eu pedirei ao Pai, e ele lhes dará outro Encorajador, que nunca os deixará. É o Espírito da verdade" (vv.16-17). É pela obra do Espírito, que está conosco e em nós, que podemos aprender a obedecer a Jesus e Seus mandamentos (v.15) reagindo aos sussurros ouvidos durante todo o dia (v.17).

O Espírito nos encoraja a agir com fé e confiança, e isso honrará a Deus e revelará o nosso amor por Ele e pelos outros (v.21).

Ruth

19 DE FEVEREIRO

Começando agora

1 PEDRO 4:7-11

*Acima de tudo, amem
uns aos outros sinceramente…*
—1 Pedro 4:8

Quando a biópsia da minha irmã mais velha revelou um câncer no final de fevereiro de 2017, mencionei aos meus amigos: "Preciso passar o máximo de tempo possível com a Carolyn — começando agora". Alguns me disseram que os meus sentimentos eram uma reação exagerada às notícias. Mas ela morreu em dez meses. E mesmo eu tendo passado muitas horas com ela, quando amamos alguém, nunca há tempo o bastante para o nosso coração amar o suficiente.

O apóstolo Pedro encorajou os cristãos da Igreja Primitiva: "amem uns aos outros sinceramente…" (1 Pedro 4:8). Eles estavam sofrendo perseguição e precisavam do amor de seus irmãos e irmãs em sua comunidade cristã mais do que nunca. Por Deus ter derramado Seu próprio amor no coração deles, em retorno eles amariam outros. Seu amor se expressaria pela oração, por generosa hospitalidade, gentileza e conversa sincera — tudo por meio da força que Deus concede (vv.9-11). Através da Sua graça, Deus lhes dotou para sacrificialmente servirem uns aos outros para os Seus bons propósitos. Para que "…tudo que você realizar [traga] glória a Deus por meio de Jesus Cristo" (v.11). Esse é o poderoso plano de Deus que realiza a Sua vontade por nosso intermédio.

Precisamos dos outros e eles precisam de nós. Usemos todo o tempo ou recursos que já recebemos de Deus para amar — começando agora. *Anne*

20 DE FEVEREIRO

Não é possível fracassar

NEEMIAS 6:1-9,16

*Perceberam que a obra havia sido
realizada com a ajuda de nosso Deus.*
—Neemias 6:16

"Não é possível fracassar!" Essas palavras foram ditas por Susan B. Anthony (1820–1906), conhecida por sua postura irredutível sobre os direitos das mulheres nos EUA. Apesar de críticas constantes, uma prisão, um julgamento e veredito de culpada por votar ilegalmente, ela prometeu nunca desistir da luta para conquistar o direito de as mulheres votarem, acreditando que essa causa era justa. Embora não tenha vivido para ver o fruto de seu trabalho, sua luta foi vitoriosa. Em 1920, a 29.ª emenda à Constituição lhes deu o direito de voto.

O fracasso também não era opção para Neemias, até porque ele tinha um ajudante poderoso: Deus. Depois de pedir-lhe que abençoasse sua causa na reconstrução do muro de Jerusalém, ele e os que haviam voltado do exílio na Babilônia trabalharam para que isso acontecesse. O muro era necessário para manter o povo a salvo dos inimigos. Houve oposição à causa por meio de fraudes e ameaças, porém Neemias recusou-se a deixar os opositores dissuadi-lo e os informou: "Estou envolvido com uma obra muito importante" (Neemias 6:3). E ele orou: "Fortalece agora as minhas mãos!" (v.9 NVI). Graças à perseverança, "o muro ficou pronto" (v.15).

Deus fortaleceu Neemias para perseverar. Você quer desistir? Peça a Deus para ajudá-lo a continuar. *Linda*

21 DE FEVEREIRO

Verdades amargas ou doces?

EZEQUIEL 2:4–3:3

*Quando comi, o sabor era doce
como mel em minha boca.*
—Ezequiel 3:3

Fui ao médico para examinar a mancha no meu nariz. Os resultados da biópsia voltaram dias depois com palavras que eu não queria ouvir: câncer de pele. O câncer era operável e não apresentava risco de vida, mas era uma pílula amarga de engolir.

Deus ordenou a Ezequiel que também engolisse uma pílula amarga: um rolo contendo palavras de lamento e aflição (Ezequiel 2:10–3:1-2). Ele devia encher "seu estômago com ele" e compartilhar as palavras com o povo de Israel, a quem Deus considerou teimoso e de coração duro (2:4). Era de se esperar que um pergaminho repleto de correção parecesse uma pílula amarga. No entanto, Ezequiel o descreve como "doce como o mel" em sua boca (3:3) e parece que ele adquiriu o gosto pela disciplina de Deus. Em vez de ver Sua repreensão como algo a ser evitado, reconheceu que o que é bom para a alma é "doce". Deus nos instrui e corrige com bondade e nos ajuda a viver de maneira que o honre e agrade.

Há verdades amargas para engolir, enquanto outras têm gosto doce. Se nos lembrarmos do quanto Deus nos ama, Sua verdade terá mais e mais o gosto de mel. Ele nos dá as Suas palavras para o nosso bem provendo com sabedoria e força para perdoarmos, abstermo-nos de fofocas e suportarmos golpes. Que o Senhor nos ajude a reconhecer a Sua sabedoria como um doce conselho. *Kirsten*

22 DE FEVEREIRO

Aprendizado alegre

ROMANOS 12:1-3

Mas deixem que Deus os transforme por meio de uma mudança em seu modo de pensar…
—Romanos 12:2

Na Índia, há uma escola feita de dois vagões reformados e conectados. Os educadores locais se uniram à empresa ferroviária para comprar e os reformar. Eram grandes caixas de metal, inúteis até que os operários colocassem as escadas, os ventiladores, as luzes e as mesas. Eles também pintaram as paredes e adicionaram murais coloridos. Hoje, 60 alunos vão às aulas por causa dessa incrível transformação.

Algo mais surpreendente ocorre ao seguirmos a ordem do apóstolo Paulo de sermos transformados pela mudança de nosso pensamento (Romanos 12:2). À medida que deixamos que o Espírito Santo nos desconecte do mundo e de seus caminhos, nossos pensamentos e atitudes começam a se transformar. Tornamo-nos mais amorosos, mais esperançosos e cheios de paz interior (8:6).

Outra coisa acontece também. Embora o processo de transformação seja contínuo e tenha mais paradas e recomeços do que uma viagem de trem, ele nos ajuda a entender o que Deus deseja para nós. Isso nos leva a conhecer a vontade de Deus (12:2). Aprender sobre Sua vontade pode ou não envolver detalhes, mas sempre envolve alinhamento ao Seu caráter e Sua obra no mundo.

Nali Kali é o nome da escola na Índia e significa "aprendizado alegre". Como o poder transformador de Deus pode levá-lo a aprender alegremente a Sua vontade? *Jennifer*

23 DE FEVEREIRO

Como refletir a Cristo

COLOSSENSES 1:25-27

*Pois Deus queria que eles soubessem
que as riquezas gloriosas desse segredo
[…] Cristo está em vocês…*
—Colossenses 1:27

Teresa de Lisieux era uma criança alegre e despreocupada até sua mãe morrer quando ela tinha apenas 4 anos. Daí em diante, ela tornou-se tímida e agitava-se facilmente. Muitos anos depois, na véspera de Natal, tudo mudou. Após celebrar o nascimento de Jesus com a sua igreja, Deus a libertou do medo concedendo-lhe alegria. Ela atribuiu essa mudança ao poder de Deus que deixou o Céu tornando-se homem, Jesus, e pelo fato de Ele habitar nela.

O que significa o fato de Cristo habitar em nós? É um mistério, disse Paulo à igreja de Colossos. É algo que Deus manteve "em segredo por séculos e gerações" (Colossenses 1:26), mas que revelou ao povo de Deus. Para eles, Deus revelou "as riquezas gloriosas desse segredo […] Cristo está em vocês, o que lhes dá a confiante esperança de participar de sua glória!" (v.27). Por Cristo habitar nos colossenses, eles experimentaram a alegria de uma nova vida. Já não eram escravizados ao antigo eu do pecado.

Se pedimos a Jesus para ser o nosso Salvador, também vivemos esse mistério de Sua morada em nós. Por meio de Seu Espírito, Ele nos liberta do medo, como o fez à menina Teresa e faz crescer em nós os frutos do Seu Espírito, como a alegria, a paz e o domínio próprio (Gálatas 5:22-23).

Sejamos gratos pelo maravilhoso mistério de Cristo habitando em nós. *Amy*

24 DE FEVEREIRO

Comer e repetir

ÊXODO 16:14-18

*Mas, agora, perdemos o apetite.
Não vemos outra coisa além desse maná!!*
—Números 11:6

Quando Karina e Paulo se casaram, nenhum deles sabia cozinhar. Certa noite, Karina decidiu aventurar-se na cozinha e preparar espaguete. Fez tanto que o casal tinha o suficiente para comer no dia seguinte também. No terceiro dia, Paulo voluntariou-se para preparar alguma coisa na cozinha, e fez maior quantidade ainda esperando que a comida preparada durasse até o final da semana. Mas, sentados à mesa naquela mesma noite, Karina confessou: "Não suporto mais comer macarrão!".

Imagine então os israelitas que comeram o mesmo alimento por 40 anos. Todas as manhãs eles juntavam o "superalimento" que Deus lhes provia e o preparavam (não tinha restos de comida, a não ser que o dia seguinte fosse o Sábado, Êxodo 16:23-26). Com certeza abusavam de sua criatividade: assavam, cozinhavam (v.23). mas como sentiam falta da carne e do pão que comiam no Egito (v.3; Números 11:1-9), apesar desse alimento ter-lhes custado crueldade e escravidão.

Nós também muitas vezes nos ressentimos com uma mudança de vida. Quem sabe a rotina do dia a dia nos torne descontentes. Mas em Êxodo 16 lemos que a provisão divina — cotidiana e fiel aos israelitas os fez confiar e depender do cuidado do Senhor todos os dias

Deus promete atender às nossas necessidades. Ele satisfaz os nossos anseios e preenche a nossa alma com "coisas boas" (Salmo 107:9). *Cindy*

25 DE FEVEREIRO

Abraço de urso

1 JOÃO 4:13-19

Deus é amor... —1 João 4:16

O amor embutido num gigantesco "urso" de pelúcia fora um presente para o meu neto ainda bebê. Ele primeiro se maravilhou, e depois, empolgou-se. Curioso, cutucou o urso explorando-o corajosamente. Ele enfiou o dedo gorducho no nariz desse boneco, e quando este caiu para a frente em seus braços, ele reagiu com alegria deitando sua cabeça no peito macio do urso abraçando-o com força. Um sorriso com covinhas se espalhou por suas bochechas enquanto ele se enterrava na maciez do urso. A criança não tinha ideia da incapacidade do urso de realmente amá-lo. Inocente e com naturalidade, ele sentiu o amor do bicho de pelúcia e reagiu com o coração.

Na primeira das três cartas aos primeiros cristãos, o apóstolo João afirma ousadamente que o próprio Deus é amor. "Conhecemos e confiamos no amor que Deus tem por nós", escreve ele. "Deus é amor" (1 João 4:16).

Deus ama. Não com a maciez de um animal de pelúcia, mas, sim, com os braços estendidos de um ser humano real envolvendo o coração quebrantado (João 3:16). Por meio do Seu Filho Jesus, Deus comunicou o Seu amor exuberante e sacrificial por nós.

João prossegue: "Nós amamos porque ele nos amou primeiro" (1 João 4:19). Quando acreditamos que somos amados, amamos em retribuição. O verdadeiro amor de Deus possibilita que amemos a Deus e aos outros, com todo o nosso coração.

Elisa

26 DE FEVEREIRO

Amigos verdadeiros

1 SAMUEL 18:1-4; 19:1-6

O amigo é sempre leal, e um irmão
nasce na hora da dificuldade.
—Provérbios 17:17

No Ensino Médio, eu tinha uma "amiga de ocasião". Éramos "amigas" na igreja e ocasionalmente saíamos juntas quanto estávamos fora do ambiente escolar. Mas na escola a história era outra. Se ela me visse sozinha, poderia até me dizer um "oi"; mas somente se ninguém mais estivesse por perto. Com isso, raramente eu tentava chamar a atenção dela dentro dos muros da escola, pois conhecia os limites da nossa amizade.

Provavelmente, todos nós já tivemos amizades desapontadoras ou unilaterais. Mas há outro tipo de amizade: uma que é ilimitada. É a amizade que temos com pessoas afins e comprometidas a compartilhar a jornada da vida conosco.

Davi e Jônatas eram amigos assim. Jônatas era "um em espírito" com Davi e o amava "como a si mesmo" (1 Samuel 18:1-3). Apesar de Jônatas ter sido o próximo na linha de sucessão ao trono após a morte de seu pai Saul, ele era leal a Davi, o substituto escolhido por Deus. Ajudou Davi a frustrar dois planos do rei Saul para matá-lo (19:1-6; 20:1-42).

Apesar de todas as probabilidades, Jônatas e Davi permaneceram amigos expressando essa verdade: "O amigo é sempre leal" (Provérbios 17:17). Essa amizade fiel também nos dá um vislumbre do relacionamento amoroso que Deus tem conosco (João 3:16; 15:15). Por meio de amizades como a desses dois verdadeiros amigos, podemos compreender melhor o amor de Deus.

Alyson

27 DE FEVEREIRO

Valorize os momentos

ECLESIASTES 3:1-14

E, no entanto, Deus fez tudo apropriado para seu devido tempo.
—Eclesiastes 3:11

Su Dongpo (também conhecido como Su Shi) foi um dos maiores poetas e ensaístas asiáticos. Enquanto exilado e contemplando a lua cheia, escreveu um poema para descrever o quanto sentia a falta do seu irmão. "Nós nos alegramos e sofremos, reunimo-nos e partimos, enquanto a Lua cresce e diminui. Desde os tempos antigos, nada permanece perfeito. Que nossos entes queridos vivam por muito tempo e contemplem juntos essa bela cena a milhares de quilômetros de distância".

Seu poema traz temas encontrados no livro de Eclesiastes. O autor, conhecido como o Mestre (Eclesiastes 1:1), observou que "há tempo de chorar, e tempo de rir […] tempo de abraçar, e tempo de se afastar" (3:4-5). Ao combinar duas atividades contrastantes, o Mestre, como Su Dongpo, parece sugerir que todas as coisas boas devem inevitavelmente chegar ao fim.

Assim como Su Dongpo viu o surgimento e o declínio da Lua como outro sinal de que nada permanece perfeito, o Mestre também viu na criação a ordenação providencial de Deus do mundo que Ele havia feito. Deus supervisiona o curso dos eventos, e "Deus fez tudo apropriado para seu devido tempo" (v.11).

Às vezes a vida pode ser imprevisível e cheia de separações dolorosas, mas podemos nos animar, pois tudo acontece sob o olhar do Senhor. Podemos aproveitar a vida e valorizar os momentos, o bom e o ruim, porque nosso Deus amoroso está conosco. *Poh Fang*

28 DE FEVEREIRO

Não terei medo

SALMO 23

Mesmo quando eu andar pelo escuro vale da morte, não terei medo, pois tu estás ao meu lado…
—Salmo 23:4

Em 1957, Melba Pattillo Beals foi escolhida para ser uma das nove afro-americanas a estudar numa escola que anteriormente era só para alunos brancos em Little Rock, Arkansas, EUA. Em seu livro de memórias lançado em 2018 nos EUA, Melba relata as injustiças e o assédio que se esforçou para enfrentar corajosamente todos os dias como estudante aos 15 anos. Escreveu também sobre sua fé profunda em Deus. Em seus momentos mais sombrios, quando o medo quase a dominou, Melba repetiu os versos bíblicos familiares que aprendera desde cedo com a avó. Ao recitá-los, ela lembrava-se da presença de Deus com ela, e as Escrituras lhe davam coragem para resistir.

Melba recitou muitas vezes o Salmo 23, encontrando consolo em confessar: "Mesmo quando eu andar pelo escuro vale da morte, não terei medo" (v.4). O encorajamento de sua avó ecoava também em seus ouvidos, assegurando-a de que Deus "está tão junto de você quanto a sua própria pele, e você só precisa pedir pela ajuda do Senhor".

Embora as nossas situações particulares possam variar, todos nós provavelmente enfrentaremos lutas difíceis e circunstâncias avassaladoras que poderiam facilmente nos fazer ceder ao medo. Nesses momentos, que o seu coração encontre encorajamento na verdade de que a poderosa presença de Deus permanece conosco sempre. *Lisa*

29 DE FEVEREIRO

Utilizando-se da oração

2 CRÔNICAS 20:1-12

*Josafá [...] pediu
orientação ao Senhor.*
—2 Crônicas 20:3

Quando o meu filho precisou de uma cirurgia ortopédica, fiquei grato pelo médico que realizou a operação. O médico, que estava prestes a aposentar-se, assegurou-nos que tinha ajudado milhares de pessoas com o mesmo problema. Mesmo assim, antes do procedimento, ele orou e pediu a Deus que o resultado fosse bom. E estou tão grato por ele ter feito a oração.

Josafá, líder experiente, também orou ao enfrentar uma crise. Três nações tinham-se unido contra ele, e vinham para atacar o seu povo. Embora ele tivesse mais de duas décadas de experiência, decidiu perguntar a Deus o que fazer. Ele orou: "Clamaremos a ti em nossa angústia, e tu nos ouvirás e nos salvarás" (2 Crônicas 20:9). Ele também pediu orientação, dizendo: "Não sabemos o que fazer, mas esperamos o socorro que vem de ti" (v.12).

A humilde abordagem de Josafá ao desafio abriu o seu coração a envolver-se com Deus, que veio sob a forma de encorajamento e intervenção divina (vv.15-17,22). Por muita experiência que tenhamos em certas áreas, orar pedindo ajuda desenvolve uma santa confiança em Deus. Isso lembra-nos que Ele sabe mais do que nós, e Ele está, em última análise, no controle. Coloca-nos num lugar humilde — um lugar onde Ele tem o prazer de nos responder e apoiar, não importa qual seja o resultado. *Jennifer*

1.º DE MARÇO

Aqui existem dragões?

2 TIMÓTEO 1:6-14

Deus não nos deu um Espírito que produz temor e covardia, mas sim que nos dá poder, amor e autocontrole. —2 Timóteo 1:7

Diz a lenda que, nas bordas dos mapas medievais, os cartógrafos demarcavam as fronteiras com as palavras: "Aqui existem dragões", muitas vezes ao lado de vívidas ilustrações dos animais aterrorizantes supostamente à espreita.

Não há muitas evidências de que eles escreviam mesmo essas tais palavras, mas gosto de pensar que o fizeram. Talvez porque essas palavras soam como algo que eu poderia ter escrito na época e seriam um aviso implacável de que, mesmo não sabendo o que aconteceria se me aventurasse no grande desconhecido, provavelmente não seria bom!

Mas há um problema gritante com a minha política preferida de autoproteção e aversão ao risco: é o oposto da coragem à qual sou chamado como cristão (2 Timóteo 1:7).

Pode-se até dizer que estou errada sobre o que é realmente perigoso. Como Paulo explicou, num mundo decaído, seguir a Cristo corajosamente às vezes será doloroso (v.8). Mas, como pessoas resgatadas da morte para a vida e tendo recebido a vida do Espírito Santo fluindo em e através de nós (vv.9-10,14), como poderíamos não o seguir?

Quando Deus nos dá um presente tão surpreendente, a verdadeira tragédia seria retrocedermos amedrontados. Seria muito pior do que qualquer coisa que possamos enfrentar ao seguirmos a orientação de Cristo em território desconhecido (vv.6-8,12). Podemos confiar ao Senhor o nosso coração e o nosso futuro (v.12). *Monica*

2 DE MARÇO

Dando início à partida

JOÃO 13:4-17

*Eu lhes dei um exemplo a ser seguido.
Façam como eu fiz a vocês.*
—João 13:15

O meu carro estalou crepitando enquanto eu girava a chave. Fiquei sem partida, encalhado. Um homem no estacionamento viu-me em apuros, voltou para dentro do restaurante e reapareceu com um amigo. Eles deram uma carga na bateria do meu carro e a recarregaram, e logo eu estava pronta para partir. O homem que me ajudou estava pronto para partir, mas tomou do seu tempo para juntar-se ao seu amigo e ajudar um estranho cuidando das suas necessidades.

Embora eu não saiba se algum desses homens cria em Jesus, eles serviram da maneira como Jesus nos manda servir. Em João 13:5 vemos que Jesus "derramou água numa bacia e começou a lavar os pés de seus discípulos"". Lavar os pés sujos das andanças pelas estradas de terra de Jerusalém, em sandálias, era o trabalho de um humilde escravo. Quando Pedro questionou as atitudes de Jesus, o Senhor explicou que é assim que Ele quer que nos tratemos uns aos outros: "Eu lhes dei um exemplo a ser seguido. Façam como eu fiz a vocês" (v.15). Ele demonstrou como devemos servir humildemente uns aos outros.

Viver no espírito de Jesus pode significar preparar um alimento para um vizinho ou ouvir com compaixão a pessoa ao seu lado numa fila. Talvez seja limpar a bagunça de alguém ou visitar um amigo que está só. Jesus cuida de nós incondicional e sacrificialmente e pede que façamos o mesmo pelos outros. Sigamos o exemplo de Jesus e encorajaremos uns aos outros. *Laura*

3 DE MARÇO

O maior mistério

COLOSSENSES 1:15-22

*O Filho é a imagem do Deus invisível
e é supremo sobre toda a criação.*
—Colossenses 1:15

Antes de crer em Jesus, ouvi o evangelho, mas lutei para entender a identidade de Cristo. Como Jesus poderia oferecer perdão por meus pecados quando a Bíblia diz que somente Deus pode perdoá-los? Descobri que não estava sozinha em meus questionamentos depois de ler o livro de J. I. Packer: *Conhecimento de Deus* (Ed. Cultura Cristã, 2016). Packer sugere que, para muitos incrédulos, "a afirmação cristã realmente surpreendente é que Jesus de Nazaré foi Deus feito homem... tão verdadeira e plenamente divino como o fato de Ele ser humano". Portanto, essa verdade torna a salvação possível.

Quando o apóstolo Paulo se refere a Cristo como "a imagem do Deus invisível", ele está afirmando que Jesus é completa e perfeitamente Deus — Criador e Sustentador de todas as coisas no Céu e na Terra — mas também totalmente humano (Colossenses 1:15-17). Firmados nesta verdade bíblica podemos confiar que por meio da Sua morte e ressurreição Jesus Cristo não apenas carregou as consequências de nossos pecados, mas também redimiu a nossa natureza humana, para que nós — e toda a Sua criação — pudéssemos nos reconciliar com Deus (vv.20-22).

Com um ato inicial de infinito amor, Deus, o Pai, revela-se nas Escrituras e por meio delas pelo poder de Deus, do Espírito Santo e por intermédio da vida de Jesus, o Deus Filho. Aqueles que creem em Jesus são salvos porque Ele é Emanuel — Deus conosco. Aleluia! *Xochitl*

4 DE MARÇO

Linhas azuis

PROVÉRBIOS 4:10-27

Eu lhe ensinarei o caminho da sabedoria
e o conduzirei por uma estrada reta.
—Provérbios 4:11

As pistas de esqui são marcadas por faixas de tinta azul espalhadas sobre o branco da neve. As marcas imperfeitas podem distrair os espectadores, mas são vitais para o sucesso e a segurança dos competidores. A pintura serve como guia para os esquiadores visualizarem a linha mais rápida até o final da colina. Além disso, o contraste da tinta contra a neve dá a percepção de profundidade aos esquiadores, o que é crítico para a segurança deles quando descem em velocidades tão altas.

Salomão implora aos seus filhos que busquem sabedoria na esperança de mantê-los seguros na corrida da vida. Como as linhas azuis, a sabedoria, diz ele, os conduzirá "por uma estrada reta" e os impedirá de tropeçar (Provérbios 4:11-12). Sua mais profunda esperança como pai é que seus filhos tenham uma vida rica, livre dos efeitos danosos de viverem separados da sabedoria divina.

Deus, nosso amoroso Pai, oferece-nos orientação "faixa azul" na Bíblia. Embora Ele nos dê a liberdade de "esquiar" onde preferirmos, a sabedoria que Ele oferece nas Escrituras, como delimitadores de trajetos, dão "vida a quem as encontra" (v.22). Quando nos afastarmos do mal e caminharmos com Ele, nosso caminho será iluminado com a Sua justiça, a qual impede que nossos pés tropecem e nos guia a cada dia (vv.12,18). *Kirsten*

O poder de Deus

SALMO 121

Meu socorro vem do SENHOR,
que fez os céus e a terra!
—Salmo 121:2

Os médicos de Rebeca e Rudi disseram-lhes que eles não poderiam ter filhos. Mas Deus tinha outros planos. Dez anos mais tarde, Rebeca engravidou. Tudo ocorreu conforme o previsto e o casal correu para o hospital quando as contrações começaram. No entanto, as horas de trabalho de parto tornaram-se longas e intensas, e o corpo dela não reagia o suficiente para completar o trabalho de parto. Finalmente, a médica decidiu fazer uma cesariana de emergência. Receosa, Rebeca chorou pelo bebê e por ela mesma. A médica a acalmou, dizendo: "Farei o meu melhor, mas vamos orar a Deus porque Ele pode fazer ainda mais". Elas oraram juntas e 15 minutos depois nasceu um menino saudável.

A médica reconheceu que dependia de Deus e do Seu poder. Embora ela tivesse formação e habilidade para a cirurgia, ainda precisava da sabedoria, da força e da ajuda de Deus para guiar as suas mãos (Salmo 121:1-2).

Encoraja-nos ouvir quando as pessoas altamente qualificadas ou quaisquer pessoas reconhecem que precisam da ajuda do Senhor. Todos nós precisamos dele. Ele é Deus; nós não somos. Só Ele é "capaz de realizar infinitamente mais do que poderíamos pedir ou imaginar" (Efésios 3:20). Que tenhamos um coração humilde para aprender do Senhor e para confiar nele em oração, pois Ele é "capaz de realizar infinitamente mais" do que nós alguma vez pudemos. *Anne*

6 DE MARÇO

Uma luz na escuridão

JOÃO 1:5; 16:1-11,33

Aqui no mundo vocês terão aflições,
mas animem-se, pois eu venci o mundo.
—João 16:33

No livro *These are the generations* (Estas são as gerações), o Sr. Bae descreve a fidelidade de Deus e o poder do evangelho para adentrar nas trevas. Seu avô, seus pais e a própria família foram perseguidos por compartilhar sua fé em Cristo. Mas, quando o Sr. Bae foi preso por contar a um amigo sobre Deus, sua fé aumentou. Ocorreu o mesmo com os pais dele ao serem sentenciados a um campo de concentração, pois eles continuaram a compartilhar o amor de Cristo mesmo naquele local. A promessa em João 1:5 "A luz brilha na escuridão, e a escuridão nunca conseguiu apagá-la" tornou-se verdade para o Sr. Bae.

Antes da Sua prisão e crucificação, Jesus advertiu os Seus discípulos sobre o que eles enfrentariam: seriam rejeitados por pessoas que fariam "isso porque nunca conheceram nem o Pai nem a [Ele]" (16:3). Mas Jesus ofereceu-lhes conforto: "Aqui no mundo vocês terão aflições, mas animem-se, pois eu venci o mundo" (v.33).

Embora muitos cristãos não tenham sofrido a perseguição que a família do Sr. Bae suportou, podemos esperar que enfrentaremos dificuldades. Mas não precisamos ceder ao desânimo ou ao ressentimento. Temos um Encorajador — o Espírito Santo, que Jesus nos enviou. Podemos buscá-lo pedindo orientação e conforto (v.7). O poder da presença de Deus pode nos manter firmes em tempos sombrios. *Linda*

7 DE MARÇO

Provisão de Deus

GÊNESIS 1:11-13,29-30

*Se Deus veste com tamanha beleza as flores
[…] não será muito mais generoso com vocês?*
—Mateus 6:28-30

Caminhávamos cada vez mais rumo ao interior da floresta, aventurando-nos cada vez mais longe da aldeia chinesa onde estávamos anteriormente. Depois de andarmos por uma hora ou mais, ouvimos o bramido ensurdecedor das águas. Aceleramos os nossos passos e logo chegamos a uma clareira onde fomos recebidos por uma bela cortina de água em cascata sobre as rochas cinza. Espetacular!

Nossos guias, que moravam na aldeia da qual tínhamos saído uma hora antes, decidiram que deveríamos fazer um piquenique. Ótima ideia, mas onde estava a comida? Não tínhamos levado nada. Meus amigos desapareceram na floresta e voltaram com frutas, legumes e até alguns peixes. O *shuixiangcai* parecia estranho com suas pequenas flores roxas, mas tinha um sabor divino!

Lembrei-me de que a criação expõe a provisão extravagante de Deus. Vemos Sua generosidade em "todos os tipos de plantas portadoras de sementes, e árvores com frutos que carregam sementes" (Gênesis 1:12). Deus nos criou e nos deu "todas as plantas com sementes em toda a terra e todas as árvores frutíferas, para que [nos] sirvam de alimento" (v.29).

Você confia em Deus para atender às suas necessidades? Dê um passeio ao redor da natureza! Que as palavras de Jesus o animem: "Não se preocupem, dizendo: 'O que vamos comer? O que devemos beber?' […] seu Pai celestial já sabe que vocês precisam […] todas essas coisas" (Mateus 6:31-33). *Poh Fang*

Favorito

GÊNESIS 37:2-4,17-24

*Assim como eu os amei,
vocês devem amar uns aos outros.*
—João 13:34

O irmão do meu marido mora a cerca de 2 mil quilômetros de nós. Apesar da distância, ele sempre foi um membro muito querido da família por causa de seu grande senso de humor e bom coração. Desde que me lembro, no entanto, os outros irmãos brincam humoradamente sobre o status dele como favorito aos olhos de sua mãe. Há vários anos, até lhe entregaram uma camiseta com as palavras "Sou o queridinho da mamãe". Embora todos nós tenhamos gostado das piadas entre irmãos, o favoritismo não é brincadeira.

Jacó deu uma "linda túnica" a seu filho José, o que foi uma clara indicação para seus outros filhos de que José era especial (v.3). Sem sutilezas, a mensagem dizia: "José é o meu filho favorito". Exibir favoritismo pode enfraquecer uma família. A mãe de Jacó, Rebeca, o favoreceu em detrimento do outro filho, Esaú, gerando conflitos entre os dois irmãos (25:28). A disfunção foi perpetuada quando Jacó favoreceu mais sua esposa Raquel (mãe de José) do que a irmã dela, Lia, criando discórdias e mágoas (29:30,31). Sem dúvida, essa atitude fez os irmãos mais velhos de José o desprezarem, a ponto de planejarem uma forma de matá-lo (37:18).

Quando se trata de relacionamentos, às vezes podemos achar difícil sermos objetivos. Mas nosso alvo deve ser tratar todos sem favoritismo e amar todas as pessoas de nosso convívio como o nosso Pai nos ama (João 13:34). *Cindy*

Obscurecido pelas nuvens

2 CORÍNTIOS 4:16-18

*Não olhamos para aquilo que agora podemos ver;
em vez disso [...] naquilo que não se pode ver.*
—2 Coríntios 4:18

A superlua rara apareceu em novembro de 2016: a Lua em sua órbita alcançou a sua máxima aproximação da Terra nos últimos 60 anos e pareceu maior e mais brilhante do que das outras vezes. Mas, para mim, o céu estava nublado e cinzento naquele dia. Vi fotos lindas dessa maravilha que foram tiradas por meus amigos tiraram em diversos outros lugares e precisei acreditar que a superlua estava escondida atrás das nuvens.

Paulo aconselhou que diante das dificuldades a igreja de Corinto acreditasse no que não se podia ver, mas que durará para sempre. Ele falou sobre como as "aflições pequenas e momentâneas" atingem uma "glória que durará para sempre" (2 Coríntios 4:17). Logo, eles poderiam fixar os olhos não no "que agora podemos ver", mas "naquilo que não se pode ver", porque o invisível é eterno (v.18). Paulo ansiava por ver a fé dos coríntios e a nossa crescer e que, apesar dos sofrimentos, também confiássemos em Deus. Talvez, não sejamos capazes de vê-lo, mas podemos crer que o Senhor nos renova dia a dia (v.16).

Naquela noite, meditei sobre como Deus é invisível, porém eterno, quando contemplei as nuvens no céu sabendo que a superlua estava escondida, porém que ela estava lá no céus. E desejei que, da próxima vez em que eu estiver propensa a crer que Deus está longe de mim, fixarei os meus olhos no que é invisível.

Amy

10 DE MARÇO

Em nossa fraqueza

ROMANOS 8:1-2,10-17

*E o Espírito nos ajuda
em nossa fraqueza...*
—Romanos 8:26

Embora Anne Sheafe Miller tenha morrido em 1999 com 90 anos, ela quase foi a óbito em 1942 ao desenvolver septicemia depois de um aborto espontâneo e todos os tratamentos terem sido infrutíferos. Quando um paciente internado no mesmo hospital mencionou sua conexão com um cientista que estava trabalhando em uma nova droga milagrosa, o médico de Anne pressionou o governo para liberar uma pequena quantia para sua paciente. Em apenas um dia, a temperatura dela voltou ao normal! A penicilina lhe salvou a vida!

Desde a queda, todos os seres humanos experimentaram uma condição espiritual devastadora provocada pelo pecado (5:12). Somente a morte, a ressurreição de Jesus e o poder do Espírito Santo nos possibilitaram sermos curados (8:1-2). O Espírito Santo permite que desfrutemos de uma vida abundante na Terra e da eternidade na presença de Deus (vv.3-10). "E, se o Espírito de Deus que ressuscitou Jesus dos mortos habita em vocês, o Deus que ressuscitou Cristo Jesus dos mortos dará vida a seu corpo mortal, por meio desse mesmo Espírito que habita em vocês" (v.11).

Quando sua natureza pecaminosa ameaça tirar a sua vida, olhe para a fonte de sua salvação, Jesus, e fortaleça-se pelo poder do Seu Espírito (vv.11-17). "O Espírito nos ajuda em nossa fraqueza" e "intercede por nós, o povo santo, segundo a vontade de Deus" (vv.26-27). *Ruth*

11 DE MARÇO

Abrigado por Deus

SALMO 121:5-8

*O Senhor é seu protetor! O Senhor
está ao seu lado, como sombra que o abriga.*
—Salmo 121:5

Nosso netinho se despediu, depois virou-se e perguntou: "Vovó, por que você fica na varanda olhando até nós sairmos?". Sorri, achando sua pergunta "fofa" pois ele ainda é tão pequeno. Vendo sua preocupação, no entanto, tentei lhe dar uma boa resposta. "Bem, é uma cortesia. Se você é meu convidado, observar a sua saída mostra que eu me importo com você", disse a ele. O garoto pensou no que eu disse, mas ainda parecia perplexo. Então, eu lhe falei a simples verdade: "Fico, porque amo você. Quando vejo o carro indo embora, sei que está indo para casa em segurança". Ele sorriu, abraçando-me com carinho. Finalmente, ele entendeu.

Sua compreensão infantil me lembrou do que todos nós devemos ter em mente: o nosso Pai celestial nos vigia sempre, somos os Seus preciosos filhos. O salmista diz: "O Senhor é seu protetor! O Senhor está ao seu lado, como sombra que o abriga" (Salmo 121:5).

Que garantia para os peregrinos de Israel enquanto subiam as estradas perigosas até Jerusalém para adorar: "O sol não lhe fará mal de dia, nem a lua, de noite. O Senhor o guarda de todo mal e protege sua vida" (vv.6-7). Da mesma forma, à medida que cada um de nós trafega pelo caminho da nossa vida, às vezes enfrentando ameaças ou dano espiritual: "O Senhor o guarda em tudo que você faz, agora e para sempre". Por quê? Por Seu amor. Quando? "Agora e para sempre" (v.8). *Patricia*

12 DE MARÇO

O que fazemos importa?

COLOSSENSES 3:12-17

Portanto, quer vocês comam, quer bebam,
quer façam qualquer outra coisa,
façam para a glória de Deus.
—1 Coríntios 10:31

Levei as mãos à cabeça com um suspiro: "Não sei como vou fazer tudo isso". A voz do meu amigo reverberou no telefone: "Você tem que dar algum crédito a si mesma. Está fazendo muito". Ele então listou as coisas que eu estava tentando fazer — manter um estilo de vida saudável, trabalhar, sair-me bem na pós-graduação, escrever e participar de um estudo bíblico. Eu queria fazer todas essas coisas para Deus, mas ao invés disso estava mais focada no que estava fazendo do que em como as estava fazendo ou talvez eu estivesse tentando fazer além do meu limite.

Paulo lembrou à igreja em Colossos que eles deveriam viver de maneira que glorificasse a Deus. Em última análise, o que eles faziam no dia a dia não era tão importante quanto o modo como o faziam. Eles deviam fazer o seu trabalho com "compaixão, bondade, humildade, mansidão e paciência" (Colossenses 3:12), perdoar e, acima de tudo, amar (vv.13-14) e fazer tudo em nome do Senhor Jesus (v.17). Seu trabalho não deveria ser separado da vida cristã.

O que fazemos importa, mas como o fazemos, por que e por quem fazemos importa ainda mais. Todos os dias podemos optar por trabalhar de maneira estressante ou honrando a Deus, buscando o significado que Jesus dá ao nosso trabalho. Ao fazermos isso, encontramos satisfação. *Julie*

13 DE MARÇO

Sobrecarregada, mas leve

MATEUS 11:28-30

*Meu jugo é fácil de carregar,
e o fardo que lhes dou é leve.*
—Mateus 11:30

Acordei e ainda estava escuro. Eu não tinha dormido mais do que 30 minutos e sentia que o sono demoraria a retornar. O marido de uma amiga estava no hospital e tínhamos recebido a temida notícia: "O câncer voltou e está no cérebro e coluna vertebral". Todo o meu ser se contorcia por eles. Que carga pesada! No entanto, de alguma forma, meu espírito se alegrara pela minha vigília sagrada de oração. Você poderia até dizer que meu fardo por eles se tornara belamente leve. Como isso tinha acontecido?

Em Mateus 11:28-30, Jesus promete descanso para a nossa alma cansada. Estranhamente, recebemos o Seu descanso quando nos curvamos sob o Seu jugo e tomamos o Seu fardo. Ele esclarece isso: "Meu jugo é fácil de carregar, e o fardo que lhes dou é leve" (v.30). Quando permitimos que Jesus nos livre do nosso fardo e depois tomamos o Seu jugo, revestimo-nos de Sua armadura, andamos nele e o obedecemos. Quando suportamos o Seu fardo, compartilhamos os Seus sofrimentos, o que, em última análise, permite que nós compartilhemos do Seu consolo também (2 Coríntios 1:5).

Minha preocupação pelos meus amigos era um fardo pesado. No entanto, senti-me grata por Deus permitir que em oração eu os levasse à Sua Presença. Aos poucos, voltei a dormir e, mais tarde, acordei com o mesmo maravilhoso fardo, mas agora sob o jugo suave e o leve fardo de andar com Jesus. *Elisa*

14 DE MARÇO

O que fizerem "ao menor destes"

MATEUS 25:31-40

Estava na prisão e me visitaram. —Mateus 25:36

Frankie San, natural do Japão, trabalhou numa banca de frutas à beira da estrada enquanto frequentava o seminário bíblico. Ele viu um ônibus cheio de homens em uniforme laranja passando por sua banca. Soube que todos eram prisioneiros numa prisão de segurança mínima e lembrou-se das palavras de Cristo em Mateus 25:36: "Estava nu e me vestiram. Estava doente e cuidaram de mim. Estava na prisão e me visitaram".

Logo, ele se ofereceu para ser bibliotecário voluntário o que lhe permitiu visitar cada prisioneiro uma vez por semana, mesmo os do corredor da morte. "Sou Frankie San e eu te amo e Jesus também te ama" dizia ele ao passar os livros pela portinhola. Ele demonstrou o seu amor, e o amor de Cristo, cuidando das necessidades deles, orando por eles e lhes tratando com respeito.

Jesus desafiou os costumes da época ao encorajar pela primeira vez os Seus seguidores a servirem "ao menor destes" (v.40). Os líderes religiosos diziam que apenas os ricos, os piedosos e de boa ascendência mereciam o favor de Deus. Jesus exortou os Seus discípulos a fazer exatamente o oposto: compartilhar o amor de Deus com os pobres, pecadores e marginalizados. Fazendo isso, demonstramos a nossa fé e causamos impacto nos que nos rodeiam.

A nossa vocação não mudou desde que Jesus caminhou entre nós. Ele chama os Seus discípulos para o servirem, servindo aos outros, quer mereçam ou não: "quando fizeram isso ao menor destes meus irmãos, foi a mim que o fizeram" (v.40). *Lori*

Quem é?

2 SAMUEL 12:1-14

*Davi confessou a Natã: "Pequei contra o S<small>ENHOR</small>".
Natã respondeu: "Sim, mas o S<small>ENHOR</small> o perdoou…"*
—2 Samuel 12:13

Após ele instalar uma câmera de segurança em sua casa, o mesmo homem foi verificar se o sistema de vídeo estava funcionando. Ao ver uma pessoa de ombros largos e vestida de preto andando pelo quintal, ficou observando o que o homem faria. Mas o intruso parecia familiar. Finalmente, percebeu que não se tratava de um estranho, mas que havia gravado a si próprio!

O que veríamos se pudéssemos sair da nossa pele em certas situações? Quando o coração de Davi estava endurecido, e ele precisou de uma perspectiva externa — uma perspectiva divina — sobre o seu envolvimento com Bate-Seba, Deus enviou Natã para resgatá-lo (2 Samuel 12).

Natã contou a Davi uma história sobre um homem rico que roubara a única ovelha de um homem pobre. Embora o rico possuísse rebanhos, ainda assim matou a única ovelhinha do pobre para fazer uma refeição. Quando Natã revelou que a história ilustrava as ações de Davi, o salmista reconheceu o quanto havia prejudicado Urias. Natã explicou-lhe as consequências, mas assegurou a Davi: "o S<small>ENHOR</small> o perdoou" (v.13).

Se Deus revela os pecados em nossa vida, Seu propósito maior não é nos condenar, mas nos restaurar e nos ajudar a nos reconciliarmos com Ele por intermédio do poder do Seu perdão e de Sua graça. *Jennifer*

16 DE MARÇO

Reunião

APOCALIPSE 21:1-7

*Vejam, o tabernáculo de Deus
está no meio de seu povo!*
—Apocalipse 21:3

O garotinho abriu com entusiasmo uma grande caixa de presente enviada por seu pai militar, pois acreditava que o pai não estaria em casa para comemorar seu aniversário. Dentro daquela caixa havia outra embrulhada, e dentro desta estava outra que tinha um pedaço de papel dizendo: "Surpresa!". Confuso, o garoto olhou para cima, no instante que o seu pai entrou na sala. Com lágrimas nos olhos, o filho saltou para os braços do pai, exclamando: "Papai, senti sua falta" e "Eu te amo!"

Essa reunião emocionante, mas alegre, traz a essência da descrição em Apocalipse 21 do momento glorioso em que os filhos de Deus veem seu Pai amoroso face a face, na criação totalmente renovada e restaurada. No Céu, Deus enxugará todas as lágrimas de nossos olhos. Não mais sentiremos dor ou tristeza, porque estaremos com nosso Pai celestial. Como a "forte voz" declara: "Vejam, o tabernáculo de Deus está no meio de seu povo! Deus habitará com eles, e eles serão seu povo…" (Apocalipse 21:3-4).

Os cristãos já desfrutam do terno amor e da alegria na presença de Deus. "Embora nunca o tenham visto, vocês o amam. E, ainda que não o vejam agora, creem nele e se regozijam com alegria inexprimível e gloriosa" (1 Pedro 1:8). Mas imagine a nossa alegria incrível e transbordante quando virmos Aquele que nós amamos e que desejamos que nos receba em Seus braços abertos! *Alyson*

O segredo

FILIPENSES 4:10-19

*Sei viver na necessidade
e também na fartura.*
—Filipenses 4:12

À s vezes eu suspeito que o meu gato sofre de um caso grave de MEPE (medo de perder). Quando chego em casa com as compras, ele corre para inspecionar o conteúdo. Quando estou cortando legumes, levanta-se em suas patas olhando para o produto, implorando para que eu dê algo a ele. Mas quando eu realmente lhe dou o que prende a sua atenção, ele rapidamente perde o interesse, indo embora, entediado.

Seria hipócrita da minha parte ser dura com o meu gato. Ele reflete um pouco da minha fome insaciável por mais, minha suposição de que o "imediato" jamais é o suficiente.

Segundo o apóstolo Paulo, o contentamento não é natural — é aprendido (Filipenses 4:11). Sozinhos, buscamos o que achamos que vá nos satisfazer e passamos para a próxima coisa no momento em que percebemos que não satisfará. Outras vezes, nosso descontentamento nos induz a nos protegermos de todas e quaisquer ameaças suspeitas.

Às vezes é preciso experimentar o que mais temíamos para tropeçar na verdadeira alegria. Tendo experimentado muito do pior que a vida tem a oferecer, Paulo pôde testemunhar em primeira mão o "segredo" do verdadeiro contentamento (vv.11-12) — a misteriosa constatação de que, ao entregarmos a Deus os nossos anseios por plenitude, experimentamos uma paz inexplicável (vv.6-7), e somos transportados cada vez mais nas profundezas do poder, beleza e graça de Cristo. *Monica*

18 DE MARÇO

Suplique a Deus

SALMO 6:4-9

O Senhor ouviu minha súplica;
o Senhor responderá à minha oração.
—Salmo 6:9

Quando meu marido foi diagnosticado com câncer, eu não sabia o jeito "certo" de pedir a Deus que o curasse. Na minha visão limitada, outras pessoas no mundo enfrentavam problemas tão sérios: guerra, fome, pobreza, desastres naturais. Porém, um dia, durante a nossa oração da manhã, ouvi meu marido humildemente pedir: "Querido Senhor, por favor, cura minha doença".

Foi um pedido tão simples, mas sincero, que me lembrou de parar de complicar todos os pedidos de oração, pois Deus ouve perfeitamente as nossas súplicas por ajuda. Como Davi simplesmente suplicou: "Volta-te, Senhor, e livra-me! Salva-me por causa do teu amor" (Salmo 6:4). Davi declarou isso durante uma situação de confusão espiritual e desespero, embora esse momento exato não tenha sido explicado nesse salmo. Seus sinceros clamores, no entanto, demonstram o profundo desejo por ajuda divina e restauração. "Estou exausto de tanto gemer" (v.6).

No entanto, Davi não permitiu que os seus próprios limites, incluindo o pecado, impedissem-no de buscar a Deus em sua necessidade. Assim, mesmo antes de Deus responder, Davi regozijou-se: "o Senhor ouviu meu pranto. O Senhor ouviu minha súplica; o Senhor responderá a minha oração" (vv.8-9).

Apesar de nossa confusão e de nossas incertezas, Deus ouve e aceita os pedidos sinceros dos Seus filhos. O Senhor está pronto para nos ouvir, especialmente quando mais precisamos dele.

Patricia

19 DE MARÇO

A situação dos lagostins

1 TESSALONICENSES 5:11-18

*Procurem sempre fazer
o bem uns aos outros e a todos.*
—1 Tessalonicenses 5:15

Quando o meu primo me convidou para ir pescar lagostins, fiquei muito entusiasmada. Sorri quando ele me deu um balde de plástico. "Sem tampa?". "Você não vai precisar de tampa", ele respondeu.

Quando mais tarde, observei os pequenos crustáceos subindo uns nos outros na vã tentativa de fugir do balde quase cheio, percebi por que não precisaríamos de tampa. Sempre que um lagostim chegava à borda, os outros o puxavam de volta.

Aquela situação me fez lembrar do quanto é destrutivo pensar no nosso próprio ganho em vez de pensar no benefício coletivo. Paulo compreendia a necessidade dos relacionamentos edificantes e interdependentes. Ele aconselhou aos tessalonicenses que advertissem os indisciplinados, encorajassem os desanimados, ajudassem os fracos e que fossem pacientes com todos (1 Tessalonicenses 5:14).

Elogiando essa comunidade (v.11), Paulo os incitou a manter relacionamentos mais amorosos e pacíficos (vv.13-15). Lutando para criar uma cultura de perdão, gentileza e compaixão, os relacionamentos deles com Deus e com o próximo seriam fortalecidos (vv.15,23).

A Igreja pode crescer e refletir o testemunho de Cristo a partir desse tipo de unidade em amor. Quando os cristãos honram a Deus, comprometendo-se a edificar os outros em vez de derrubá-los com palavras ou ações, nós e nossas comunidades somos edificados. *Xochitl*

20 DE MARÇO

Fé juvenil

DEUTERONÔMIO 5:28-33

Se o coração deles fosse [...] dispostos a me temer
e a obedecer [...] meus mandamentos...
—Deuteronômio 5:29

A época da adolescência é uma das mais angustiantes da vida, para pais e filhos. Em minha busca para me individualizar e me diferenciar de minha mãe, recusei seus valores e me rebelei contra as suas regras, imaginando que os objetivos dela eram para me tornar infeliz. Embora já tenhamos acertado e concordado sobre essas questões, nosso relacionamento foi muito tenso. Mamãe, sem dúvida, lamentou por eu ter rejeitado suas instruções, sabendo que elas me livrariam de dores físicas e emocionais.

Deus tinha o mesmo sentimento em relação a Israel. Ele comunicou Sua sabedoria por meio dos Dez Mandamentos (Deuteronômio 5:7-21). Embora possam ser vistos como uma lista de regras, a intenção de Deus é clara em Suas palavras a Moisés: "...Tudo iria bem com eles e seus descendentes para sempre!" (v.29). Moisés reconheceu o desejo de Deus, dizendo que a obediência aos decretos divinos resultaria no prazer de Sua presença com eles na Terra Prometida (v.33).

Passamos por uma época de "adolescência" com Deus, sem crer que Suas diretrizes para a vida sejam para o nosso bem. Que cresçamos na compreensão de que Ele quer o melhor para nós e aprendamos a reconhecer e ouvir a sabedoria que Ele nos concede. Sua orientação visa nossa maturidade espiritual à medida que nos assemelhamos a Jesus (Salmo 119:97-104; Efésios 4:15; 2 Pedro 3:18).

Kirsten

21 DE MARÇO

Um lugar de pertença

EFÉSIOS 3:14-21

*Então Cristo habitará em seu coração
à medida que vocês confiarem nele...*
—Efésios 3:17

Depois da trágica perda de seus primeiros cônjuges, Roberto e Sabrina se apaixonaram, casaram e tornaram-se uma só família. Construíram seu novo lar e o chamaram Havilá ("contorcendo-se de dor" e "produzir" em hebraico). Significa a criação de algo belo através da dor. Eles não construíram um lar para esquecer o seu passado, mas para "trazer a vida das cinzas para celebrar a esperança". Para eles, "é um lugar de pertença, para celebrar a vida e onde todos nós nos apegamos à promessa de um futuro".

É uma bela imagem da nossa vida em Jesus que nos tira das cinzas e se torna para nós um lugar de pertença. Quando o recebemos, Ele faz a Sua morada em nosso coração (Efésios 3:17). Deus nos adota em Sua família por meio de Jesus para sermos dele (1:5-6). Embora passemos por momentos difíceis, Ele pode usar isso para trazer bons propósitos em nossa vida.

Todos os dias, temos a oportunidade de conhecer e compreender Deus ainda mais, ao desfrutarmos do Seu amor e celebrarmos o que o Senhor nos deu. Nele, há plenitude de vida que não existiria sem o Senhor (3:19). E temos a promessa de que esse relacionamento durará para sempre. Jesus é o nosso lugar de pertença, nossa razão para celebrar a vida e nossa esperança agora e para sempre. *Anne*

22 DE MARÇO

Estendendo a misericórdia

LUCAS 17:1-5

Se um irmão pecar, repreenda-o e,
se ele se arrepender, perdoe-o.
—Lucas 17:3

Ao refletir sobre como ela perdoou Manassés, o assassino do seu marido e de alguns de seus filhos no genocídio de Ruanda, Beata disse: "Meu perdão se baseia no que Jesus fez. Jesus recebeu a punição por cada ato maligno ao longo de todos os tempos. Sua cruz é o único lugar onde encontramos a vitória!". Mais de uma vez, Manassés lhe escrevera da prisão relatando os pesadelos regulares que o atormentavam e implorando o perdão dela, e de Deus. No início, ela não pôde lhe estender a misericórdia, dizendo que o odiava por ter matado sua família. Mas então "Jesus adentrou-se em seus pensamentos" e, com a ajuda divina, cerca de dois anos depois, ela o perdoou.

Beata seguiu à instrução de Jesus aos Seus discípulos para que perdoassem os que se arrependiam. Ele disse que mesmo se alguém: "…peque contra você sete vezes por dia e, a cada vez, se arrependa e peça perdão, perdoe-o" (Lucas 17:4). Mas perdoar pode ser muito difícil, como é possível concluirmos pela reação dos discípulos: "…Faça nossa fé crescer!" (v.5).

Enquanto Beata lutava em oração por sua incapacidade de perdoar, a sua fé "cresceu". Se, como ela, estamos lutando para perdoar, peçamos a Deus por meio de Seu Espírito Santo que nos ajude a fazer isso. À medida que a nossa fé cresce, Ele nos ajuda a perdoar. *Amy*

23 DE MARÇO

Fazendo o bem a todos

2 SAMUEL 9:3-11

Gostaria de mostrar a bondade
de Deus para com ele.
—2 Samuel 9:3

Na hora de embarcar no avião, uma jovem mãe sozinha com seus filhos tentou desesperadamente acalmar sua filha de 3 anos, que começou a chutar e a chorar quando o bebê de 4 meses também começou a chorar. O passageiro sentado ao lado se ofereceu para segurar o bebê enquanto Jessica afivelava a filha ao cinto. Recordando os seus dias como jovem pai, o viajante começou a colorir com a criança enquanto a mãe alimentava o bebê. E no voo de conexão, esse mesmo homem se ofereceu para ajudá-la, se necessário. A mãe lembrou: "Fiquei impressionada com a provisão de Deus nisso. Poderíamos sentar ao lado de qualquer um, mas estávamos sentados ao lado de um dos homens mais gentis que já conheci".

Temos outro exemplo desse tipo de bondade. Depois que o rei Saul e Jônatas morreram, alguns esperavam que Davi matasse qualquer um que pudesse reivindicar o trono. Em vez disso, ele perguntou: "Resta alguém da família de Saul? Se resta, gostaria de mostrar a bondade de Deus para com ele" (2 Samuel 9:3). Mefibosete, filho de Jônatas, foi levado a Davi, que restaurou sua herança e, calorosamente, convidou-o a compartilhar sua mesa dali em diante "como se fosse um dos seus filhos" (v.11).

Como beneficiários da imensa bondade de Deus, procuremos oportunidades para fazer o bem "a todos, especialmente aos da família da fé" (Gálatas 6:10). *Cindy*

24 DE MARÇO

A fuga divina

JOÃO 11:45-53

Daquele dia em diante,
começaram a tramar a morte de Jesus.
—João 11:53

No livro de Agatha Christie, *Os relógios* (Ed. Globo, 2014), os antagonistas cometem assassinatos em série. A trama visava uma única vítima, mas outras morreram para encobrir o crime original. Confrontado, o conspirador confessou: "Era para ser um único assassinato".

Após Jesus ressuscitar Lázaro (João 11:38-44), as autoridades religiosas também formaram uma conspiração própria. Convocaram uma reunião de emergência e planejaram matar o Senhor (vv.45-53). E não pararam por aí. Depois que Jesus ressuscitou, os líderes religiosos espalharam mentiras sobre o que acontecera no túmulo (Mateus 28:12-15). Em seguida, eles tentaram silenciar os seguidores de Jesus (Atos 7:57–8:3). O que começou como conspiração religiosa contra um homem pelo "bem maior" da nação tornou-se uma rede de mentiras, enganos e múltiplas vítimas.

O pecado nos mergulha por uma estrada que muitas vezes não vemos o fim, mas Deus sempre oferece uma maneira de escapar. Quando Caifás, o sumo sacerdote, disse: "É melhor para vocês que um homem morra pelo povo em vez de a nação inteira ser destruída" (João 11:50), ele não entendia a profunda verdade de suas palavras. A conspiração dos líderes religiosos ajudaria a trazer a redenção da humanidade.

Jesus nos salva do vício do pecado. Você recebeu a liberdade que Ele oferece? *Remi*

25 DE MARÇO

Fortalecendo os joelhos fracos

ISAÍAS 35:1-4

Fortaleçam os de mãos cansadas,
apoiem os de joelhos fracos.
—Isaías 35:3

Ainda criança, achei que o título da música *He looked beyond my faults and saw my needs* (Ele olhou além da minha culpa e viu minhas necessidades), de Dottie Rambo, era Ele olhou além das minhas falhas e viu meus joelhos (N.E.: as palavras *needs* e *knees* em inglês soam parecidas, mas têm significados diferentes). Com lógica infantil, eu me questionava por que Deus olharia os meus joelhos. Será que eles eram fracos? Mais tarde, soube que a autora escrevera sobre o amor incondicional de Deus em reação à crença do seu irmão Eddie de que ele não era amado por causa dos erros que havia cometido. Dottie assegurava ao seu irmão que Deus via a fraqueza dele, mas o amava mesmo assim.

Esse amor incondicional é evidente nos momentos frágeis do povo de Israel e Judá. Deus enviou profetas como Isaías com mensagens para o Seu povo desobediente. Em Isaías 35, o profeta compartilha a esperança da restauração divina e o encorajamento que viria como consequência da aceitação dessa mesma esperança: fortalecer os de mãos cansadas, apoiar os de joelhos fracos (Isaías 35:3). Com isso, o povo de Deus poderia encorajar outros. Assim, Isaías instrui: "Digam aos de coração temeroso: 'Sejam fortes e não temam...'" (v.4).

Fale com o Pai que fortalece os joelhos fracos pelo poder da Sua presença. Assim, você poderá incentivar outros. *Linda*

26 DE MARÇO

Recipientes limpos

1 PEDRO 4:7-11

O ódio provoca brigas,
mas o amor cobre todas as ofensas.
—Provérbios 10:12

"O ódio corrói o contêiner que o transporta." Essas palavras foram pronunciadas pelo ex-senador Alan Simpson no funeral do ex-presidente norte-americano, George H. W. Bush. Tentando descrever a bondade de seu querido amigo, Simpson lembrou que o 41.º presidente dos Estados Unidos adotou o humor e o amor, não o ódio, em sua liderança profissional e relacionamentos pessoais. Identifico-me com a citação daquele senador, e você? Quando nutro ódio causo dano a mim mesma!

As pesquisas revelam o dano que causamos ao nosso corpo quando nos apegamos ao negativo ou liberamos rajadas de raiva. A pressão sanguínea sobe, o coração dispara, nosso espírito cede e nossos contêineres se corroem.

O rei Salomão afirmou: "O ódio provoca brigas, mas o amor cobre todas as ofensas" (Provérbios 10:12). O resultado do ódio é uma disputa sangrenta entre povos de diferentes tribos e raças que fomenta o desejo de vingança, e as pessoas que se desprezam não conseguem se conectar.

No entanto, o amor de Deus cobre, encobre, oculta ou perdoa, todos os erros. Isso não significa que negligenciamos erros ou justificamos o infrator. Não nutrimos o erro quando alguém está verdadeiramente arrependido. E se eles nunca se desculparem, ainda liberamos os nossos sentimentos para Deus. Nós, que conhecemos o Deus de grande amor, devemos amar "…uns aos outros […] pois o amor cobre muitos pecados" (1 Pedro 4:8).

Elisa

27 DE MARÇO

Criador e Sustentador

HEBREUS 1:1-4

O Filho irradia a glória de Deus [...] com sua palavra poderosa, sustenta todas as coisas...
—Hebreus 1:3

Trabalhando com vidro e pinças, o relojoeiro suíço Phillipe me explicou como ele separa, limpa e remonta as peças minúsculas de relógios mecânicos especiais. Olhando todas as peças complexas, Phillipe me mostrou o componente essencial do relógio: a mola principal, responsável por mover todas as engrenagens que fazem o relógio marcar o tempo. Sem ela, nem o relógio mais magistralmente projetado funcionará.

Nessa passagem de Hebreus, o escritor louva a Jesus por ser Aquele por meio de quem Deus criou os Céus e a Terra. Como a complexidade do relógio especial, cada detalhe do nosso Universo foi criado por Jesus (Hebreus 1:2). Da vastidão do sistema solar à unicidade das nossas digitais, todas as coisas foram feitas por Ele.

Mais do que o Criador, Jesus, como a mola principal do relógio, é essencial para o funcionamento e o sucesso da criação. Sua presença "com sua palavra poderosa, sustenta todas as coisas" (v.3), mantendo tudo funcionando em conjunto em sua complexidade impressionante.

Ao ter a oportunidade de provar a beleza da criação hoje, lembre-se de que Ele "mantém tudo em harmonia" (Colossenses 1:17). Que o reconhecimento do papel vital de Jesus em criar e sustentar o Universo resulte num coração alegre e numa resposta de louvor à Sua provisão contínua por nós. *Lisa*

28 DE MARÇO

Nosso novo lar

APOCALIPSE 22:1-5

*Não haverá mais maldição sobre coisa alguma,
porque o trono de Deus e do Cordeiro estará ali.*
—Apocalipse 22:3

Como a primeira imigrante para os EUA a passar pela Ilha Ellis em 1892, Annie Moore deve ter sentido uma alegria incrível ao pensar no recomeço em um novo lar. Milhões de pessoas passariam por lá depois. Ainda adolescente, Annie deixou para trás uma vida difícil na Irlanda para recomeçar. Carregando apenas uma pequena bolsa na mão, ela chegou ao novo país com muitos sonhos, esperanças e expectativas de essa ser uma terra de oportunidades.

Quanto maior será a empolgação e a reverência que os filhos de Deus experimentarão quando virmos "um novo céu e uma nova terra" (Apocalipse 21:1). Entraremos no que o livro do Apocalipse chama de "a Cidade Santa, a nova Jerusalém" (v.2). O apóstolo João descreve esse lugar incrível com imagens poderosas. Haverá "o rio da água da vida, transparente como cristal, que [flui] do trono de Deus e do Cordeiro" (22:1). A água representa a vida e a abundância, e sua fonte será o próprio Deus eterno. João diz que "não haverá mais maldição" (v.3). O belo e puro relacionamento que Deus pretendia entre Ele e os seres humanos será totalmente restaurado.

Como é incrível saber que Deus, que ama os Seus e nos comprou com a vida de Seu Filho, está preparando um novo lar tão maravilhoso no qual Ele mesmo viverá conosco e será o nosso Senhor (21:3). *Estera*

29 DE MARÇO

Faminto por Deus

JEREMIAS 15:15-21

*Quando descobri tuas palavras,
devorei-as; são minha alegria e dão prazer
a meu coração, pois pertenço a ti.*
—Jeremias 15:16

Certo cristão tendo perdido a visão e as duas mãos numa explosão estava desesperado para ler a Bíblia. Ao ouvir falar de uma mulher que lia Braille com os lábios, tentou fazer o mesmo, mas descobriu que as terminações nervosas dos seus lábios também haviam sido destruídas. Mais tarde, alegrou-se ao descobrir que podia sentir os caracteres em braille com a língua! Ele havia encontrado uma maneira de ler e apreciar as Escrituras.

Jeremias sentiu emoção ao receber as palavras de Deus. "Quando descobri tuas palavras, devorei-as; são minha alegria e dão prazer a meu coração, pois pertenço a ti" (Jeremias 15:16). Diferente do povo de Judá que desprezava as Suas palavras (8:9), Jeremias havia sido obediente e se regozijava nelas. Sua obediência, no entanto, também o levara a ser rejeitado por seu próprio povo e perseguido injustamente (15:17).

Talvez tenhamos experimentado algo semelhante. Lemos a Bíblia com alegria, mas por alguma razão, a obediência a Deus trouxe-nos sofrimento e a rejeição dos outros. Como Jeremias, podemos entregar a nossa aflição a Deus. O Senhor lhe respondeu repetindo a promessa que dera quando o chamou pela primeira vez para ser profeta (vv.19-21; 1:18-19). Lembrou-lhe de que Ele nunca decepciona o Seu povo. Tenhamos essa mesma confiança, pois Deus é fiel e nunca nos abandonará. *Poh Fang*

Uma crítica gentil

JOÃO 4:7-15,28,29

*Pois a lei foi dada por meio de Moisés,
mas a graça e a verdade vieram
por meio de Jesus Cristo.*
—João 4:17

Na aula de pintura de paisagens, o professor, profissional e experiente, avaliou minha primeira tarefa. Com a mão no queixo, silenciou na frente do meu quadro e pensei: Aqui vamos nós, ele vai dizer que é terrível. Mas ele não o fez.

Ele gostou do esquema de cores, da sensação de abertura e disse que as árvores à distância poderiam ser iluminadas. As ervas daninhas precisavam de bordas mais suaves. Ele tinha autoridade para criticar o meu trabalho com base nas regras de perspectiva e cor, e sua crítica era honesta e gentil.

Jesus era perfeitamente qualificado para condenar as pessoas por seus pecados, mas não usou os Dez Mandamentos para condenar a mulher samaritana que conheceu num antigo poço de água. Ele gentilmente criticou sua vida com poucas declarações, e ela reconheceu como a sua busca por satisfação a levara ao pecado. Com base nessa consciência, Jesus revelou-se como a única fonte de satisfação eterna (4:10-13).

Experimentamos essa combinação de graça e verdade que Jesus usou nessa situação em nosso relacionamento com Ele (1:17). Sua graça nos impede de sermos oprimidos por nossos pecados e Sua verdade evita que pensemos que o assunto não seja sério.

Convidemos Jesus para nos mostrar onde precisamos crescer para nos tornarmos mais semelhantes a Ele. *Jennifer*

31 DE MARÇO

O Senhor providenciará

GÊNESIS 22:2-14

Abraão chamou aquele lugar de Javé-Jiré.
*[…] "No monte do S*ENHOR *se providenciará".*
—Gênesis 22:14

Minha ansiedade aumentou entre os meus cursos de graduação e pós-graduação. Adoro ter tudo planejado, e a ideia de mudar de estado e entrar na pós-graduação desempregada me deixou desconfortável. No entanto, alguns dias antes de eu sair do meu emprego de verão, pediram-me para continuar trabalhando remotamente para a empresa. Aceitei e tive paz, pois Deus estava cuidando de mim.

Deus providenciou, mas foi em Seu tempo, não no meu. Abraão passou por uma situação muito mais difícil com o seu filho Isaque. Ele foi convidado a levar seu filho e sacrificá-lo em uma montanha (Gênesis 22:1-2). Sem hesitar, Abraão obedeceu e levou Isaque até o local designado. Essa jornada de três dias deu a Abraão tempo suficiente para mudar de ideia, mas isso não aconteceu (vv.3-4).

Quando Isaque questionou seu pai, Abraão respondeu: "Deus providenciará o cordeiro para o holocausto" (v.8) Questiono-me se a ansiedade de Abraão crescia com cada nó que ele amarrava em Isaque no altar e com cada centímetro ao erguer sua faca (vv.9-10). Que alívio deve ter sido quando o anjo o deteve (vv.11-12)! Deus realmente providenciou um sacrifício, um carneiro, preso num arbusto (v.13). O Senhor testou a fé de Abraão que provou ser fiel. E na hora certa, no último segundo, Deus providenciou livramento (v.14). *Julie*

1.º DE ABRIL

Um futuro com perdão

ROMANOS 12:9-21

*Não deixem que o mal os vença,
mas vençam o mal praticando o bem.*
—Romanos 12:21

A África do Sul fez a transição do governo de segregação racial à democracia em 1994. Nessa ocasião, o país teve que lidar com os crimes cometidos sob o regime de segregação. Seus líderes não podiam ignorar o passado, porém a punição severa aprofundaria as feridas do país. Desmond Tutu, primeiro arcebispo anglicano negro do país, escreveu em *O livro do perdão* (Ed. Valentina, 2014): "Poderíamos muito bem ter feito justiça retributiva, e teríamos a África do Sul em cinzas".

Eles estabeleceram o "Comitê da Verdade e Reconciliação", daquela jovem democracia e buscaram a verdade, a justiça e a misericórdia. Aos culpados, foi ofertado um caminho de restauração para que se dispusessem a confessar seus crimes e buscassem a restituição. O país encontraria a cura apenas se enfrentasse corajosamente a verdade.

De certa forma, esse dilema reflete a luta que todos nós enfrentamos. Somos convocados a buscar por justiça e misericórdia (Miqueias 6:8), mas muitas vezes a misericórdia é mal interpretada como falta de responsabilização, e a busca por justiça como busca por vingança.

Nosso único caminho em direção ao futuro é o amor que não só odeia "tudo que é mau" (Romanos 12:9), mas também deseja a transformação e o bem do "próximo" (13:10). Pelo poder do Espírito de Cristo, podemos aprender o que significa ter um futuro de superação do mal pelo bem (12:21). *Monica*

2 DE ABRIL

O único Rei

MATEUS 2:1-12

Eles se curvaram e o adoraram.
—Mateus 2:11

Elton tinha 5 anos quando ouviu o pastor falar sobre Jesus ter deixado o Céu e ter vindo para a Terra. Ele suspirou profundamente quando o pastor orou agradecendo por Cristo ter morrido por nossos pecados. "Ah não! Ele morreu?", o garoto disse surpreso.

Desde o início da vida de Cristo na Terra, havia pessoas que o queriam morto. Alguns sábios vieram a Jerusalém durante o reinado do rei Herodes, perguntando: "Onde está o recém-nascido rei dos judeus? Vimos sua estrela no Oriente e viemos adorá-lo" (Mateus 2:2). Quando o rei ouviu isso, ficou com medo de um dia perder sua posição para Jesus. Então, enviou soldados para matar todos os meninos de 2 anos para baixo em Belém e em seus arredores. Mas Deus protegeu o Seu Filho e enviou um anjo para advertir os pais de Jesus a deixarem a área. Eles fugiram e Jesus foi salvo (vv.13-18).

Quando Jesus completou o Seu ministério, Ele foi crucificado pelos pecados do mundo. A placa colocada acima de Sua cruz, embora feita para escarnecê-lo, dizia: "…Este é Jesus, o Rei dos judeus" (27:37). No entanto, três dias depois, Ele saiu vitorioso do túmulo. Depois de ascender ao Céu, sentou-se no trono como Rei dos reis e Senhor dos senhores (Filipenses 2:8-11).

O Rei morreu por nossos pecados — meus, seus e do garoto Elton. Vamos permitir que Ele governe em nosso coração.

Anne

O que vem depois?

2 TIMÓTEO 4:1-8

…o prêmio me espera, a coroa de justiça que o Senhor, o justo Juiz, me dará no dia de sua volta.
—2 Timóteo 4:8

O Dr. Martin Luther King proferiu seu discurso "Estive no topo da montanha" no final da noite de 3 de abril de 1968. No discurso, ele deu a entender que talvez não fosse viver por muito tempo, ao dizer: "Teremos dias difíceis pela frente, mas isso não me preocupa agora, porque já estive no topo da montanha. E de lá vi a terra prometida. Posso não a alcançá-la com você […] mas estou feliz nesta noite. Estou despreocupado e não temo homem algum. Meus olhos já viram a glória da vinda do Senhor". No dia seguinte, o Dr. King foi assassinado.

Paulo, pouco antes de morrer, escreveu ao seu discípulo Timóteo: "minha vida já foi derramada como oferta para Deus. O tempo de minha morte se aproxima. […] Agora o prêmio me espera, a coroa de justiça que o Senhor, o justo Juiz, me dará no dia de sua volta" (2 Timóteo 4:6,8). Ele sabia que o seu tempo na Terra estava chegando ao fim, assim como o Dr. King. A vida de ambos foi repleta de incrível significado, mas nunca perderam de vista a verdadeira vida à frente. Ambos receberam com boas-vindas o que veio a seguir.

Como eles, que nós também não olhemos "para aquilo que agora podemos ver"; em vez disso, fixemos o olhar naquilo que não podemos ver. "Pois as coisas que agora vemos logo passarão, mas as que não podemos ver durarão para sempre" (2 Coríntios 4:18).

Remi

4 DE ABRIL

Guiado por Sua Palavra

SALMO 119:1,133-136

*Firma meus passos conforme a tua palavra,
para que o pecado não me domine.*
—Salmo 119:133

O primeiro trabalho de transmissão de Paul Arnold foi fazer "o barulho de passos" em novelas de rádio na BBC em Londres. Enquanto os atores liam os roteiros, Arnold, como gerente de palco, fazia os sons dos passos com cuidado para adequar os sons à fala do ator. Ele explicou que o principal desafio era acompanhar o ator na história, "para os dois atuarem juntos".

O autor do Salmo 119 buscou uma versão divina dessa cooperação mútua que enfatiza o viver sob os princípios da Palavra de Deus como estilo de vida. "Como são felizes os íntegros, os que seguem a lei do Senhor!" (v.1). Guiados pelo Senhor e seguindo os Seus ensinos, podemos nos manter puros (v.9), vencer o desprezo (v.22) e escapar da ganância (v.36). O Senhor nos capacita a resistir ao pecado (v.61), encontrar amigos que o temem (v.63) e a viver em alegria (v.111).

Sobre o versículo 133, o teólogo Charles Bridges comentou: "Portanto, quando dou um passo no mundo, questiono: isso está ordenado na Palavra de Deus, que nos oferece Cristo como meu exemplo perfeito?".

Andando por esse caminho, mostramos Jesus ao mundo. Que o Senhor nos ajude a caminhar com Ele tão intimamente que as pessoas vislumbrem em nós o nosso Líder, Amigo e Salvador!

Patricia

5 DE ABRIL

Restaurados

JOEL 2:18-27

*Eu lhes devolverei o que perderam
por causa dos gafanhotos...*
—Joel 2:25

Em 2003, uma infestação de grilos mormóns causou um prejuízo de 25 milhões de dólares em colheitas perdidas. Eram tantos que as pessoas não conseguiam dar um passo sequer sem pisar em grilos. O inseto, semelhante a um gafanhoto, foi o responsável por atacar as colheitas dos pioneiros de Utah, EUA, em 1848. Esse grilo pode comer incríveis 17 quilos de plantas durante a vida apesar de medir entre 5 e 7 cm apenas. O impacto das infestações sobre o lucro dos fazendeiros e sobre a economia do estado ou país pode ser devastador.

O profeta Joel descreveu uma horda de insetos parecidos prejudicando toda a nação de Judá como resultado da desobediência coletiva. Ele profetizou que haveria uma invasão de gafanhotos (metáfora de um exército estrangeiro na opinião de alguns teólogos) como algo que nenhuma geração anterior havia presenciado (Joel 1:2). Os gafanhotos assolaram tudo em seu caminho, causando fome e miséria. Entretanto, se os israelitas deixassem os caminhos do pecado e pedissem perdão a Deus, Joel afirma que o Senhor lhes devolveria o que tinham perdido por causa dos gafanhotos (2:25).

Também podemos aprender com a lição de Judá: como insetos, nossos erros se alimentam da vida frutífera que Deus planejou para nós. Quando nós nos voltamos para o Senhor e nos afastamos das escolhas do passado, Deus promete remover a nossa vergonha e nos restaurar para termos vida abundante nele. *Kirsten*

6 DE ABRIL

Podemos descansar?

JOÃO 14:25-31

*…Portanto, não se aflijam
nem tenham medo.*
—João 14:27

Daniel entrou no consultório da fisioterapeuta sabendo que sofreria muita dor. A terapeuta estendeu e dobrou o braço dele em posições que há meses, desde sua lesão, não tinham sido feitas. Depois de segurar cada posição desconfortável por alguns segundos, ela gentilmente lhe disse: "Ok, pode descansar". Mais tarde, ele afirmou: "Acho que ouvi pelo menos 50 vezes em cada sessão de terapia: 'Ok, pode descansar'".

Pensando nessas palavras, Daniel percebeu que elas poderiam se aplicar ao restante de sua vida também. Ele poderia descansar na bondade e fidelidade de Deus em vez de se preocupar.

Quando Jesus se aproximava de Sua morte, Ele sabia que Seus discípulos precisariam aprender isso. Eles logo enfrentariam uma época de convulsão e perseguição. Para encorajá-los, Jesus disse que lhes enviaria o Espírito Santo para viver com eles e lembrar-lhes do que Ele havia lhes ensinado (João 14:26). E assim Jesus pôde dizer: "Eu lhes deixo um presente, a minha plena paz […] não se aflijam nem tenham medo" (v.27).

Temos motivos suficientes para estarmos tensos em nossa vida cotidiana. Mas podemos aumentar a nossa confiança em Deus ao nos lembrarmos de que o Seu Espírito vive em nós e nos oferece a Sua paz. Firmando-nos em Sua força, podemos ouvi-lo nas palavras da terapeuta: "Ok, pode descansar".

Anne

7 DE ABRIL

Amor inabalável

1 JOÃO 3:16-18

*...não nos limitemos a dizer que amamos
uns aos outros; demonstremos a verdade
por meio de nossas ações.*
—1 João 3:18

Heidi e Jeferson voltaram de um trabalho no exterior onde o clima era muito quente e se estabeleceram perto de sua família no estado onde moro — bem no início do inverno. Esta seria a primeira vez que alguns de seus dez filhos veriam a neve.

Entretanto, o nosso inverno exige muitos agasalhos, incluindo casacos, luvas e botas. Para o casal seria um gasto exorbitante equipar toda a sua família para os congelantes meses de inverno que estavam à frente. No entanto, Deus os proveu. Primeiro, um vizinho trouxe calçados, outro as calças de neve, depois gorros e luvas. Uma senhora pediu em sua igreja que coletassem roupas quentes em todos os doze tamanhos para cada membro da família. Quando a neve chegou, a família tinha exatamente o que precisava.

Uma das maneiras que servimos a Deus é servindo aos necessitados. 1 João 3:16-18 nos incentiva a ajudar os outros a partir da abundância de nossos próprios bens. Servir nos ajuda a nos tornarmos mais semelhantes a Jesus à medida que começamos a amar e a ver as pessoas como o Senhor as vê.

Deus frequentemente usa os Seus filhos para suprir as necessidades e responder as orações. E ao servirmos aos outros, nosso próprio coração se fortalece quando encorajamos aqueles a quem servimos. Como resultado, a nossa própria fé crescerá à medida que Deus nos equipar para servi-lo de novas maneiras (v.18).

Cindy

8 DE ABRIL

Abre os meus olhos

SALMO 119:11-19

*Abre meus olhos, para que eu
veja as maravilhas de tua lei.*
—Salmo 119:18

Um dos vídeos mais populares na mídia social era sobre Tomás, um bebê deficiente visual, sentado no colo do seu pai no consultório. Muitos assistiram quando o oftalmologista equipou Tomás com lentes especiais. Quando o médico colocou os óculos em Tomás, ele abriu os olhos rapidamente, apontou para a luz no teto, depois ao brinquedo no chão e finalmente olhou para o seu pai. Quando os seus olhos se encontraram pela primeira vez, o pequeno sorriu e exclamou. "Papai!".

Não tenho problemas de visão como ele, mas com frequência a minha visão espiritual precisa ser melhorada. Por vezes faço a leitura bíblica com os olhos cobertos pela apatia, impaciência ou tédio. Se me aproximo das Escrituras com essas atitudes, não vejo todo o bem que Deus tem para mim.

Mas quando oro como o salmista: "Abre meus olhos, para que eu veja as maravilhas de tua lei" (Salmo 119:18) o Senhor muitas vezes me concede a perspicácia e a compreensão. Ele me ajuda a descobrir a sabedoria em esconder a Sua palavra no coração para me proteger do pecado (v.11) e traz-me a alegria por meio do estudo bíblico (v.16). E o melhor de tudo é poder vislumbrar a face do meu Pai em cada página.

Tomás precisava da ajuda do médico para ver com os seus olhos. Nós precisamos da ajuda de Deus, todos os dias, para vermos com olhos espirituais as maravilhas que Ele tem proporcionado nas Escrituras. *Lori*

9 DE ABRIL

Dá-nos compreensão

EFÉSIOS 1:15-23

*Oro para que seu coração seja iluminado,
[…] que compreendam a esperança
concedida àqueles que ele chamou…*
—Efésios 1:18

Olhei para as colinas verdejantes no norte da Inglaterra observando as cercas de pedra que continham algumas ovelhas espalhadas. Inalei profundamente absorvendo a visão das nuvens que se moviam no céu brilhante. Ao comentar sobre essa cena com a mulher que trabalhava nesse centro de retiros que eu visitava, ela disse: "Nunca tinha percebido isso antes de nossos convidados nos chamarem a atenção. Vivemos aqui há anos e, quando éramos agricultores, esse espaço era apenas um escritório!".

Podemos facilmente perder a dádiva diante de nós, especialmente a beleza que faz parte do nosso cotidiano. Também podemos não perceber as belas maneiras em que Deus age e nos envolve diariamente. Mas como cristãos podemos pedir ao Espírito de Deus que abra os nossos olhos espirituais para entendermos como Ele está agindo, assim como o apóstolo Paulo escreveu em sua carta aos efésios. Paulo orava para que Deus lhes desse sabedoria e entendimento para conhecer melhor o Senhor. Paulo orou para que seus corações fossem iluminados a fim de que conhecessem a esperança de Deus, o futuro prometido e o poder (Efésios 1:17-19).

O Espírito de Cristo, dádiva de Deus, pode nos despertar para a Sua obra em nós e por meio de nós. Com Ele, o que pode ter parecido "apenas um escritório" pode ser entendido como um lugar que exibe Sua luz e glória. *Amy*

10 DE ABRIL

Observe!

MATEUS 21:12-17

*Dos lábios das crianças e dos
recém-nascidos suscitaste louvor.*
—Mateus 21:16

"Veja, vovó, a minha fada-princesa dança!" Minha neta de 3 anos gritou alegremente enquanto corria ao redor de nossa cabana de acampamento, com um grande sorriso no rosto. Sua "dança" trouxe um sorriso e também o mau humor de seu irmão mais velho, que disse: "Ela não está dançando, está apenas correndo". A atitude dele não diminuiu a alegria da garota que apreciava estar de férias com a família.

O Domingo de Ramos foi um dia de altos e baixos. Jesus entrou em Jerusalém montado em um jumento, e a multidão bradou com entusiasmo: "Hosana, […] Bendito é o que vem em nome do Senhor!" (Mateus 21:9). Entretanto, muitos ali esperavam um Messias que os libertasse de Roma, não um Salvador que morresse por seus pecados na mesma semana. Naquele dia, apesar da ira dos sacerdotes que questionaram a autoridade de Jesus, as crianças no Templo expressaram sua alegria gritando: "Hosana, Filho de Davi" (Mateus 21:15), talvez saltando e agitando ramos de palmeiras enquanto corriam ao redor do pátio. Elas não podiam deixar de adorá-lo. Jesus revelou aos líderes indignados que Deus suscitou o louvor "dos lábios das crianças" (v.16). E elas estavam na presença do Salvador!

Jesus nos convida a também vê-lo por quem Ele é. Quando o fazemos, como uma criança transbordando de alegria, não temos como deixar de nos alegrar em Sua presença. *Alyson*

11 DE ABRIL

A fé para perseverar

ATOS 27:27-38

*...enfrentar dificuldades e provações, [...] contribuem
para desenvolvermos perseverança.* —Romanos 5:3

Ernest Shackleton (1874–1922) liderou uma expedição mal-sucedida para atravessar a Antártida em 1914. Quando seu navio, apropriadamente chamado *Endurance* (Perseverança), ficou preso no gelo pesado no mar de Weddell, a sobrevivência se tornou uma corrida de resistência. Sem meios de se comunicar, Shackleton e sua tripulação usaram botes salva-vidas para fazer a viagem até a costa mais próxima. Enquanto a maioria da tripulação ficou para trás na ilha, Shackleton e cinco tripulantes passaram duas semanas viajando quase 1300 quilômetros pelo oceano para a Geórgia do Sul em busca de ajuda. A expedição "fracassada" tornou-se um registro vitorioso nos livros de história, quando todos os homens de Shackleton sobreviveram, graças à sua coragem e perseverança.

O apóstolo Paulo sabia o que significava perseverar. Durante uma tempestuosa viagem a Roma para enfrentar julgamento por sua fé em Jesus, ele soube por um anjo que o navio afundaria. Mas o apóstolo encorajou os homens a bordo com a promessa de Deus de que todos sobreviveriam, apesar da perda do navio (Atos 27:23-24).

Quando ocorrem as dificuldades e provações, a nossa tendência é querer que Deus resolva imediatamente. Mas Ele nos dá a fé para suportar e crescer. Como Paulo escreveu aos romanos, as dificuldades e as provações contribuem para desenvolvermos a perseverança (Romanos 5:3). Sabendo disso, podemos encorajar uns aos outros a continuar confiando em Deus em tempos difíceis. *Linda*

12 DE ABRIL

Unidade

EFÉSIOS 4:1-6

Façam todo o possível para se manterem unidos no Espírito, ligados pelo vínculo da paz.
—Efésios 4:3

No século 18, em quatro anos, cerca de 300 cristãos morávios que viviam no local onde hoje é a República Tcheca encontraram refúgio da perseguição na propriedade de um generoso conde alemão. Mas, em vez de uma comunidade ideal para refugiados perseguidos, o local encheu-se de discórdia. As diferentes perspectivas sobre o cristianismo causaram divisões. O que eles fizeram logo depois pode parecer simples, mas causou um reavivamento incrível. Eles se concentraram no que concordavam e não nas suas discordâncias e isso trouxe a unidade entre eles.

O apóstolo Paulo encorajou fortemente os cristãos da igreja em Éfeso a viverem em união. O pecado sempre lhes traria problemas, desejos egoístas e conflitos nos relacionamentos. Mas, como aqueles que têm "vida juntamente com Cristo" (Efésios 5:2), os efésios foram chamados a viver sua nova identidade de maneiras práticas. Primeiramente, eles deveriam fazer "…todo o possível para se manterem unidos no Espírito, ligados pelo vínculo da paz" (4:3).

Essa união não é apenas uma simples camaradagem alcançada por meio da força humana. Devemos ser "sempre humildes e amáveis, tolerando pacientemente uns aos outros em amor" (v.2). Da perspectiva humana, é impossível agir dessa maneira. Não podemos alcançar a unidade por meio do nosso próprio poder, mas por intermédio do poder perfeito de Deus "que atua em nós" (3:20). *Estera*

13 DE ABRIL

Quem sabe?

ECLESIASTES 6:12; 7:13-14

*Desfrute a prosperidade enquanto pode [...]
lembre-se de que nada é garantido nesta vida.*
—Eclesiastes 7:14

Conta a lenda chinesa que quando Sai Weng perdeu um valioso cavalo, seu vizinho lamentou essa perda. Mas Sai Weng não se preocupou e disse: "Quem sabe, isso será algo bom para mim?". Surpreendentemente, o cavalo perdido voltou para casa com outro cavalo. Ao ser parabenizado pelo vizinho, Sai Weng disse: "Quem sabe, isso será algo ruim para mim?". No fim das contas, o filho dele quebrou a perna ao montar o novo cavalo. Parecia um infortúnio, até que o exército chegou à aldeia para recrutar todos os homens saudáveis para lutar na guerra. Por causa do ferimento do filho, ele não foi recrutado, e talvez isso o tenha poupado da morte certa.

A história por trás do provérbio chinês ensina que uma dificuldade pode ser uma bênção disfarçada ou vice-versa. Essa sabedoria antiga tem um paralelo próximo em Eclesiastes 6:12, em que o autor observa: "quem sabe como é melhor passar os dias?". Na verdade, nenhum de nós sabe o que o futuro reserva. Uma adversidade pode ter benefícios positivos e a prosperidade pode ter efeitos negativos.

Cada dia oferece novas oportunidades, alegrias, lutas e sofrimento. Como filhos amados de Deus, podemos descansar em Sua soberania e confiar nele, nos bons e maus momentos, pois "ambos vêm de Deus" (Eclesiastes 7:14). Ele está conosco e promete Seu amoroso cuidado. *Poh Fang*

14 DE ABRIL

Ao vivo e em cores

APOCALIPSE 4:1-6

*Aquele que estava sentado no trono
brilhava como pedras preciosas…*
—Apocalipse 4:3

Quando Xavier McCoury, de 10 anos, colocou os óculos que sua tia lhe mandara como presente de aniversário ele começou a chorar. Daltônico até aquele momento, ele só tinha visto o mundo em tons de cinza, branco e preto. Com os novos óculos *EnChroma*, Xavier viu as cores pela primeira vez. A euforia dele em testemunhar a beleza ao seu redor fez a família se sentir como se estivesse presenciando um milagre.

Testemunhar o esplendor radiante de Deus também evocou uma poderosa reação no apóstolo João (1:17). Após se deparar com a glória do Cristo ressuscitado, João vislumbrou "um trono no céu e alguém sentado nele. Aquele que estava sentado no trono brilhava como pedras preciosas, como jaspe e sardônio. Um arco-íris, com brilho semelhante ao da esmeralda, circundava seu trono […]. Do trono saíam relâmpagos" (Apocalipse 4:2-5).

Em outra época, Ezequiel teve uma visão semelhante: "havia algo parecido com um trono de safira", com uma figura acima do trono que "tinha a aparência de âmbar reluzente que cintilava como o fogo" (Ezequiel 1:26-27). Essa figura magnífica estava cercada de brilho semelhante ao arco-íris (v.28).

Um dia encontraremos Cristo face a face. Essas visões mencionadas nas Escrituras nos dão um pequeno indício da magnificência do que então nos espera. Ao celebrarmos a beleza da criação de Deus aqui e agora, que possamos viver na expectativa da glória por ser revelada. *Remi*

15 DE ABRIL

Ações valentes

JOÃO 10:7-18

Eu sou o bom pastor. Conheço minhas ovelhas, e elas me conhecem, [...] e eu sacrifico minha vida pelas ovelhas.
—João 10:14-15

John Harper não tinha ideia do que estava prestes a acontecer quando ele e sua filha de 6 anos embarcaram no Titanic. Mas de uma coisa sabia: ele amava Jesus e ansiava muito para que outros o conhecessem também. Assim que o navio atingiu uma geleira e a água começou a entrar, Harper, um viúvo, colocou sua filhinha em um barco salva-vidas e foi ajudar a salvar o maior número possível de pessoas. Ao distribuir coletes salva-vidas, ele gritava: "Deixe as mulheres, crianças e os não salvos nos botes salva-vidas". Até seu último suspiro, Harper compartilhou sobre Jesus com quem estava ao seu redor e entregou voluntariamente a sua vida para que outros pudessem sobreviver.

Houve Alguém que deu a Sua vida gratuitamente há 2000 anos para que você e eu possamos viver não apenas esta vida, mas a vida eterna. Jesus não acordou num belo dia e decidiu que pagaria a pena de morte pelo pecado da humanidade. Essa foi a missão de Sua vida. Quando Jesus conversava com os líderes religiosos judeus Ele reconheceu repetidamente que entregaria a Sua vida (João 10:11,15,17-18). Jesus não falou essas palavras, mas as viveu, na verdade sofrendo uma morte horrível na cruz. Ele veio a Terra para que os fariseus, John Harper e também nós tenhamos "...vida, uma vida plena, que satisfaz" (v.10). *Estera*

16 DE ABRIL

Este sou eu

TIAGO 3:7-12

E, assim, bênção e maldição saem da mesma boca.
Meus irmãos, isso não está certo!
—Tiago 3:10

A canção *This Is Me* (Este sou eu) é parte inesquecível do filme "O rei do show" (2017) baseado na vida de P. T. Barnum e seu circo itinerante. A canção é entoada pelos personagens que sofreram provocações e abusos verbais por não estarem em conformidade com as normas sociais e descrevem as palavras como balas destrutivas e como facas que deixam cicatrizes.

Suas palavras refletem sobre quantas pessoas suportam as feridas invisíveis, mas verdadeiras, causadas por palavras que ferem.

Tiago, um dos autores do Novo Testamento, entendeu o perigo potencial de nossas palavras que podem causar danos destrutivos e duradouros, chamando a língua de "incontrolável e perversa, cheia de veneno mortífero" (Tiago 3:8). Com essa comparação surpreendentemente forte, enfatizou a urgente necessidade de os cristãos reconhecerem o imenso poder de suas palavras. Mais ainda, ele destacou a inconsistência de louvar a Deus num momento e ferir pessoas criadas à imagem de Deus no próximo (vv.9-10).

A música *This Is Me* desafia a veracidade dos ataques verbais insistindo que todos nós somos gloriosos — uma verdade bíblica. A Bíblia estabelece a dignidade e a beleza que são únicas de cada ser humano, não por causa da aparência externa ou de qualquer coisa que tenhamos feito, mas porque cada um de nós é lindamente projetado por Deus — somos Suas obras-primas (Salmo 139:14). As nossas palavras ditas uns aos outros e sobre o outro têm o poder de reforçar essa verdade encorajadora. *Lisa*

17 DE ABRIL

Quando os tubarões não mordem

PROVÉRBIOS 27:1-10

Quem está satisfeito recusa o mel...
—Provérbios 27:7

Meus filhos estavam entusiasmados, mas eu me sentia desconfortável. Era férias e tínhamos ido visitar um aquário onde as pessoas podiam acariciar os pequenos tubarões mantidos num tanque especial. Perguntei à atendente se aquelas criaturas alguma vez tinham ferido os dedos de alguém, e ela explicou que eles tinham sido recém-alimentados, tinham acabado de receber comida extra. Não morderiam porque estavam saciados.

O que aprendi sobre acariciar o tubarão faz sentido de acordo com um provérbio: "Quem está satisfeito recusa o mel, mas para o faminto até o alimento amargo é doce" (Provérbios 27:7). A fome, essa sensação de vazio interior, enfraquece o nosso discernimento quando tomamos nossas decisões. Convence-nos de que não há problema em aceitar qualquer coisa que nos preencha, mesmo que isso nos leve a tirar vantagem de alguém.

Deus quer mais para nós do que uma vida à mercê de nossos apetites. Ele deseja que sejamos cheios do amor de Cristo, para que tudo o que fizermos flua da paz e estabilidade que Ele provê. A contínua percepção de que somos amados incondicionalmente nos torna confiantes. Permite-nos sermos seletivos ao considerarmos as coisas "doces" da vida: conquistas, bens e relacionamentos.

Apenas o relacionamento com Jesus gera a verdadeira plenitude. Que possamos compreender Seu incrível amor por nós, para que sejamos "preenchidos com toda a plenitude de vida e poder que vêm de Deus" (Efésios 3:19) por nossa causa e pelo bem dos outros. *Jennifer*

18 DE ABRIL

O perdão nunca é demais

NEEMIAS 9:17,27-31

*Mas tu és Deus de perdão,
[...] cheio de amor.*
—Neemias 9:17

"Se eu tocasse em uma Bíblia, ela pegaria fogo em minhas mãos", disse a minha professora de inglês na faculdade. Meu coração se entristeceu. O romance que líamos naquela manhã fazia referência a um versículo da Bíblia e, ao pegar minha Bíblia para procurá-lo, ela notou e comentou. Minha professora parecia pensar que ela era pecadora demais para ser perdoada. Ainda assim, não tive coragem de falar-lhe sobre o amor de Deus e que a Bíblia nos diz que podemos buscar o perdão divino sempre.

Há um exemplo de arrependimento e perdão no texto em Neemias. Os israelitas haviam sido exilados por causa de seus pecados, mas agora tinham permissão para voltar a Jerusalém. Quando eles se "estabeleceram", Esdras, o escriba, fez a leitura da lei para o povo (Neemias 7:73–8:3). Eles confessaram seus pecados, lembrando que, apesar de seus pecados, Deus não os abandonou (9:17,19). O Senhor os ouviu quando clamaram; e com compaixão e misericórdia, Deus foi paciente com eles (vv.27-31).

Semelhantemente, Deus é paciente conosco e não nos abandonará se escolhermos confessar nosso pecado e nos voltarmos a Ele. Gostaria de voltar no tempo e dizer a minha professora que, não importa o passado dela, Jesus a ama e quer que ela faça parte de Sua família. Jesus sente o mesmo por você e por mim. Podemos nos aproximar dele e buscar o Seu perdão e Ele nos concederá! *Julie*

19 DE ABRIL

Amor dilacerado

ISAÍAS 53:1-6

*Mas ele foi ferido por causa de nossa rebeldia
e esmagado por causa de nossos pecados…* —Isaías 53:5

Carla ligou e enviou mensagem, mas agora ela estava do lado de fora do portão da casa do seu irmão e era incapaz de acordá-lo. Sofrendo com depressão e lutando contra o vício, seu irmão se escondia em casa. Na tentativa desesperada de romper seu isolamento, Carla levou várias de suas comidas favoritas, acompanhadas de frases bíblicas encorajadoras, e baixou o pacote por sobre a cerca.

Mas quando o pacote soltou-se de suas mãos, esbarrou num dos ferros do portão, e um dos lados rasgou e espalhou todo o seu conteúdo pelo chão. Sua oferta bem-intencionada e cheia de amor se desfez em aparente desperdício. Será que o irmão dela notaria o presente? Será que isso cumpriria a missão de esperança pretendida? Ela pode somente ter esperança e orar enquanto espera pela cura dele.

Deus amou o mundo de tal maneira que, na verdade, lançou o Seu único Filho sobre a parede do nosso pecado, trazendo dádivas de amor e cura para o nosso mundo exaurido e abatido (João 3:16). O profeta Isaías destacou o custo desse ato de amor em Isaías 53:5. Este mesmo Filho seria "traspassado pelas nossas transgressões e moído pelas nossas iniquidades" (ARA). Suas feridas trariam a esperança da cura definitiva. Ele tomou para si o "castigo que nós merecíamos" (v.6).

Jesus, dilacerado por espinhos causados pelo nosso pecado e necessidade é a dádiva de Deus que chega aos nossos dias hoje com poder e novas perspectivas. O que o presente do Senhor significa para você? *Elisa*

Em sintonia com o Espírito

GÁLATAS 5:16-26

Uma vez que vivemos pelo Espírito,
sigamos a direção do Espírito em
todas as áreas de nossa vida.
—Gálatas 5:25

Enquanto eu escutava a afinação do piano de cauda pensei nos momentos em que ouvi daquele mesmo piano o incrível som do "Concerto de Varsóvia" e do hino *Quão grande és tu!*. Mas agora o piano precisava desesperadamente de afinação. Algumas notas estavam no tom certo, mas outras estavam desafinadas e criavam um som desagradável. A responsabilidade do afinador de piano não era fazer com que cada tecla tocasse o mesmo som, mas garantir que o som exclusivo de cada nota combinasse com as outras para criar um conjunto harmonioso e agradável.

Mesmo na igreja, podemos ver pontos de discórdia. Pessoas com ambições ou talentos únicos podem criar dissonâncias ao se juntarem. Paulo implorou aos cristãos que eliminassem "discórdias, ciúmes, acessos de raiva, ambições egoístas" (Gálatas 5:20), que destruiriam a comunhão com Deus ou os relacionamentos com os outros. Paulo nos incentivou a praticar o fruto do Espírito: "amor, alegria, paz, paciência, amabilidade, bondade, fidelidade, mansidão e domínio próprio" (vv.20,22-23).

Quando vivemos pelo Espírito, achamos mais fácil evitar conflitos desnecessários em assuntos não essenciais. Compartilhar o mesmo propósito pode ser maior do que as nossas diferenças. E com a ajuda de Deus, cada um de nós pode crescer em graça e unidade, à medida que preservamos o nosso coração em sintonia com o Senhor. *Cindy*

21 DE ABRIL

Realidades invisíveis

2 REIS 6:8-17

*Então Eliseu orou: "Ó Senhor,
abre os olhos dele, para que veja".*
—2 Reis 6:17

Stephen Cass, editor da revista *Discover*, decidiu investigar algumas coisas invisíveis que fazem parte de seu cotidiano. Enquanto caminhava em direção a seu escritório em Nova Iorque, pensou: "Se as ondas de rádio fossem visíveis, o topo do *Empire State Building* [com seu conjunto de antenas de rádio e TV] estaria aceso como um caleidoscópio, iluminando toda a cidade". Ele percebeu que estava cercado por um campo eletromagnético invisível de sinais de rádio e TV, wi-fi e muitos outros mais.

Certa manhã o servo de Eliseu tomou conhecimento sobre outro tipo de invisibilidade: o mundo espiritual invisível. Ao despertar, ele viu-se a si mesmo, e o seu mestre, cercado pelo exército sírio. Até onde seus olhos podiam ver, havia soldados montados em poderosos "carros de guerra e cavalos" (2 Reis 6:15)! O servo se amedrontou, mas Eliseu estava confiante porque vira o exército de anjos que os cercava. E disse: "Pois do nosso lado há muitos mais que do lado deles!" (v.16). Então, Eliseu pediu a Deus que abrisse os olhos de seu servo para que ele também pudesse ver que o Senhor cercara seus inimigos e controlava os acontecimentos (v.17).

Você se sente derrotado e desamparado? Lembre-se de que Deus está no controle e luta por você e "ordenará a seus anjos que o protejam aonde quer que você vá" (Salmo 91:11).

Poh Fang

22 DE ABRIL

Como encontrar paz

COLOSSENSES 3:12-17

Permitam que a paz de Cristo governe o seu coração, pois […] vocês são chamados a viver em paz.
—Colossenses 3:15

"O que você pensa a respeito da paz?", meu amigo me perguntou enquanto almoçávamos juntos. "Paz?", respondi intrigado. "Não tenho certeza, mas por que a pergunta?". Ele me respondeu: "Bem, enquanto você sacudia seus pés durante o culto, achei-a inquieta por algo. Você já refletiu sobre a paz que Deus concede aos que o amam?".

Naquele dia, há alguns anos, fiquei magoada com a pergunta dele, mas isso deu início a uma jornada interior. Comecei a explorar na Bíblia sobre como o povo de Deus aceitou o presente de tranquilidade, de paz, mesmo em meio aos sofrimentos. Ao ler a carta de Paulo aos colossenses, refleti a respeito da ordenança do apóstolo para deixar que a paz de Cristo governasse o coração deles (Colossenses 3:15).

Paulo estava escrevendo para uma igreja que jamais tinha visitado, mas da qual ouvira falar por meio do seu amigo Epafras. Ele estava preocupado porque, ao se depararem com falsos ensinamentos, estavam perdendo a paz de Cristo. Mas, em vez de admoestá-los, Paulo os encorajou a confiar em Jesus, que lhes daria esperança e segurança (v.15).

Todos nós enfrentaremos momentos em que poderemos escolher aceitar ou rejeitar o domínio da paz de Cristo em nosso coração. Ao nos voltarmos a Jesus, pedindo a Ele que habite em nós, Jesus gentilmente nos libertará da ansiedade e dos cuidados que pesam sobre nós. Ao buscarmos a Sua paz, confiamos que Ele nos alcançará com o Seu amor. *Amy*

23 DE ABRIL

Sendo cuidado

SALMO 46

O S<small>ENHOR</small> dos Exércitos
está entre nós.
—Salmo 46:11

Débora era a proprietária de um serviço de limpeza doméstica e sempre procurava por mais clientes para aumentar seus negócios. Ela conversou ao telefone com uma mulher que lhe disse: "Não posso pagar por isso agora, pois estou tratando um câncer". Nesse momento, Débora decidiu que "nenhuma mulher em tratamento contra o câncer deixaria de ser atendida e mais, receberia uma faxina grátis". E, em 2005, ela abriu uma organização sem fins lucrativos, para a qual as empresas doavam seus serviços de limpeza para mulheres que lutavam contra o câncer. Uma dessas mulheres sentiu-se muito confiante ao voltar para sua casa tão limpinha e afirmou: "Pela primeira vez, realmente acreditei que poderia vencer o câncer".

Sentir que estamos sendo cuidados e recebendo apoio pode nos sustentar ao enfrentamos desafios. Reconhecer a presença e o amparo de Deus em especial, pode trazer esperança para fortalecer o nosso espírito. O Salmo 46 é o favorito de muitos que passam por provações e nos lembra: "Deus é nosso refúgio e nossa força, sempre pronto a nos socorrer em tempos de aflição [...] Aquietem-se e saibam que eu sou Deus! [...] serei honrado no mundo inteiro. O S<small>ENHOR</small> dos Exércitos está entre nós" (Salmo 46:1,10-11).

Lembrarmo-nos das promessas de Deus e de Sua presença conosco pode ser um meio de ajudar a renovar o nosso coração e nos dar a coragem e a confiança para passarmos por momentos difíceis. *Anne*

24 DE ABRIL

Legado de fé

2 TIMÓTEO 1:5-14

*Lembro-me de sua fé sincera, como era
a de sua avó, Loide, e de sua mãe, Eunice.*
—2 Timóteo 1:5

A devoção dos pais de Billy Graham a Jesus já era evidente bem antes do momento em que o evangelista decidiu crer em Cristo aos 16 anos. Ambos tinham abraçado a fé enquanto cresciam em famílias cristãs. Após o casamento, os pais dele continuaram esse legado educando carinhosamente seus filhos com orações, leitura das Escrituras e participando fielmente da igreja com os filhos. A base espiritual sólida que os pais lhe proporcionaram era parte do solo que Deus usou para conduzi-lo à fé e, eventualmente, ao seu chamado como ousado evangelista.

O jovem Timóteo era o protegido do apóstolo Paulo e também se beneficiou de uma forte base espiritual. Paulo escreveu: "sua fé sincera, como era a de sua avó, Loide, e de sua mãe, Eunice" (2 Timóteo 1:5). Esse legado ajudou a preparar e direcionar o coração de Timóteo para a fé em Cristo.

Paulo exorta Timóteo a levar adiante essa tradição de fé (5), para "avivar a chama do dom" dentro dele através do Espírito Santo, que "nos dá poder" (vv.6-7). Por causa do poder do Espírito, Timóteo viveu destemidamente e sem se envergonhar do evangelho (v.8). Um forte legado espiritual não garante que teremos à fé, mas o exemplo e a orientação de outros podem ajudar a preparar o caminho. E depois de recebermos Jesus como Salvador, o Espírito nos guiará quando o servirmos, vivermos para Ele e mesmo quando estivermos nutrindo a fé das outras pessoas. *Alyson*

25 DE ABRIL

Junte-se à equipe de rua

MARCOS 2:13-17

*Não vim para chamar os justos,
mas sim os pecadores.* —Marcos 2:17

Os agentes de saúde de uma cidade grande levam os cuidados médicos às ruas para atenderem os desabrigados que sofrem com seus vícios com remédios que tratam a dependência química. O programa começou para suprir o crescente número de desabrigados que usam drogas injetáveis. O habitual é os médicos esperarem que os pacientes venham à clínica. Ao levar os cuidados médicos aos aflitos, os pacientes não precisam mais superar os desafios do transporte e nem precisam lembrar-se da consulta.

A disposição desses profissionais de saúde de ir a quem precisa de cuidados me lembra a maneira como Jesus nos alcançou em nossa necessidade. Em Seu ministério, Jesus procurou aqueles que a elite religiosa tinha sido rápida em ignorar: Ele comeu com "cobradores de impostos e pecadores" (Marcos 2:16). Quando perguntado por que Ele fazia isso, Jesus respondeu: "As pessoas saudáveis não precisam de médico, mas sim os doentes" (v.17). Ele prosseguiu dizendo que a Sua intenção era chamar os pecadores, não os justos, para ter um relacionamento com Ele.

Quando percebemos que todos nós estamos "doentes" e necessitados de um médico (Romanos 3:10), podemos apreciar melhor a disposição de Jesus em comer com os "cobradores de impostos e pecadores" — nós inclusive. Por sua vez, como esses agentes de saúde, Jesus nos designou como Sua "equipe de rua" para levar a Sua mensagem salvífica aos outros necessitados.

Kirsten

26 DE ABRIL

Em busca da ajuda de Deus

2 CRÔNICAS 20:5-12,15

…nos colocaremos em tua presença […].
Clamaremos a ti em nossa angústia.
—2 Crônicas 20:9

Durante cinco anos, no final do século 19, os gafanhotos destruíram as safras em Minnesota, EUA. Os agricultores tentaram apanhá-los e queimaram os seus campos para matar seus ovos. Sentindo-se desesperados, e à beira da fome, em todo o estado, muitos separaram um dia de oração, ansiando, em conjunto, pela ajuda de Deus. O governador do estado cedeu e separou o dia 26 de abril para orar.

Dias após a oração coletiva, o tempo esquentou e os ovos começaram a eclodir. Mas quatro dias depois, uma queda de temperatura os surpreendeu e satisfez muitos, pois as temperaturas congelantes mataram as larvas. Os agricultores voltaram a colher milho, trigo e aveia.

A oração também esteve por detrás da salvação do povo de Deus durante o reinado de Josafá. Quando o rei soube que um vasto exército vinha contra ele, chamou o povo de Deus para orar e jejuar. O povo lembrou a Deus como Ele os tinha salvado em tempos passados. E Josafá disse que se lhes viesse a calamidade, "quer a espada do juízo, quer a peste ou a fome", clamariam a Deus sabendo que Ele os ouviria e salvaria (2 Crônicas 20:9).

Deus resgatou o Seu povo dos exércitos invasores. O Senhor nos ouve quando clamamos a Ele em aflição. Qualquer que seja a sua preocupação, seja um problema de relacionamento ou algo ameaçador vindo do mundo natural — entregue isso a Deus em oração. Nada é impossível para o Senhor. *Amy*

27 DE ABRIL

Delicie-se com o Livro

JOSUÉ 1:1-9

*Relembre continuamente os termos
deste Livro da Lei. Medite nele dia e noite...*
—Josué 1:8

Tsundoku. É a palavra que sempre precisei! Um termo japonês que se refere à pilha de livros numa mesa de cabeceira à espera de ser lido. Os livros oferecem o potencial para aprender, ou uma fuga para um tempo ou lugar diferente, e anseio pelas delícias e descobertas encontradas em suas páginas. Então, a pilha permanece.

A ideia de que podemos encontrar prazer e ajuda num livro é ainda mais verdadeira em relação ao Livro dos livros — a Bíblia. Vejo que traz encorajamento para a pessoa que mergulha nas Escrituras para conhecer as instruções que Deus deu a Josué, o recém-nomeado líder de Israel, encarregado de conduzir os israelitas à Terra Prometida (Josué 1:8).

Sabendo das dificuldades à frente, Deus assegurou a Josué: "Eu estarei com você" (v.5). Sua ajuda viria, em parte, por meio da obediência de Josué aos mandamentos divinos. Deus, então, o instruiu: "Relembre continuamente os termos deste Livro da Lei. Medite nele dia e noite, para ter certeza de cumprir tudo que nele está escrito" (v.8). Embora Josué possuísse o Livro da Lei, ele precisava estudá-lo regularmente para obter o discernimento e a compreensão sobre quem é Deus e sobre a Sua vontade para o Seu povo.

Você precisa de instrução, verdade ou encorajamento para o seu dia? Ao reservarmos tempo para ler, obedecer e encontrar o alimento nas Escrituras, podemos saborear e nos regozijar com tudo o que suas páginas contêm (2 Timóteo 3:16). *Lisa*

Amor indestrutível

CÂNTICO DOS CÂNTICOS 8:6-7

As muitas águas não podem apagar
o amor, nem os rios podem afogá-lo.
—Cântico dos Cânticos 8:7

A primeira vez que vimos o riacho em nosso quintal era apenas uma fina veia de água escorrendo pelas pedras no calor do verão. Pranchas pesadas de madeira serviam como uma ponte para atravessá-lo facilmente. Meses depois pesadas torrentes de chuva caíram por vários dias seguidos. Nosso pequeno e manso riacho se transformou num rio que se movia rapidamente com 4 m de profundidade e 3 m de largura! A força dessa água levantou as pontes e as levou a vários metros de distância.

As torrentes de água têm o potencial de arrastar quase qualquer coisa que esteja em seu caminho. No entanto, há algo que é indestrutível diante de uma inundação ou outras forças que possam ameaçar destruí-lo — o amor. "As muitas águas não podem apagar o amor, nem os rios podem afogá-lo" (Cântico dos Cânticos 8:7). A força persistente e intensa do amor estão presentes nos relacionamentos amorosos com bastante frequência, mas isso só é plenamente expresso no amor que Deus tem pelas pessoas por meio de Seu Filho, Jesus Cristo.

Quando as coisas que consideramos robustas e confiáveis são removidas, a nossa decepção pode abrir a porta para termos uma nova compreensão do amor de Deus por nós. Sua afeição é maior, mais profunda, mais forte e duradoura do que qualquer outra coisa na Terra. Seja o que for que enfrentemos, nós o fazemos com Ele ao nosso lado, sustentando-nos, ajudando-nos e nos lembrando de que somos amados. *Jennifer*

29 DE ABRIL

Viver. Orar. Amar.

ROMANOS 12:9-21

Não deixem que o mal os vença, mas vençam o mal praticando o bem. —Romanos 12:21

Influenciado por seus pais que eram cristãos fiéis, o astro Jesse Owens vivia como um corajoso homem de fé. Durante os Jogos Olímpicos de 1936 em Berlim, Owens, um dos poucos afro-americanos da equipe dos EUA, recebeu quatro medalhas de ouro na presença de nazistas cheios de ódio e de seu líder. Naquela ocasião, Owens tornou-se amigo do atleta alemão Luz Long. Cercado pela propaganda nazista, o simples ato de Owens viver sua fé impactou a vida de Long. Mais tarde, ele escreveu a Owens: "Naquela hora em Berlim, quando falei com você pela primeira vez, e você estava ajoelhado no solo, eu percebi que você estava orando. Então, acho que posso acreditar em Deus".

Owens demonstrou como os cristãos podem responder às palavras do apóstolo Paulo de odiar "…tudo que é mau" e amar com "…amor fraternal" (Romanos 12:9-10). Embora ele pudesse ter respondido a maldade ao redor dele com ódio, Owens escolheu viver pela fé e demonstrar amor a um homem que mais tarde se tornaria seu amigo e eventualmente consideraria crer em Deus.

À medida que o povo de Deus se compromete a não parar de orar (v.12), o Senhor nos capacita a vivermos "…em harmonia uns com os outros" (v.16).

Quando dependemos da oração, comprometemo-nos a viver nossa fé e a amar todos os que são criados à imagem de Deus. Conforme clamarmos a Deus, Ele nos ajudará a derrubar as barreiras e a construir pontes de paz com o nosso próximo.

Xochitl

Preparados cuidadosamente

EFÉSIOS 4:11-14

Ele designou […] apóstolos […] profetas
[…] evangelistas […] pastores e mestres
[para] preparar o povo santo.
—Efésios 4:11-12

No vídeo do *YouTube*, Alan Glustoff, produtor de queijo, descreve o processo para aumentar o sabor e a textura do queijo em sua fase de maturação. Antes de ser enviado ao mercado, cada lote de queijo permanece nas prateleiras numa caverna subterrânea por seis a doze meses. Neste ambiente úmido, o queijo é cuidadosamente maturado. Glustoff explica que eles fazem o melhor para prover o ambiente adequado para o queijo maturar e desenvolver seu verdadeiro potencial.

O cuidado dele por desenvolver o potencial do queijo que produziu me lembrou do amor de Deus por despertar o "verdadeiro potencial" de Seus filhos para que se tornem frutíferos, desenvolvidos e "amadurecidos". Em Efésios 4, o apóstolo Paulo descreve as pessoas envolvidas nesse processo: apóstolos, profetas, evangelistas, pastores e mestres (Efésios 4:11). As pessoas com esses dons ajudam a estimular o crescimento de cada cristão e a encorajar atos de serviço: a "obra" (v.12). O objetivo é que "amadureçamos, chegando à completa medida da estatura de Cristo" (v.13).

O crescimento espiritual acontece por intermédio do poder do Espírito Santo à medida que nos submetemos ao Seu processo de maturação. À medida que seguimos a orientação das pessoas que o Senhor coloca em nossa vida, tornamo-nos mais eficazes quando Ele nos envia para servir. *Linda*

1.º DE MAIO

Ele acalma as tempestades

MATEUS 14:23-33

Imediatamente, porém, Jesus lhes disse: "Não tenham medo! Coragem, sou eu!".
—Mateus 14:27

João compartilhava exaltadamente sobre os problemas que encontrava com sua equipe de trabalho: divisão, atitudes de julgamento e mal-entendidos. Depois de uma hora ouvindo pacientemente suas preocupações, sugeri: "Vamos perguntar a Jesus o que Ele quer que façamos nesta situação". Ficamos em silêncio por 5 minutos e algo incrível aconteceu. Sentimos que a paz de Deus nos envolveu como um manto suave. Ficamos mais calmos enquanto experimentávamos a Sua presença e orientação e nos sentimos confiantes para prosseguir no enfrentamento das dificuldades.

Pedro, um dos discípulos de Jesus, precisava da presença reconfortante de Deus. Certa noite, ele e os outros discípulos navegavam pelo mar da Galileia, quando caiu uma forte tempestade. De repente, Jesus apareceu andando sobre as águas! Naturalmente, isso pegou os discípulos de surpresa, não obstante, Jesus lhes assegurou: "Não tenham medo! Coragem, sou eu" (Mateus 14:27). Pedro perguntou impulsivamente a Jesus se poderia se juntar a Ele e, saindo do barco, caminhou em Sua direção. Mas ele logo perdeu o seu foco e desviou a sua confiança, tomou consciência da circunstância perigosa e humanamente impossível em que se encontrava e começou a afundar. Pedro clamou: "Senhor, salva-me!". E Jesus amorosamente o resgatou (vv.30-31).

Como Pedro, podemos aprender que Jesus, o Filho de Deus, está conosco até mesmo quando enfrentamos as tempestades da vida! *Estera*

2 DE MAIO

Nunca sozinho

JOÃO 14:15-18

*E eu pedirei ao Pai, e ele lhes dará
outro Encorajador, que nunca os deixará.
É o Espírito da verdade.* —João 14:16-17

Enquanto escrevia um guia bíblico para os pastores na Indonésia, um amigo escritor ficou fascinado com a cultura de união daquela nação. Chamado de *gotong royong*, que significa "assistência mútua", o conceito é praticado nas aldeias, onde os vizinhos trabalham juntos para consertar o telhado de alguém ou reconstruir uma ponte ou caminho. Nas cidades também, meu amigo disse: "As pessoas acompanham umas às outras, numa consulta médica, por exemplo. Essa prática é cultural. Portanto você nunca está sozinho".

Em todo o mundo, os cristãos se alegram em saber que também nunca estamos sozinhos. Nosso companheiro constante e para sempre é o Espírito Santo, a terceira pessoa da Trindade. Muito mais do que um amigo leal, o Espírito de Deus é dado a todo seguidor de Cristo pelo nosso Pai celestial "que nunca [nos] deixará" (João 14:16).

Jesus prometeu que o Espírito de Deus viria após o Seu próprio tempo na Terra findar. "Não os deixarei órfãos", disse Jesus (v.18). Em vez disso, o Espírito Santo, "o Espírito da Verdade" que "habita com vocês agora e depois estará em vocês", habita cada um de nós que recebe a Cristo como Salvador (v.17).

O Espírito Santo é nosso Ajudador, Consolador, Encorajador e Conselheiro, um companheiro constante neste mundo onde a solidão pode afligir até mesmo as pessoas conectadas. Que possamos permanecer eternamente em Seu amor e ajuda tão reconfortante. *Patricia*

A alegria que Deus proporciona

PROVÉRBIOS 15:13-15,30

O coração alegre
é um bom remédio...
—Provérbios 17:22

Quando a Márcia está em um ambiente público ela sempre tenta sorrir para os outros. Essa é sua maneira de aproximar-se das pessoas que talvez precisem ver um rosto amigável. A maioria das vezes, ela recebe em troca um sorriso genuíno. Mas, por certo tempo, Márcia se obrigou a usar uma máscara facial e ela percebeu que as pessoas já não conseguiam ver a sua boca, tampouco o seu sorriso. E, pensou: Que triste! Mas não vou parar. Talvez eles vejam nos meus olhos que estou sorrindo.

Na verdade, há muita ciência por detrás desse pensamento. Os músculos dos cantos da boca e os que fazem os olhos enrugar podem mover-se juntos. Isso se chama de sorriso Duchenne e é descrito como "sorrir com os olhos".

No livro de Provérbios somos lembrados de que "o olhar animador alegra o coração" e "o coração alegre é um bom remédio" (15:30; 17:22). Muito frequentemente, os sorrisos dos filhos de Deus provêm da alegria sobrenatural que nós possuímos. É uma dádiva de Deus que nos é derramada regularmente, à medida que encorajamos as pessoas que carregam fardos pesados ou compartilhamos com os que buscam respostas para os questionamentos da vida. Mesmo quando vivenciamos o sofrimento, podemos refletir a nossa alegria no Senhor.

Quando a vida parecer sombria, escolha a alegria. Que o seu sorriso seja uma janela de esperança refletindo o amor de Deus e a luz da Sua presença em sua vida. *Cindy*

4 DE MAIO

Tempo de oração

HABACUQUE 2:1-3

Se parecer que demora a vir, espere com paciência,
pois certamente acontecerá; não se atrasará.
—Habacuque 2:3

Um sabiá construiu seu ninho sob os beirais do telhado do lado de fora da janela da minha cozinha. Eu gostava de vê-los colocando os ramos secos num local seguro e depois se agachando para chocar seus ovos. Todas as manhãs eu observava o progresso no ninho; mas não havia nada de novo. Os ovos de sabiás levam duas semanas para eclodir.

A impaciência não é novidade para mim. Sempre relutei para esperar, especialmente na oração. Meu marido e eu esperamos quase cinco anos para adotar nosso primeiro filho. Décadas atrás, a autora Catherine Marshall escreveu: "As orações são como ovos, que não eclodem assim que são depositados".

O profeta Habacuque teve que lidar com a espera em oração. Frustrado com o silêncio de Deus a respeito dos maus-tratos brutais na Babilônia ao Reino do Sul, Judá, Habacuque compromete-se a subir à torre de vigia, ficar de guarda e esperar a resposta à sua queixa (Habacuque 2:1). Deus respondeu que o profeta deveria aguardar o "tempo designado" (v.3 ARA) e o instruiu a descrever o fim "para que se possa ler depressa e com clareza" (v.2).

O que Deus não menciona é que o "tempo designado" para a Babilônia cair seria em seis décadas, criando um longo intervalo entre a promessa e seu cumprimento. Como os ovos, as orações nem sempre são respondidas de imediato, mas são englobadas nos propósitos de Deus para o nosso mundo e a nossa vida. *Elisa*

Entrelaçados

ECLESIASTES 4:9-12

*...uma corda trançada com três fios
não arrebenta facilmente.*
—Eclesiastes 4:12

Uma amiga me deu uma planta que possuía por mais de 40 anos. A planta tinha a minha altura e produzia folhas grandes de três caules separados. Com o tempo, o peso das folhas fez os três caules se curvarem ao solo. Para endireitá-los, calcei o vaso da planta e o coloquei perto da janela para que a luz do sol atraísse as folhas para cima e ajudasse a curar a má postura dos caules.

Pouco depois de receber a planta, vi outra igual numa sala de espera de uma empresa local. Ela também crescia a partir de três troncos longos e finos, mas eles tinham sido trançados para formar um núcleo maior e mais sólido. Esta planta ficava ereta sem qualquer ajuda.

Duas pessoas podem permanecer no mesmo "vaso" por anos, mas se distanciarem e experimentarem menos dos benefícios que Deus quer que usufruam. No entanto, quando suas vidas estão entrelaçadas com Deus, há maior estabilidade e proximidade. Seu relacionamento ficará mais forte: "uma corda trançada com três fios não arrebenta facilmente" (Eclesiastes 4:12).

Como as plantas caseiras, os casamentos e amizades demandam algum cuidado. Cuidar desses relacionamentos envolve "enxertar-se" espiritualmente para que Deus esteja presente no centro de cada elo importante. Ele é um suprimento infinito de amor e graça, e é isso o que mais precisamos para permanecermos felizes e unidos uns aos outros. *Jennifer*

6 DE MAIO

Acerte a marmota

FILIPENSES 4:10-20

*No entanto, a devoção
acompanhada de contentamento é,
em si mesma, grande riqueza.*
—1 Timóteo 6:6

Talvez você saiba como isso funciona. Depois de um procedimento médico, as contas do anestesista, do cirurgião, do laboratório e do hospital continuam chegando. Jason reclamou disso após uma cirurgia de emergência: "Devemos muito dinheiro apesar dos planos de saúde. Se apenas pudermos pagar essas contas, a vida será boa e ficaremos contentes! Sinto que estou jogando o jogo 'Acerte a Marmota, bate-bate' de cujos buracos surgem as toupeiras de plástico, e o jogador as acerta descontroladamente com um martelinho".

Às vezes a vida também é assim em alguns momentos. O apóstolo Paulo certamente poderia se identificar ao dizer: "Sei viver na necessidade", mas ele aprendeu "o segredo de viver em qualquer situação" (Filipenses 4:12). Seu segredo? "Posso todas as coisas por meio de Cristo, que me dá forças" (v.13). Quando passei por um momento específico de descontentamento, li num cartão: "Se não está aqui, onde está?". Isso foi um lembrete poderoso de que se não estou contente aqui e agora, o que me faz pensar que o seria se eu apenas estivesse em outra situação?

Como aprendemos a descansar em Jesus? Talvez seja uma questão de foco: de apreciar e ser grato pelo bem, de aprender mais sobre o Pai fiel, de crescer em confiança e paciência, de reconhecer que a vida é sobre Deus e não sobre mim. Talvez seja o momento de pedir a Deus que me ensine a encontrar o contentamento nele. *Anne*

7 DE MAIO

Precisando de resgate

LUCAS 10:30-37

Um samaritano, enquanto viajava, chegou onde estava o homem; e quando o viu, teve pena dele.
—Lucas 10:33

Aldo era adolescente e trabalhava sozinho num barco de pesca ancorado a cerca de 125 quilômetros da ilha de Sulawesi, na Indonésia, quando os ventos fortes arrancaram as amarrações da cobertura do ancoradouro que, em seguida, desapareceu no mar. Por 49 dias, Aldo ficou perdido no oceano. Toda vez que avistava um navio, acendia a lâmpada e tentava chamar a atenção dos marinheiros, apenas para se decepcionar. Cerca de dez navios passaram pelo adolescente desnutrido antes de ele ser resgatado.

Jesus contou uma parábola sobre alguém que precisava de resgate a um "especialista da lei" (Lucas 10:25). Dois homens, um sacerdote e um levita viram o homem ferido enquanto viajavam. Mas, em vez de ajudá-lo, os dois atravessaram "para o outro lado da estrada" (vv.31-32). Não sabemos o porquê disso, pois ambos eram homens religiosos e familiarizados com a lei de Deus para amar o próximo (Levítico 19:17-18). Talvez eles tenham pensado que era muito perigoso. Ou talvez não quisessem violar as leis judaicas sobre tocar em cadáveres, o que os tornaria cerimonialmente impuros e incapazes de servir no Templo. Por outro lado, um samaritano, que era desprezado pelos judeus, agiu com nobreza ao ver o homem necessitado e desinteressadamente cuidou dele.

Jesus encerrou esse ensinamento com a seguinte ordem aos Seus seguidores: "Vá e faça o mesmo" (Lucas 10:37). Que Deus nos dê a disposição para, em amor, estender ajuda aos outros.

Poh Fang

8 DE MAIO

Entrega secreta

MATEUS 6:1-4

Mas, quando ajudarem alguém necessitado, não deixem que a mão esquerda saiba o que a direita está fazendo. —Mateus 6:3

Os lírios, tulipas cor-de-rosa e narcisos amarelos esperavam por Kim à porta de sua casa. Por sete meses, uma pessoa cristã anônima lhe enviou lindos buquês. Mensalmente eles chegavam com uma palavra de encorajamento bíblico e assinada: "com amor, Jesus".

Kim compartilhou as fotos dessas entregas secretas no Facebook. As flores lhe deram a oportunidade de celebrar a bondade de alguém e reconhecer o modo como Deus expressou o Seu amor por ela por meio de Seu povo. Mês após mês, cada entrega secreta fazia com que seus amigos ficassem gratos pelo inestimável presente de tempo que o Senhor dera a Kim. À medida que confiava nele em sua batalha contra a doença terminal, cada flor e mensagem afirmavam a compaixão amorosa de Deus por ela.

Esse anonimato reflete a atitude de coração que Jesus encoraja o Seu povo a adotar quando fizerem doações. Ele adverte contra a prática das boas ações "para ser admirado" por outros (Mateus 6:1). As boas ações destinam-se a ser expressões de adoração que transbordam de corações gratos por tudo que Deus tem feito por nós. Enaltecer a nossa generosidade com a esperança ou expectativa de sermos honrados pode tirar o foco do Doador de todas as coisas boas — Jesus.

Deus sabe quando doamos com boas intenções (v.4) anonimamente ou não. Ele simplesmente quer que a nossa generosidade seja motivada pelo amor e que lhe rendamos a glória, a honra e o louvor. *Xochitl*

Apenas um sopro

SALMO 39:1-13

…És minha única esperança.
—Salmo 39:7

A morte repentina de Roberta trouxe-me à dura realidade da morte e brevidade da vida. Minha amiga de infância tinha apenas 24 anos quando um trágico acidente ceifou a vida dela. Roberta tinha crescido em meio a uma família disfuncional e parecia que finalmente estava seguindo em frente. Era uma recém-convertida em Jesus e como a vida dela poderia terminar tão cedo?

Às vezes a vida parece curta demais e cheia de tristeza. No Salmo 39, Davi lamenta o seu sofrimento e exclama: "Mostra-me, Senhor, como é breve meu tempo na terra; mostra-me que meus dias estão contados e que minha vida é passageira. A vida que me deste não é mais longa que alguns palmos, e diante de ti toda a minha existência não passa de um momento; na verdade, o ser humano não passa de um sopro" (vv.4-5). A vida realmente é curta. Mesmo que vivamos um século, nossa vida terrena é apenas uma gota no tempo.

No entanto, com Davi, podemos dizer: "És minha única esperança" (v.7). Podemos confiar que a nossa vida tem significado. Embora "nosso exterior esteja morrendo" como cristãos temos confiança de que "nosso interior está sendo renovado a cada dia" (2 Coríntios 4:16) — e que um dia desfrutaremos da vida eterna com Ele (5:1). Sabemos disso porque Deus "nos preparou para isso e, como garantia, nos deu o Espírito"! (5:5). *Alyson*

10 DE MAIO

Olhos firmemente fechados

GÊNESIS 3:1–10

*…ouviram o SENHOR Deus
caminhando pelo jardim…*
—Gênesis 3:8

Meu sobrinho sabia que não deveria ter agido daquele jeito. Era fácil perceber que ele sabia que estava errado: estava escrito em sua face! Quando me sentei para conversar sobre o seu erro, ele fechou rapidamente os olhos com força. Lá estava ele, pensando (com a lógica de um garoto de 3 anos) que, se ele não me visse, eu também não seria capaz de vê-lo. Achava que, se estivesse invisível para mim, poderia evitar a conversa e as consequências que ele já esperava.

Estava feliz por poder vê-lo naquele momento. Ainda que eu não pudesse tolerar as atitudes dele, e precisávamos conversar sobre elas, eu não queria que algo se interpusesse entre nós. Eu queria que ele me olhasse e visse o quanto eu o amava e estava disposta a lhe perdoar! Naquele momento, tive um vislumbre de como talvez Deus tenha se sentido quando Adão e Eva traíram Sua confiança no jardim do Éden. Percebendo a própria culpa, eles tentaram se esconder de Deus (v.10), que podia "vê-los" tão claramente quanto eu era capaz de ver o meu sobrinho.

Quando percebemos que fizemos algo errado, muitas vezes queremos evitar as consequências. Fugimos, escondemo-nos ou fechamos os olhos para a verdade. Embora Deus nos responsabilize com base em Seu padrão de justiça, Ele nos vê (e nos busca!), porque nos ama e nos oferece perdão por meio de Jesus Cristo. *Kirsten*

11 DE MAIO

Desfile da vitória
2 CORÍNTIOS 2:14-17

Mas graças a Deus, que, em Cristo, sempre nos conduz triunfantemente. —2 Coríntios 2:14

Em 2016, quando o *Chicago Cubs* venceu o campeonato mundial de beisebol pela primeira vez em 108 anos, algumas fontes afirmam que 5 milhões de pessoas desfilaram pelas ruas para celebrar a vitória no campeonato.

Os desfiles celebrando a vitória não são invenções modernas. O Triunfo Romano foi um antigo e famoso desfile, no qual generais vitoriosos lideravam seus exércitos e cativos em procissão por ruas lotadas.

Talvez Paulo tenha pensado nisso quando ele escreveu para a igreja de Corinto agradecendo a Deus por liderar os cristãos "que, em Cristo, sempre [são conduzidos] triunfantemente" (2 Coríntios 2:14). Acho fascinante que nessa imagem, os seguidores de Cristo são os cativos os "conduzidos". No entanto, como cristãos não somos obrigados a participar; porém somos voluntariamente "conduzidos" desejosos de participar do desfile liderado pelo vitorioso Cristo ressurrecto. Como cristãos, celebramos que, por Sua vitória, Cristo está edificando o Seu reino "e as forças da morte não [o] conquistarão" (Mateus 16:18).

Quando falamos sobre a vitória de Jesus na cruz e a liberdade que esta mesma vitória concede aos que creem nele, ajudamos a espalhar "por toda parte, como um doce perfume" (2 Coríntios 2:14). E se as pessoas veem esse aroma como a agradável garantia da salvação ou o odor de sua derrota, essa fragrância invisível e poderosa está presente em todos os lugares por onde formos.

À medida que seguirmos Cristo, declaramos que a Sua vitoriosa ressurreição — vitória que torna a salvação disponível para o mundo. *Lisa*

Jesus é a Videira verdadeira

JOÃO 15:1-8

*...um ramo não pode produzir fruto se
não estiver na videira, vocês também [...]
a menos que permaneçam em mim.*
—João 15:4

Certa primavera, após um inverno particularmente sombrio durante o qual Emma ajudou uma pessoa doente da sua família, ela se encorajava cada vez que passava por uma cerejeira perto de sua casa em Cambridge, Inglaterra. No topo das flores rosas cresceram flores brancas. Um jardineiro criativo tinha enxertado na árvore um ramo de flores brancas. Quando Emma passava por aquela árvore incomum, pensava sempre nas palavras de Jesus sobre Ele ser a Videira e Seus seguidores os ramos (João 15:1-8).

Chamando-se a si mesmo de Videira, Jesus se referia a uma imagem familiar aos israelitas no Antigo Testamento, pois para eles a videira simbolizava o povo de Deus (Salmo 80:8-9; Oseias 10:1). Jesus estendeu esse simbolismo a si mesmo, dizendo que Ele era a Videira e que os Seus seguidores foram enxertados nele como ramos. E na medida em que permanecessem nele, recebendo o Seu alimento e força, produziriam frutos (João 15:5).

Conforme Emma ajudava seu familiar doente, ela precisava desse lembrete de que estava ligada a Jesus. Ver as flores brancas entre as rosas era uma constatação visual da verdade bíblica de que, enquanto permanecesse na Videira, ela se nutriria por meio de Jesus.

Quando nós que cremos em Jesus e aderimos a ideia de sermos tão ligados a Ele como um ramo está para uma videira, a nossa fé se fortalece e enriquece. *Amy*

13 DE MAIO

Provado pelo fogo

1 PEDRO 1:6-9

*Elas [provações] mostrarão
que sua fé é autêntica.*
—1 Pedro 1:7

O ouro de 24 quilates é quase 100% ouro com poucas impurezas, mas é difícil alcançar tal porcentagem. Os refinadores costumam usar um dos dois métodos para o processo de purificação. O processo de Miller é mais rápido e mais barato, mas o ouro resultante é 99,95% puro. O processo de Wohlwill leva mais tempo e custa mais, mas o ouro produzido é 99,99% puro.

Nos tempos bíblicos, os refinadores usavam o fogo para purificar o ouro. O fogo faz as impurezas subirem à superfície para facilitar a sua remoção. Em sua primeira carta aos seguidores de Jesus que viviam na Ásia Menor (norte da Turquia), o apóstolo Pedro usou o processo de refino de ouro como metáfora da maneira como as provações funcionam na vida de quem crê em Jesus. Naquela época, muitos cristãos eram perseguidos pelos romanos por sua fé em Jesus. Pedro, por experiência própria, sabia o que isso significava, mas a perseguição, explicou ele, traz à tona a autenticidade da nossa fé (1 Pedro 1:7).

Talvez você sinta como se estivesse no fogo de um refinador, sentindo o calor dos contratempos, doenças ou outros desafios. Mas, frequentemente, as dificuldades são o processo pelo qual Deus purifica o ouro da nossa fé. Em nossa dor, podemos implorar a Deus que termine rapidamente com o processo, mas Ele sabe o que é melhor para nós, mesmo quando a vida nos fere. Mantenha-se conectado ao Salvador, buscando o Seu conforto e paz. *Linda*

14 DE MAIO

Nossa luz guia

2 SAMUEL 22:26-30

Ó, Senhor, tu és minha lâmpada!
O Senhor ilumina minha escuridão.
—2 Samuel 22:29

Na visita ao museu, vi uma exibição de lâmpadas antigas. Um aviso indicava que elas eram de Israel. Decoradas com desenhos esculpidos, esses vasos de barro de formato oval tinham duas aberturas: uma para óleo e outra para o pavio. Embora os israelitas geralmente as usassem nos quartos, elas eram pequenas o suficiente para caber na palma da mão.

Talvez uma lâmpada como essa tenha inspirado o rei Davi a escrever a canção de louvor na qual disse: "Ó, Senhor, tu és minha lâmpada! O Senhor ilumina minha escuridão" (2 Samuel 22:29). Davi entoou essas palavras depois que Deus lhe deu a vitória na batalha. Os inimigos de dentro e de fora de sua nação o perseguiam, com a intenção de matá-lo. Por causa de seu relacionamento com Deus, Davi não se acovardou nas sombras. Ele confrontou os inimigos com a confiança adquirida por estar na presença de Deus. Com a ajuda do Senhor, Davi podia ver as coisas claramente e tomar boas decisões por si mesmo, por suas tropas e por sua nação.

A escuridão que Davi mencionou em sua música provavelmente envolvia o medo da fraqueza, derrota e morte. Muitos dentre nós também vivemos com preocupações semelhantes e que produzem ansiedade e estresse. Quando a escuridão nos pressiona, podemos encontrar a paz por sabermos que Deus está conosco também. A chama divina do Espírito Santo habita em nós para iluminar o nosso caminho até encontrarmos Jesus face a face. *Jennifer*

15 DE MAIO

Paz em meio ao caos

SALMO 121

*Meu socorro vem do Senhor,
que fez os céus e a terra!*
—Salmo 121:2

Joana despertou do sono com o estrondo que soava como fogos de artifício e viu que os vidros tinham se quebrado. Ela se levantou para ver o que estava acontecendo e desejou que não estivesse morando sozinha. As ruas estavam vazias e escuras e, a casa parecia estar bem até ela ver o espelho quebrado.

Os investigadores encontraram uma bala a apenas meia polegada dos canos do gás. Se tivesse atingido aquele cano, Joana provavelmente não teria sobrevivido. Mais tarde, eles descobriram que era uma bala perdida vinda de apartamentos próximos, mas com isso Joana sentia medo de ficar em sua casa. Ela orou pedindo paz e, uma vez limpado o vidro, o coração dela se acalmou.

O Salmo 121 é um lembrete para olharmos para Deus em tempos de aflições. Aqui, vemos que podemos ter paz e calma porque o nosso "socorro vem do Senhor, que fez os céus e a terra!" (v.2). O Deus que criou o Universo nos protege e cuida de nós (v.3) —mesmo enquanto dormimos—, mas Ele mesmo nunca cochila nem dorme (v.4). Ele cuida de nós dia e noite (v.6), "agora e para sempre" (v.8).

Deus vê, não importa em que tipo de situações nos encontremos. E o Senhor está esperando que nos voltemos para Ele. Quando o fizermos, nem sempre as nossas circunstâncias mudarão, mas Deus prometeu a Sua paz em meio de tudo isso.

Julie

Faça o que importa

2 TIMÓTEO 4:1-8

Minha vida já foi derramada como oferta para Deus. […] minha morte se aproxima. —2 Timóteo 4:6

Minha sogra sabia que seu tempo entre nós estava chegando ao fim. Seu corpo físico estava debilitado, mas seu espírito se fortalecia cada dia mais. Ela passou suas últimas semanas testemunhando às enfermeiras e médicos, telefonando aos amigos e familiares e compartilhando as últimas palavras de sabedoria com seus filhos adultos.

A mim ela pediu: "Cuide do Davi, seu marido e meu filho", enquanto eu lhe servia pequenos pedaços de melancia em sua boca. E continuou: "Isto vai ser difícil para ele, mas sei que Deus vai sustentá-lo".

O apóstolo Paulo tinha percepção semelhante a respeito de sua morte iminente quando escreveu: "minha morte se aproxima" (2 Timóteo 4:6). Nos dias que antecederam sua morte, ele exortou seu protegido Timóteo: "pregue a palavra. Esteja preparado, quer a ocasião seja favorável, quer não. Corrija, repreenda e encoraje com paciência e bom ensino" (v.2). Paulo maximizou seu tempo na Terra compartilhando a sua fé e investindo na vida de outros cristãos.

Um dia, nossa vida findará. Que possamos investi-la de maneiras que sejam importantes para a eternidade. Paulo o fez. Ele apresentou Deus às pessoas, compartilhou sua sabedoria e ajudou outros a fortalecerem a fé em Jesus Cristo. À medida que o Senhor nos ajuda a seguir o exemplo de Paulo, podemos ter a expectativa de receber a mesma recompensa que ele recebeu: "a coroa de justiça que o Senhor, o justo Juiz, me dará no dia de sua volta. E o prêmio não será só para mim, mas para todos que, com grande expectativa, aguardam a sua vinda (v.8)". *Lori*

17 DE MAIO

Promessas inimagináveis

2 PEDRO 1:2-8

Ele nos deu suas grandes e preciosas promessas.
—2 Pedro 1:4

Em nossos momentos de maior fracasso, torna-se fácil acreditar que já é tarde demais para nós e que perdemos a chance de ter uma vida com propósito e valor. Dessa maneira, o ex-prisioneiro Elias descreveu o que significa sentir-se presidiário: "destruí o meu futuro, a promessa do que eu poderia vir a ser".

A vida de Elias começou a ser transformada quando ele entrou para um curso universitário oferecido pelo "Serviço Prisional" em sua cidade. Enquanto estudava, Elias fez parte de uma equipe que debateu academicamente com pessoas da Universidade de Harvard. A sua equipe se sobressaiu nos debates e isso o fez compreender que "nem tudo estava perdido em seu futuro".

Essa mesma transformação também acontece em nosso coração quando começamos a compreender que as boas-novas do amor de Deus em Jesus são boas-novas para nós também, individualmente. Admirados, percebemos que não é tarde demais. Deus ainda tem um futuro para cada um de nós.

É um futuro que não pode ser conquistado nem comprometido, depende somente da infinita graça e poder de Deus (2 Pedro 1:2-3). Um futuro no qual somos libertos do desespero deste mundo e do nosso coração para um futuro repleto com Sua "glória e excelência" (v.3). Um futuro seguro nas "grandes e preciosas promessas" de Cristo (v.4) e "na esperança de que, com os filhos de Deus, a criação seja gloriosamente liberta da decadência que a escraviza" (Romanos 8:21). *Monica*

18 DE MAIO

A ilusão do controle

TIAGO 4:13-17

*Como sabem o que será
de sua vida amanhã?*
—Tiago 4:14

O estudo de Ellen Langer intitulado: *A ilusão do controle*, de 1975, examinou o nível de influência que exercemos sobre os acontecimentos da vida. Ela descobriu que nós superestimamos o nosso grau de controle na maioria das situações. O estudo também demonstrou como a realidade quase sempre destrói a nossa ilusão.

As conclusões de Ellen são corroboradas por experimentos realizados por outros estudiosos desde que seu estudo foi publicado.

No entanto, Tiago identificou esse fenômeno muito antes de ela o ter nominado. Ele escreveu: "Prestem atenção, vocês que dizem: 'Hoje ou amanhã iremos a determinada cidade e ficaremos lá um ano. Negociaremos ali e teremos lucro'. Como sabem o que será de sua vida amanhã? A vida é como a névoa ao amanhecer: aparece por um pouco e logo se dissipa" (vv.13-14).

Em seguida, Tiago provê uma cura para a ilusão, enaltecendo Aquele que está no controle absoluto: "O que devem dizer é: 'Se o Senhor quiser, viveremos e faremos isso ou aquilo'" (v.15). Nestes poucos versículos, Tiago resumiu ambos: a falha fundamental da condição humana e o seu antídoto.

Que entendamos que o nosso destino não está em nossas mãos. Pelo fato de Deus ter todas as circunstâncias em Suas poderosas mãos, podemos confiar em Seus planos! *Remi*

19 DE MAIO

Transformados para transformar

2 CRÔNICAS 33:9-17

*Depois, restaurou o altar do Senhor [...].
Também incentivou o povo de Judá a adorar
o Senhor...* —2 Crônicas 33:16

Tani e Modupe Omideyi cresceram na Nigéria e foram estudar no Reino Unido no final dos anos 70. Tendo sido pessoalmente transformados pela graça de Deus, eles nunca imaginaram que seriam usados para transformar uma das comunidades mais carentes e segregadas da Inglaterra: Anfield, em Liverpool. À medida que o casal de doutores buscava fielmente a Deus e servia a sua comunidade, o Senhor restaurava a esperança de muitos. Hoje, eles lideram uma igreja vibrante e continuam a trabalhar em projetos comunitários que geraram transformações em inúmeras pessoas.

Manassés mudou sua comunidade; primeiro para o mal e depois para o bem. Coroado rei de Judá aos 12 anos, ele fez o povo desviar-se e cometer atos ruins durante anos (2 Crônicas 33:1-9). Eles não prestaram atenção aos alertas de Deus, e, assim, o Senhor permitiu que Manassés fosse levado como prisioneiro para a Babilônia (vv.10-11).

Na angústia, o rei clamou humildemente a Deus, que ouviu o seu clamor e lhe restaurou o reino (vv.12-13). Transformado, o rei reconstruiu os muros da cidade e livrou-se dos deuses estranhos (vv.14-15). "Depois, restaurou o altar do Senhor [...] Também incentivou o povo de Judá a adorar o Senhor..." (v.16). Observando a transformação radical de Manassés, os israelitas também foram transformados (v.17).

Que Deus possa nos transformar e impactar as nossas comunidades por nosso intermédio. *Ruth*

20 DE MAIO

Grande o suficiente

LUCAS 18:15-17

*Que os pequenos venham
até mim e não os impeçam, pois
o reino de Deus pertence a esses.*
—Lucas 18:15

Meu neto correu para a montanha-russa e ficou de costas contra o sinal de altura para ver se era grande o suficiente para andar nela. Ele gritou de alegria quando sua cabeça excedeu a marca.

Muita coisa na vida exige ser "grande" o suficiente, não é? Deixar de usar cadeirinha no carro, adaptador e, depois, usar o cinto de segurança. Sentar na frente. Tirar a carteira de motorista. Votar. Casar. Como o meu neto, podemos passar a nossa vida desejando crescer.

Nos tempos do Novo Testamento, as crianças eram amadas, mas não muito valorizadas até que "atingissem a maioridade", contribuíssem para o lar e entrassem na sinagoga com privilégios de adultos. Jesus quebrou os padrões de Seus dias ao acolher os empobrecidos, os doentes e até os pequeninos. Mateus, Marcos e Lucas relatam sobre pais que trouxeram seus filhos pequenos a Jesus, para que o Senhor pudesse lhes impor as mãos e orar por eles (Mateus 19:13; Marcos 10:16).

Os discípulos repreenderam os adultos pelo que consideraram inconveniente. Com isso, Jesus ficou "indignado" (Marcos 10:14) e abriu Seus braços para as crianças. Ele reconheceu o valor delas em Seu reino e desafiou todos a se tornarem como crianças, a aceitar com sinceridade a necessidade que têm de conhecê-lo (Lucas 18:17). Esse reconhecimento nos torna "grandes" o suficiente para receber o Seu amor. *Elisa*

21 DE MAIO

A porta da reconciliação

2 CORÍNTIOS 5:14-21

*E tudo isso vem de Deus, aquele que nos
trouxe de volta para si por meio de Cristo...*
—2 Coríntios 5:18

Na catedral de St. Patrick, em Dublin, Irlanda, há uma porta onde está escrita a história das famílias Butler e FitzGerald que em 1492 começaram a brigar para assumir um alto posto no controle da região. A luta se intensificou, e os Butler se refugiaram na catedral. Quando os FitzGerald chegaram para pedir trégua, os Butler tiveram medo de abrir a porta. Então os FitzGerald abriram um buraco nela e o líder da família ofereceu sua mão em paz. As famílias se reconciliaram e os adversários se tornaram amigos.

O apóstolo Paulo escreveu apaixonadamente em sua carta à igreja em Corinto que Deus também tem uma porta de reconciliação. Por iniciativa divina e por Seu infinito amor, Deus trocou o relacionamento interrompido com os humanos por um relacionamento restaurado por meio da morte de Cristo na cruz. Estávamos longe de Deus, mas, em Sua misericórdia, Ele não nos abandonou. O Senhor nos oferece a restauração consigo mesmo "não levando mais em conta os pecados das pessoas" (2 Coríntios 5:19). A justiça se cumpriu quando "Deus fez de Cristo, aquele que nunca pecou, a oferta por nosso pecado, para que por meio dele fôssemos declarados justos diante de Deus" (v.21).

Quando aceitamos a mão de Deus em oferta de paz, recebemos a importante tarefa de levar essa mensagem a outras pessoas. Representamos o incrível e amoroso Deus que oferece perdão completo e restauração a todos que creem. *Estera*

22 DE MAIO

Braços abertos

2 SAMUEL 22:1-7-17-20

Em minha aflição, clamei ao
Senhor [...] meu clamor
chegou a seus ouvidos.
—2 Samuel 22:7

Saydee e sua família têm uma filosofia de "lar e braços abertos". As pessoas sempre são bem-vindas na casa deles, "especialmente as aflitas", diz ele. A casa com seus nove irmãos na Libéria era o exemplo disso. Seus pais sempre acolheram outras pessoas em sua família. Ele diz: "Crescemos como uma comunidade. Nós nos amávamos. Todo mundo era responsável por todo mundo. Meu pai nos ensinou a amar, cuidar e proteger uns aos outros."

Quando o rei Davi precisou, ele encontrou esse tipo de cuidado amoroso em Deus. Em 2 Samuel 22 e no Salmo 18, lemos o seu cântico de louvor a Deus por Ele ter sido o refúgio para o rei Davi durante toda a sua vida. Davi lembrou: "Em minha aflição, clamei ao Senhor; sim, clamei a Deus por socorro. Do seu santuário ele me ouviu; meu clamor chegou a seus ouvidos" (2 Samuel 22:7). Muitas vezes Deus o livrara de seus inimigos, incluindo o rei Saul. Davi louvou a Deus por Ele ser sua fortaleza e libertador em quem se refugiou (vv.2,3).

Embora nossas angústias possam ser pequenas em comparação com as de Davi, Deus nos convida a buscá-lo para encontrarmos o abrigo que ansiamos. Seus braços estão sempre abertos. Portanto, "cantarei louvores ao [Seu] nome" (v.50).

Anne

23 DE MAIO

Dando crédito

JEREMIAS 9:23-26

*...como dizem as Escrituras:
"Quem quiser orgulhar-se,
orgulhe-se somente no Senhor".*
—1 Coríntios 1:31

Na década de 60, uma coleção de pinturas de pessoas ou animais com olhos enormes e tristes se tornou popular. Alguns as consideravam "bregas" ou cafonas, mas outros gostavam muito. Quando o marido de uma artista começou a promover as criações da sua esposa, o casal se tornou bastante próspero. Mas a assinatura da artista — Margaret Keane — não aparecia nas obras. Em vez disso, o marido dela apresentava os trabalhos da sua esposa como se fossem sua criação. Receosa, Margaret temerosamente permaneceu em silêncio por 20 anos até o final do casamento. Foi preciso levar tintas ao tribunal para provar concretamente a identidade da verdadeira artista.

A mentira do homem certamente foi algo errado, mas até nós que seguimos Jesus podemos achar fácil tomar o crédito pelos nossos talentos, pelas nossas características de liderança ou até por nossas boas obras. Mas essas qualidades só são possíveis pela graça de Deus. Em Jeremias 9, lemos que o profeta lamenta a falta de humildade e o coração obstinado do povo. Segundo o Senhor, não devemos nos orgulhar da nossa sabedoria, força ou riquezas, mas apenas de saber que Ele é o Senhor "que demonstra amor leal e traz justiça e retidão à terra" (v.24).

Nosso coração se enche de gratidão quando percebemos a identidade do verdadeiro Artista. "Toda dádiva que é perfeita [...] vem do alto, do Pai..." (Tiago 1:17). Todo crédito, todo louvor pertencem ao Doador das dádivas. *Cindy*

Seja guerreiro

JUÍZES 6:1,11-16

O anjo do Senhor apareceu a Gideão e disse: "O Senhor está com você, guerreiro corajoso!". —Juízes 6:12

Emma, 18 anos, escreve sobre Jesus nas redes sociais com constância e fidelidade, apesar das intimidações e críticas sobre a sua alegria e amor por Cristo. Alguns *troladores* a atacaram com comentários sobre sua aparência física, outros sugeriram que lhe falta inteligência por causa de sua devoção a Deus. Embora as palavras indelicadas firam profundamente o coração de Emma, ela continua a espalhar o evangelho com ousadia e amor por Jesus e pelos outros. Às vezes, porém, ela tende a acreditar que sua identidade e valor são determinados pelas críticas alheias. Quando isso acontece, Emma pede ajuda a Deus, ora por seus perseguidores, medita nas Escrituras e persevera com a coragem e confiança que lhe são supridas pelo Espírito Santo.

Gideão enfrentou atormentadores ferozes: os midianitas (Juízes 6:1-10). Embora Deus o chamasse de "guerreiro corajoso", Gideão lutou para abandonar suas dúvidas, autolimitações e inseguranças (vv.11-15). Em ocasiões diferentes, ele questionou a presença do Senhor e suas próprias qualificações, mas eventualmente acabou se rendendo a fé.

Se confiamos em Deus, podemos viver de maneira que demonstra que cremos que o que Ele diz sobre nós é verdade. Mesmo quando a perseguição nos faz duvidar de nossa identidade, nosso Pai amoroso confirma Sua presença e luta em nosso favor. Ele afirma que podemos andar como guerreiros corajosos revestidos do Seu amor absoluto, guardados por Sua graça infinita e seguros e confiantes em Sua verdade. *Xochitl*

25 DE MAIO

Abrigo da tempestade

ÊXODO 33:12-23

*Quando minha presença gloriosa passar,
eu o colocarei numa abertura da rocha
e o cobrirei com minha mão...*
—Êxodo 33:22

Como diz a história, em 1763, um jovem ministro que viajava por uma estrada à beira do penhasco em Somerset, Inglaterra, entrou numa caverna para escapar dos relâmpagos e da chuva forte. Ao olhar para a *Garganta de Cheddar*, ele refletiu sobre a benção de encontrar abrigo e paz em Deus. Estando lá, começou a escrever o hino *Rocha Eterna* (HP Novo Cântico - 136), com suas memoráveis linhas de abertura: "Rocha Eterna, meu Jesus, quero em ti me refugiar".

Não sabemos se Augustus Toplady pensou na experiência de Moisés na fenda de uma rocha enquanto escrevia o hino (Êxodo 33:22), mas talvez tenha pensado sim. O relato do Êxodo fala de Moisés buscando a confirmação e a reação de Deus. Quando ele pediu a Deus para lhe revelar Sua glória, o Senhor respondeu-lhe graciosamente, sabendo que "ninguém pode [vê-lo] e continuar vivo" (v.20). Ele colocou Moisés numa fenda da rocha quando passou deixando que o profeta apenas visse as Suas costas. E Moisés reconheceu que Deus estava com ele.

Podemos confiar que, assim como Deus disse a Moisés: "Acompanharei você pessoalmente..." (v.14), assim também nós podemos encontrar refúgio nele. Podemos experimentar muitas tempestades em nossa vida, como Moisés e o jovem ministro desse texto, mas, quando clamarmos ao Senhor, Ele nos concederá a paz de Sua presença. *Amy*

26 DE MAIO

Como manter-se na pista

1 JOÃO 2:18-27

*Pois o que a unção lhes ensina é verdade,
e não mentira, e é tudo que precisam saber.*
—1 João 2:27

O corredor cego mais rápido do mundo, David Brown, da equipe paraolímpica dos EUA, atribui as suas vitórias a Deus, aos conselhos de sua mãe ("não fique à toa") e ao seu guia de corrida, o velocista Jerome Avery. Unido a Brown por uma corda amarrada aos seus dedos, Avery guia as vitórias de Brown com palavras e toques.

"Trata-se de ouvir as suas sugestões", diz Brown, que afirma poder "projetar-se" em corridas de 200 metros, onde a pista faz curva. "Dia sim, dia não, estamos sempre revisando as estratégias de corrida, comunicando-nos não apenas com dicas verbais, mas também com dicas corporais".

Na corrida diária da vida, somos abençoados com o Guia Divino. Nosso Ajudador, o Espírito Santo lidera os nossos passos quando o seguimos. "Escrevo estas coisas para adverti-los sobre os que desejam enganá-los" (1 João 2:26). "Vocês, porém, receberam dele a unção, e ela permanece em vocês, de modo que não precisam que alguém lhes ensine a verdade. Pois o que a unção lhes ensina é verdade, e não mentira, e é tudo que precisam saber…" (v.27).

João ressaltou essa sabedoria aos cristãos de sua época que enfrentaram "anticristos" que negavam o Pai e que Jesus é o Messias (v.22). Também enfrentamos esses negadores hoje. Mas nosso Guia — o Espírito Santo — nos conduz em nossa caminhada com Jesus. Podemos confiar em Sua orientação para nos tocar com a verdade, mantendo-nos no caminho certo. *Patricia*

Conquistando a vitória

1 CORÍNTIOS 9:19-27

Portanto, corram para vencer.
—1 Coríntios 9:24

No filme de ficção *Forrest Gump*, de 1994, Forrest fica famoso por correr. O que começou como uma corrida rápida "até o fim da estrada" durou 3 anos, 2 meses, 14 dias e 16 horas. Cada vez que ele chegava ao seu destino, definia outro e continuava a correr, ziguezagueando pelos EUA, até o dia em que perdeu a vontade de continuar. "Estar afim" foi a maneira como sua corrida começou. Forrest diz: "Naquele dia, sem nenhuma razão específica, decidi dar uma corridinha".

Contrastando com a corrida aparentemente extravagante de Forrest, o apóstolo Paulo pede a seus leitores que sigam o seu exemplo e "…corram para vencer" (1 Coríntios 9:24). Como atletas disciplinados, nossa corrida, ou seja, a maneira como vivemos nossa vida, pode significar dizer "não" a alguns de nossos prazeres. Estar disposto a renunciar aos nossos direitos pode nos ajudar a alcançar os outros com as boas-novas do nosso resgate do pecado e da morte.

Com o nosso coração e a mente treinada para o objetivo de convidar outras pessoas para "correrem" ao nosso lado, também estamos seguros de que receberemos como prêmio final a eterna comunhão com Deus. O Senhor concederá a coroa do vencedor a qual durará para sempre; nós a receberemos por administrar a nossa vida com o objetivo de torná-lo conhecido, enquanto confiamos em Sua força para assim agir. Que motivo para correr! *Kirsten*

28 DE MAIO

Ele compreende perfeitamente

MARCOS 12:41–44

É impossível medir seu entendimento.
—Salmo 147:5

Finn, um peixe *betta*, viveu em nossa casa por dois anos. Minha filha mais nova costumava se inclinar para conversar com ele depois de alimentá-lo no aquário. Quando se comentou sobre *pets* no jardim de infância, ela orgulhosamente reivindicou o peixe-de-briga-siamês como sendo seu. Ela sofreu muito quando o Finn morreu.

Minha mãe me aconselhou a ouvir atentamente os sentimentos dela e a lhe dizer que: "Deus a compreendia perfeitamente". Concordei que Deus sabe de tudo, mas questionei: "*De que maneira isso pode confortá-la?*". Ocorreu-me então de que Deus não está apenas ciente dos acontecimentos em nossa vida, mas vê com compaixão a nossa alma e sabe como as situações nos afetam. Ele compreende que as "pequenas coisas" podem parecer grandes dependendo da nossa idade, das dores passadas ou da falta de recursos.

Jesus viu o coração e o real valor do presente de uma viúva quando ela depositou duas moedas na caixa de ofertas do Templo. Ele descreveu o que isso significava para ela dizendo: "essa viúva depositou na caixa de ofertas mais que todos os outros. […] ela, em sua pobreza deu tudo que tinha" (Marcos 12:43-44).

A viúva manteve o silêncio sobre a sua situação, mas Jesus reconheceu que aquilo que os outros consideravam uma pequena doação para ela era um sacrifício. Ele vê a nossa vida da mesma maneira. Que encontremos o conforto em Sua compreensão ilimitada. *Jennifer*

29 DE MAIO

Relembrando

JOÃO 15:9-17

*Não existe amor maior do que dar
a vida por seus amigos.* —João 15:13

No *Dia da Memória*, penso em muitos ex-militares, principalmente o meu pai e meus tios, que serviram nas Forças Armadas durante a Segunda Guerra Mundial. Eles voltaram, mas nessa guerra centenas de milhares de famílias perderam tragicamente os seus entes queridos a serviço de seu país. No entanto, quando perguntado, meu pai e a maioria dos soldados daquela época diriam que estavam dispostos a entregar sua vida para proteger as pessoas que eles amavam e defender o que eles acreditavam estar certo.

Quando alguém morre em defesa de seu país é frequentemente recitado o versículo: "Não existe amor maior do que dar a vida por seus amigos" (João 15:13) durante o funeral para honrar o sacrifício. Mas quais eram as circunstâncias por trás desse versículo?

Quando Jesus falou sobre isso aos Seus discípulos durante a Última Ceia, Ele estava prestes a morrer. E, de fato, uma pessoa desse pequeno grupo de discípulos, Judas, já havia saído para traí-lo (13:18-30). No entanto, Cristo sabia de tudo isso e ainda assim escolheu sacrificar Sua vida por Seus amigos e inimigos.

Jesus estava disposto e pronto para morrer por aqueles que um dia viriam a crer nele, até mesmo por aqueles que ainda eram Seus inimigos (Romanos 5:10). Em contrapartida, Ele pede a Seus discípulos (naquela época e hoje) que "se amem" como Ele os amou (João 15:12). Seu grande amor nos obriga a amar sacrificialmente aos outros: tanto aos amigos quanto aos inimigos.

Alyson

30 DE MAIO

O luto acabou

JOÃO 20:11-18

"Vi o Senhor!"
—João 20:18

Os cineastas Jim e Jamie Dutcher são reconhecidos por seu conhecimento sobre os lobos e ambos afirmam que, quando os lobos estão felizes, agitam suas caudas e brincam. Mas quando morre um membro da alcateia, eles sofrem por semanas. Visitam o local onde o animal morreu e demonstram sua tristeza com as caudas caídas e uivos tristes.

O luto é uma emoção poderosa que sentimos com a morte de alguém querido ou de uma preciosa esperança. Maria Madalena a experimentou, pois ela tinha viajado com eles e sido apoiadora de Jesus e Seus discípulos (Lucas 8:1-3). Mas a Sua morte cruel na cruz os separou. O único que lhe restara fazer por Jesus era terminar de ungir Seu corpo para o sepultamento, uma tarefa que o *Shabat* havia interrompido. Mas imagine como Maria se sentiu ao chegar ao túmulo e encontrar não um corpo sem vida e mutilado, mas o Salvador vivo! Embora ela não tivesse inicialmente reconhecido o homem diante dela, o som do seu nome sendo dito por Jesus lhe confirmou quem Ele era, Jesus! Instantaneamente, a dor se transformou em alegria. Maria agora tinha boas notícias para compartilhar: "Vi o Senhor!" (João 20:18).

Jesus veio ao nosso mundo conturbado para nos trazer liberdade e vida. Sua ressurreição é uma celebração pelo fato de Ele ter realizado o que se propôs a fazer. Nós também podemos celebrar a ressurreição de Cristo e compartilhar as boas-novas: Ele está vivo! Aleluia! *Linda*

Eclipse

AMÓS 8:9-12; 9:11-12

*...restaurarei a tenda caída de Davi
e consertarei seus muros quebrados. [...]
restaurarei sua antiga glória.* —Amós 9:11

Eu estava preparada com proteção para os olhos, num local de visualização ideal e sobremesas caseiras em formatos de lua. Junto a uma multidão de pessoas vindas de outras partes do país, minha família e eu observamos a rara aparição de um eclipse solar total — a Lua cobrindo completamente o Sol.

O eclipse causou uma escuridão incomum naquela tarde de verão. Embora para nós esse eclipse tenha sido uma celebração alegre e um lembrete do incrível poder de Deus sobre a criação (Salmo 135:6-7), ao longo da história as trevas durante o dia foram vistas como anormais e agourentas (Êxodo 10:21; Mateus 27:45), um sinal de que nem tudo é como deveria ser.

Isto é o que as trevas significaram para o profeta Amós durante o tempo da monarquia dividida no antigo Israel. Amós alertou o Reino do Norte que a destruição viria se eles continuassem se afastando de Deus. O Senhor diz que faria: "...o sol se pôr ao meio-dia e em plena luz do dia [escureceria] a terra" (Amós 8:9).

Mas o desejo e o propósito supremo de Deus era, e é, tornar todas as coisas certas. Até mesmo quando o povo foi levado ao exílio, Deus prometeu que um dia Ele traria um remanescente de volta à Jerusalém, e consertaria seus muros quebrados, e restauraria "sua antiga glória" (9:11).

Mesmo quando a vida está em seu momento mais sombrio, como Israel, podemos encontrar conforto em saber que Deus está agindo para trazer luz e esperança de volta a todas as pessoas que o buscam (Atos 15:14-18; Apocalipse 21:23). *Linda*

1.º DE JUNHO

Nas bordas da multidão

LUCAS 19:1-10

*Porque o Filho do Homem veio
buscar e salvar os perdidos.*
—Lucas 19:10

Para ver as acrobacias de tirar o fôlego que os pilotos de motocicletas faziam numa demonstração de perícia, tive de ficar na ponta dos pés no meio da multidão. Ao olhar ao redor, vi três crianças empoleiradas numa árvore próxima, aparentemente porque também não conseguiam chegar à frente da multidão para ver o show.

Observando-as espreitarem lá no alto, lembrei-me de Zaqueu, que Lucas identifica como "chefe dos cobradores de impostos" (Lucas 19:2). Os judeus viam os coletores de impostos como traidores por trabalharem para o governo romano coletando impostos de outros israelitas. Pior ainda, eles frequentemente exigiam dinheiro adicional para cobrir suas contas bancárias pessoais. Portanto, Zaqueu provavelmente era marginalizado por sua comunidade.

Quando Jesus passou por Jericó, Zaqueu desejava vê-lo, mas não conseguia enxergar devido à multidão. Então, talvez se sentindo desesperado e sozinho, subiu numa figueira brava para vislumbrá-lo (vv.3-4). E foi lá, nos arredores da multidão, que Jesus o procurou e anunciou Sua intenção de se hospedar na casa dele (v.5).

A história de Zaqueu nos lembra de que Jesus "veio buscar e salvar os perdidos", oferecendo Sua amizade e o dom da salvação (vv.9-10). Mesmo que nos sintamos à margem de nossas comunidades, talvez empurrados para o fim da fila, tenhamos a certeza de que, mesmo assim, Jesus nos encontra. *Lisa*

2 DE JUNHO

As palavras certas

EFÉSIOS 6:10-20

E orem também por mim. Peçam que Deus me conceda as palavras certas, para que eu possa explicar… —Efésios 6:19

Recentemente, vários autores alertaram os cristãos a prestar atenção ao "vocabulário" da nossa fé. Um deles enfatizou que mesmo as palavras de fé ricas de conteúdo teológico podem perder seu impacto quando, pelo excesso de familiaridade e uso, perdemos o contato com as profundezas do evangelho e nossa necessidade de Deus. Quando isso acontece, ele sugere que talvez precisemos reaprender a linguagem da fé "do zero", abandonando as nossas suposições até que possamos ver as boas-novas pela primeira vez.

O convite para aprender a falar sobre Deus partindo "do zero" me lembra de que Paulo dedicou sua vida a "…encontrar algum ponto em comum com todos […] para espalhar as boas-novas…" (1 Coríntios 9:22-23). Ele nunca presumiu que sabia melhor como comunicar o que Jesus tinha feito. Ao contrário, Paulo confiava na oração perseverante e clamava aos irmãos que orassem por ele, para o ajudarem a encontrar "as palavras certas" (Efésios 6:19) para compartilhar as boas-novas.

O apóstolo também reconhecia a necessidade de cada cristão permanecer diariamente humilde e receptivo à sua necessidade de aprofundar suas raízes no Seu amor (3:16-17). Somente quando aprofundamos nossas raízes no amor divino, tornando-nos dia a dia mais conscientes de que dependemos Sua graça, que podemos começar a encontrar as palavras certas para compartilhar a incomparável notícia do que Ele tem feito por nós.

Monica

3 DE JUNHO

Quando louvamos

ATOS 16:25-34

No mesmo instante, todas as portas se abriram e as correntes de todos os presos se soltaram.
—Atos 16:26

Quando Willie com apenas 9 anos foi sequestrado do jardim de sua casa em 2014, ele cantou sua música gospel favorita: *Todo o louvor*, muitas vezes. Durante a provação que durou 3 horas, Willie ignorou as repetidas ordens do sequestrador para silenciar enquanto rodavam. Eventualmente, o sequestrador o deixou sair do carro ileso. Mais tarde, Willie descreveu o encontro dizendo que, enquanto ele sentia que a sua fé vencia o medo, a música parecia incomodar o raptor.

A reação do menino à sua terrível situação nos lembra da experiência compartilhada por Paulo e Silas. Depois de serem açoitados e jogados na prisão, eles "oravam e cantavam hinos a Deus, e os outros presos ouviam. De repente, houve um forte terremoto, e até os alicerces da prisão foram sacudidos. No mesmo instante, todas as portas se abriram e as correntes de todos os presos se soltaram" (Atos 16:25-26).

Ao testemunhar tamanha demonstração de poder, o carcereiro creu no Deus de Paulo e Silas, e "ele e todos os seus foram batizados" (vv.27-34). Naquela noite, as correntes físicas e espirituais foram destruídas.

Nem sempre podemos experimentar um resgate tão visível e dramático como o de Paulo e Silas, ou como o do garoto Willie. Contudo sabemos que Deus responde aos louvores do Seu povo! Quando Ele se move, as correntes se despedaçam.

Remi

4 DE JUNHO

Numa bolha

1 PEDRO 2:4-10

Povo escolhido, […] vocês podem mostrar às pessoas como é admirável aquele que os chamou das trevas… —1 Pedro 2:9

Um dos primeiros usos da expressão "numa bolha" ocorreu numa notícia na década de 1970. Referia-se a um estado de incerteza e a expressão foi usada para referir-se a um piloto novato de corridas. Ele estava "numa bolha", após ter feito sua volta de qualificação muito lenta para a corrida de 500 milhas de Indianápolis. Mais tarde, o tempo dele foi confirmado e embora ele fosse o mais lento entre os que se classificaram, ainda assim, o jovem recebeu permissão para competir naquela corrida.

Às vezes nos sentimos "numa bolha", não temos certeza de que temos o que é preciso para competir ou terminar a corrida da vida. Quando nos sentimos assim, é importante lembrar que em Jesus nunca estamos "numa bolha". Como filhos de Deus, nosso lugar em Seu reino é seguro (João 14:3). Nossa confiança flui do Senhor, o qual escolheu Jesus para ser a "pedra angular" sobre a qual a nossa vida é edificada, e o Senhor nos escolheu como "pedras vivas" cheias do Espírito de Deus, para sermos as pessoas que Ele nos criou para ser (1 Pedro 2:5-6).

Em Cristo, nosso futuro é seguro à medida que esperamos nele e o seguimos (v.6). Pois somos "povo escolhido, reino de sacerdotes, nação santa, propriedade exclusiva de Deus, Assim, vocês podem mostrar às pessoas como é admirável aquele que os chamou das trevas para sua maravilhosa luz" (v.9).

Aos olhos de Jesus, não estamos "numa bolha". Somos preciosos e amados (v.4). *Ruth*

5 DE JUNHO

Ande no presente com Deus

SALMO 102:11-13,18-28

*Os filhos de teus servos viverão em segurança,
e seus descendentes prosperarão em tua presença.*
—Salmo 102:28

Em *Cristianismo puro e simples* (Martins Fontes, 2014), C. S. Lewis escreveu: "Com quase toda a certeza, Deus não está no tempo. A vida dele não consiste em momentos que são seguidos por outros momentos [...]. Dez e meia, ou qualquer outro momento ocorrido desde a criação do mundo, é sempre um presente para Deus". Ainda assim, as esperas costumam parecer infinitas. Mas, ao aprendermos a confiar em Deus, o eterno Criador do tempo, podemos aceitar a realidade de que a nossa frágil existência está segura em Suas mãos.

O salmista, em seu lamento no Salmo 102, admite que seus dias são tão fugazes quanto "as sombras que se vão" e o capim que murcha, enquanto Deus "será lembrado por todas as gerações" (vv.11-12). Cansado do sofrimento, o autor proclama que Deus "reinará para sempre" (v.12), afirmando que o Seu poder e compaixão alcançam além do seu espaço pessoal (vv.13-18). Mesmo em seu desespero (vv.19-24), o salmista conduz o seu pensamento ao poder de Deus como Criador (v.25). Embora as Suas criações perecerão, Ele permanecerá o mesmo por toda a eternidade (vv.26-27).

Quer o tempo pareça estar parado ou se arrastando, é tentador acusar Deus de atrasar-se ou de não nos responder. Podemos nos sentir impacientes e frustrados por Ele permanecer silente. Podemos nos esquecer de que Ele escolheu cada uma das pedras do caminho que Ele planejou para nós. Mas o Senhor nunca nos deixa por nossa conta. Quando vivemos pela fé na presença de Deus, podemos andar no presente com Ele. *Xochitl*

6 DE JUNHO

A herança imerecida

EFÉSIOS 1:3-14

*Ele nos predestinou para si, […] por meio de
Jesus Cristo, conforme o bom propósito de sua vontade.*
—Efésios 1:5

"Obrigado pelo jantar, papai", disse-lhe enquanto colocava meu guardanapo na mesa do restaurante. Eu estava de volta durante uma folga da faculdade e, tendo saído de casa há algum tempo, parecia estranho ver os meus pais ainda pagando por mim. "De nada, Julie", meu pai respondeu, "mas você não precisa me agradecer por tudo o tempo todo. Sei que você tem se saído bem em seus gastos por sua conta, mas ainda é minha filha e parte da família". Eu sorri e disse: "Obrigada, papai".

Na minha família, não fiz nada para merecer o amor dos meus pais ou o que eles fazem por mim. Mas o comentário do meu pai me lembra de que eu também não fiz nada por merecer para ser parte da família de Deus.

Na carta aos Efésios, Paulo diz aos leitores que Deus os escolheu para serem "santos e sem culpa diante dele" (Efésios 1:4), ou para permanecerem santos diante dele (5:25-27). Mas isso só é possível por meio de Jesus, pois Deus "é tão rico em graça que comprou nossa liberdade com o sangue de seu Filho e perdoou nossos pecados" (1:7). Não precisamos merecer a graça, o perdão ou a entrada na família de Deus. Simplesmente aceitamos essa Sua dádiva.

Quando entregamos a nossa vida para Jesus, tornamo-nos filhos de Deus, isso significa que recebemos a vida eterna e que temos uma herança nos aguardando no Céu. Louvado seja Deus por oferecer um presente tão maravilhoso e imerecido!

Julie

7 DE JUNHO

Orando como Jesus

LUCAS 22:39-44

*Pai, se queres, afasta de mim
este cálice. Contudo, que seja feita
a tua vontade, e não a minha.*
—Lucas 22:42

Toda moeda tem dois lados. A frente é chamada de "cara" e, desde o início dos tempos romanos, a cunhagem geralmente representa o chefe de estado de um país. O reverso da moeda é chamado "coroa", um termo que talvez tenha se originado da cultura britânica que expõe um símbolo heráldico no verso de sua moeda.

Como uma moeda, a oração de Cristo no jardim do Getsêmani possui dois lados. Nas horas mais intensas de Sua vida, na noite anterior à Sua morte na cruz, Jesus orou: "Pai, se queres, afasta de mim este cálice. Contudo, que seja feita a tua vontade, e não a minha" (Lucas 22:42). Quando Cristo diz: "afasta de mim este cálice", Ele faz a mais honesta e sincera oração revelando o Seu desejo pessoal. "É isso o que Eu quero".

Então Jesus gira a moeda orando "que seja feita a tua vontade, e não a minha". Esse é o lado do abandono. Esse abandonarmo-nos a Deus começa quando dizemos simplesmente: "Mas o que Tu queres, Deus?".

Essa oração em "duas frentes" também está incluída em Mateus 26 e Marcos 14 e é mencionada em João 18. Jesus fez os dois lados dessa oração: afasta de Mim este cálice (o que Eu quero, Deus), mas que seja feita a Tua vontade, e não a Minha (o que Tu queres, Deus?).

As duas "frentes" de Jesus são estampadas em dois aspectos da Sua oração. *Elisa*

8 DE JUNHO

Despedida final

JOÃO 11:21-36

Pai, se queres, afasta de mim este cálice.
Contudo, que seja feita a tua vontade,
e não a minha". —Lucas 22:42

"A morte do seu pai é iminente", disse a enfermeira. "Morte iminente" refere-se à fase final do processo de morrer e era um novo termo para mim, algo que me parecia estranhamente como se eu tivesse que viajar por uma rua de mão única. No último dia de vida do meu pai, sem saber se ele ainda podia nos ouvir, minha irmã e eu nos sentamos ao lado da cama dele. Beijamos o topo de sua bela cabeça careca e sussurramos as promessas de Deus para ele. Cantamos "Tu és fiel, Senhor" e recitamos o Salmo 23. Dissemos que o amávamos e o agradecemos por ser nosso pai. Sabíamos que sua alma desejava estar com Jesus e lhe dissemos que poderia partir. Falar essas palavras foi o primeiro passo doloroso para permitir sua partida final. Minutos depois, nosso pai foi recebido com alegria em seu lar eterno.

Dizer adeus a quem amamos é doloroso. Até Jesus chorou quando Seu bom amigo Lázaro morreu (João 11:35). Mas por causa das promessas de Deus, temos esperança além da morte física. O Salmo 116:15 afirma que os servos fiéis de Deus, aqueles que a Ele pertencem lhe são "'preciosos". Embora eles morram, viverão novamente.

Jesus promete: "Eu sou a ressurreição e a vida. Quem crê em mim viverá, mesmo depois de morrer" (João 11:25-26). Que conforto sabermos que estaremos na presença de Deus para todo o sempre. *Cindy*

9 DE JUNHO

Fiel em cativeiro

GÊNESIS 39:6-12,20-23

*Mas o S*ENHOR *estava com ele
na prisão e o tratou com bondade.*
—Gênesis 39:21

Numa manhã em 1948 o pastor Haralan Popov não imaginava qual o rumo que a sua vida tomaria quando tocaram a campainha de sua casa. Sem qualquer aviso antecipado, a polícia búlgara o encarcerou por causa de sua fé. Popov passou os 13 anos seguintes preso e clamando ao Senhor por força e coragem. Apesar do tratamento horrível que recebia, Popov sabia que Deus estava com ele e compartilhava as boas-novas com outros prisioneiros e muitos criam no Senhor.

No relato sobre a vida de José em Gênesis 37, o filho de Jacó não tinha ideia do que lhe aconteceria após ser vendido, sem misericórdia, por seus furiosos irmãos. Os mercadores viajantes o levaram ao Egito e o venderam a Potifar, um oficial egípcio. José se viu em meio a uma cultura que adorava milhares de deuses. Para piorar, a esposa de Potifar tentou seduzi-lo. José a recusou repetidamente, e, mesmo assim, ela o acusou falsamente, levando-o à prisão (Gênesis 39:16-20). No entanto, Deus não o abandonou. Não somente o Senhor esteve com ele na prisão (vv.21-23), mas também "lhe dava sucesso em tudo que ele fazia" e "o tratou com bondade" concedendo-lhe favor com as autoridades sobre ele (3,21).

Imagine o medo que José deve ter sentido. No entanto, ele permaneceu fiel e íntegro. Deus estava com José nessa difícil jornada e tinha um propósito maior para a vida dele. O Senhor tem em mente um plano para você também. Encoraje-se e caminhe por fé, confiando que Ele vê e sabe. *Estera*

10 DE JUNHO

Demonstrando Graça

MIQUEIAS 7:18-20

...pisarás nossas maldades sob teus pés e lançarás nossos pecados nas profundezas do mar.
—Miqueias 7:19

"Nos momentos quando a tragédia acontece ou fere, temos oportunidades para demonstrar graça ou exigir vingança", observou o recém-enlutado. "Escolhi demonstrar graça." A esposa do pastor Erik Fitzgerald morreu num acidente de carro causado por um bombeiro exausto que dormiu enquanto dirigia para casa, e os promotores queriam saber se ele pediria a pena máxima. O pastor escolheu praticar o perdão que pregava sobre o qual pregava com tanta constância. Surpreendentemente esses dois homens acabaram se tornando amigos.

O pastor Fitzgerald vivia pela graça que recebera de Deus, que o tinha perdoado por todos os seus pecados. Com sua atitude, o pastor exemplificou as palavras de Miqueias, que louvou a Deus por perdoar o pecado e nos perdoar quando cometemos erros (Miqueias 7:18). O profeta usa uma linguagem visual para maravilhosamente nos mostrar até onde Deus vai para perdoar o Seu povo, dizendo que Deus pisará sobre nossas maldades e lançará os nossos erros no mar profundo (v.19). O bombeiro recebeu a dádiva da liberdade naquele dia, e isso o aproximou de Deus.

Seja qual for a dificuldade que enfrentamos, sabemos que Deus nos alcança com braços abertos e amorosos que nos acolhem em Seu abraço seguro. Ele tem prazer em demonstrar amor (v.18). À medida que o Seu amor e graça, Ele nos concede a força para perdoarmos os que nos ferem – até mesmo como o pastor Erik foi capaz de perdoar. *Amy*

11 DE JUNHO

Sem sabor

JOÃO 15:5-8

Pois, sem mim, vocês não podem fazer coisa alguma. —João 15:5

Uma verdadeira pechincha, a luminária parecia perfeita para o meu escritório em casa; a cor, o tamanho e o preço certos. Em casa, no entanto, quando liguei o cabo, nada aconteceu. Sem luz. Sem eletricidade. Nada!

"Não tem problema", meu marido me garantiu. "Posso consertar facilmente!". Ele desmontou o abajur e viu o problema na hora. O plug não estava conectado a nada. Sem estar conectada à fonte de energia, a linda e "perfeita" luminária era inútil.

Essa verdade se aplica a nós também. Jesus disse aos Seus discípulos: "Sim, eu sou a videira; vocês são os ramos. Quem permanece em mim, e eu nele, produz muito fruto". Mas acrescentou este lembrete: "sem mim, vocês não podem fazer coisa alguma" (João 15:5).

Esse ensinamento foi dado numa região de vinhedos, e Seus discípulos o entenderam prontamente. As videiras são plantas resistentes cujos galhos toleram podas rigorosas. No entanto os galhos tornam-se inúteis se forem cortados de sua fonte de vida. E o mesmo acontece conosco.

À medida que permanecemos em Jesus e permitimos que as Suas palavras habitem em nós, conectamo-nos à nossa fonte de vida — o próprio Cristo. E Ele afirma: "Quando vocês produzem muitos frutos, trazem grande glória a meu Pai e demonstram que são meus discípulos de verdade" (v.8). Porém, para obter esse resultado tão frutífero exige-se a nutrição diária. Deus nos concede tal alimento livremente por intermédio das Escrituras e do Seu amor. Então ligue-se a Cristo e deixe a seiva fluir. *Patricia*

12 DE JUNHO

Em nosso coração

DEUTERONÔMIO 6:1-9

Guarde sempre no coração as palavras que hoje eu lhe dou. Repita-as com frequência a seus filhos.
—Deuteronômio 6:6-7

Depois que um menino enfrentou alguns desafios em seu colégio, o pai dele começou a ensinar-lhe uma oração para ele recitar antes de ir à escola: "Agradeço a Deus por me acordar hoje. Estou indo à escola para aprender e… para ser o líder que Deus me criou para ser". Com essas palavras, o pai espera ajudar o seu filho a se valorizar e a lidar com os inevitáveis desafios da vida.

De certa forma, ajudando o filho a guardar essas palavras na memória, o pai está fazendo algo semelhante ao que Deus ordenou aos israelitas no deserto: "Guarde sempre no coração as palavras que hoje eu lhe dou. Repita-as com frequência a seus filhos" (Deuteronômio 6:6-7).

Depois de os israelitas vagarem no deserto por 40 anos, a geração seguinte estava prestes a entrar na Terra Prometida. Deus sabia que não seria fácil para eles terem sucesso, a menos que mantivessem seu interesse e atenção no Senhor. E assim, por meio de Moisés, Deus os exortou a se lembrarem e serem obedientes ao Senhor e a ajudarem seus filhos a conhecer e amar a Deus ensinando-lhes sobre a Sua Palavra: "Quando estiver em casa e quando estiver caminhando, quando se deitar e quando se levantar" (v.7).

A cada novo dia, nós também podemos nos comprometer a permitir que as Escrituras orientem o nosso coração e a nossa mente e que vivamos sendo sempre gratos ao Senhor. *Alyson*

13 DE JUNHO

Mensagens encorajadoras

ATOS 11:19-26

*[Barnabé] alegrou-se muito e incentivou
os irmãos a permanecerem fiéis ao Senhor.*
—Atos 11:23

Jamais desista! Seja a razão do sorriso de alguém! Você é incrível! Não é de onde você veio; é para onde você vai que conta. Algumas crianças em idade escolar encontraram essas e outras mensagens escritas em bananas na lanchonete da escola. A gerente desse local se dedicou a escrever as notas encorajadoras nas cascas das frutas, que as crianças chamavam de "frutas falantes".

Esse atencioso trabalho de encorajamento me lembra do sentimento de Barnabé pelos "jovens espirituais" na antiga cidade de Antioquia (Atos 11:22-24). Barnabé era famoso por sua capacidade de inspirar pessoas. Ele era conhecido como um homem bom, cheio de fé e do Espírito Santo, e que incentivou os novos cristãos a "serem fiéis ao Senhor" (v.23). Imagino que ele investiu tempo com as pessoas que ele queria ajudar, dizendo coisas como: Continuem orando. Confiem no Senhor. Fiquem perto de Deus quando a vida é difícil.

Os novos cristãos, como as crianças, precisam de muito incentivo. Eles têm muito potencial. Estão descobrindo no que são bons. Talvez não tenham percebido completamente o que Deus quer fazer neles e por intermédio deles, e muitas vezes o inimigo trabalha ainda mais para impedir que a fé deles floresça.

Nós que já andamos com Jesus há algum tempo entendemos como pode ser difícil viver para Ele. Que todos nós possamos buscar dar e receber o encorajamento, à medida que o Espírito de Deus nos guia e nos lembra da verdade espiritual.

Jennifer

14 DE JUNHO

Pergunte a quem é dono de um

SALMO 66:1,8-20

*...e eu lhes contarei o que
[Deus] fez por mim.*
—Salmo 66:16

No início do século 20, a *Packard Motor Car Company* criou um slogan para atrair compradores. "Pergunte a quem é dono de um" tornou-se uma propaganda poderosa que contribuiu para a reputação da empresa como fabricante do veículo de luxo predominante na época. Os fabricantes demonstraram que entendiam que o testemunho pessoal atrai o ouvinte e que a satisfação de um amigo com um produto é um endosso poderoso.

Compartilhar as experiências individuais da bondade de Deus também causa impacto. Deus nos convida a declarar a nossa gratidão e alegria não apenas a Ele, mas aos que nos rodeiam (Salmo 66:1). Em seu cântico, o salmista compartilhou prontamente o perdão que Deus lhe concedeu quando ele se afastou de seus pecados (vv.18-20).

Deus fez obras incríveis no curso da história, como separar as águas do mar Vermelho (v.6). Ele também faz obras maravilhosas em cada um de nós, individualmente: concedendo-nos esperança em meio ao sofrimento, dando-nos o Espírito Santo para compreendermos a Sua Palavra e suprindo as nossas necessidades diárias. Quando compartilhamos as nossas experiências pessoais sobre o agir de Deus em nossa vida, estamos dando algo de muito mais valor do que o endosso para uma compra específica. Com isso, estamos reconhecendo a bondade de Deus e encorajando uns aos outros ao longo da jornada da vida.

Kirsten

15 DE JUNHO

Uma construtora sábia

PROVÉRBIOS 14:1-3,26-27,33

A mulher sábia edifica o lar, mas a insensata o destrói com as próprias mãos. —Provérbios 14:1

A *Peregrina Negra da Verdade* cujo verdadeiro nome era Isabella Baumfree nasceu escrava, em 1797, em Esopus, Nova Iorque. Quase todos os seus filhos foram vendidos como escravos. Ela e uma filha escaparam da escravidão em 1826 e passaram a morar com a família que pagou pela liberdade delas. Em vez de aceitar que aquele sistema injusto mantivesse a sua família separada, ela tomou medidas legais para recuperar o seu pequeno filho Pedro. Foi uma proeza espantosa para uma afro-americana naqueles dias. Sabendo que não podia criá-los sem a ajuda de Deus, ela se tornou cristã e mudou o seu nome para Peregrina Negra da Verdade para demonstrar que a sua vida estava edificada sobre os alicerces da verdade divina.

O rei Salomão, autor do capítulo 14 do livro de Provérbios, declara: "A mulher sábia edifica o lar" (v.1). Em contrapartida, a não sábia o destrói (v.1). Essa metáfora sobre a edificação demonstra a sabedoria que Deus concede aos que estão dispostos a ouvi-lo. Como alguém pode edificar uma casa com sabedoria? Dizendo "palavras [que] sejam boas e úteis" (Efésios 4:29; 1 Tessalonicenses 5:11). Como alguém a destrói?: "A conversa arrogante do insensato se torna uma vara que o castiga" (Provérbios 14:3).

Graças à sabedoria divina, a Peregrina encontrou refúgio seguro (v.26) num tempo turbulento, graças a sabedoria de Deus. Talvez você nunca precise salvar os seus filhos de uma injustiça, mas você pode edificar a sua casa sobre os mesmos alicerces que a Peregrina construiu — a sabedoria de Deus. *Linda*

16 DE JUNHO

Dúvida e fé

JÓ 1:20-22; 2:7-10

*O Senhor me deu o que eu tinha,
e o Senhor o tomou. Louvado seja
o nome do Senhor.*
—Jó 1:21

O senhor Ming Teck acordou com uma forte dor de cabeça e pensou que fosse apenas outra enxaqueca. Mas, ao sair da cama, caiu ao chão. Ele foi internado no hospital, e os médicos descobriram que ele havia sofrido um derrame. Após quatro meses de reabilitação, ele recuperou sua capacidade de pensar e conversar, mas ainda caminha mancando dolorosamente. Muitas vezes, ele se desespera, mas descobre muito consolo no livro de Jó.

Jó perdeu toda a sua riqueza e seus filhos da noite para o dia. Apesar das notícias terríveis, ele primeiro olhou para Deus com esperança e o louvou por Ele ser a fonte de tudo. Reconheceu a mão soberana de Deus, mesmo em tempos de calamidade (Jó 1:21). Maravilhamo-nos com sua fé tão cheia de vigor, mas Jó também lutou contra o desespero. Depois de ele também ter perdido sua saúde (2:7), ele amaldiçoou o dia em que nasceu (3:1). Ele foi honesto com seus amigos e com Deus a respeito da sua dor. Com o tempo, no entanto, ele aceitou que tanto o bem quanto o mal vêm das mãos de Deus (13:15; 19:25-27).

Em nossos sofrimentos, também podemos vacilar entre o desespero e a esperança, a dúvida e a fé. Deus não exige que sejamos destemidos diante da adversidade, mas nos convida a nos achegarmos a Ele com os nossos questionamentos. Embora nossa fé às vezes falhe, podemos confiar que Deus sempre será fiel. *Poh Fang*

17 DE JUNHO

Traído

JOÃO 13:18-22; SALMO 41:9-12

Até meu melhor amigo, em quem eu confiava e com quem repartia meu pão, voltou-se contra mim. —Salmo 41:9

Em 2019, as exposições de arte em todo o mundo comemoraram os 500 anos da morte de Leonardo da Vinci. Embora muitos dos seus desenhos, gravuras e descobertas científicas já tenham sido exibidos, há apenas cinco pinturas finalizadas e universalmente creditadas a Da Vinci, incluindo *A Última Ceia*.

Essa pintura tão detalhada retrata a última refeição que Jesus teve com os Seus discípulos, como está descrito em cada um dos evangelhos. A pintura retrata bem a confusão dos discípulos diante da afirmação de Jesus: "Um de vocês vai me trair" (João 13:21). Perplexos, eles discutiram sobre quem seria o traidor, enquanto Judas saía em silêncio noite adentro para alertar as autoridades sobre o paradeiro de Jesus.

Traído. A dor da traição se torna evidente nas palavras de Jesus: "Aquele que come do meu alimento voltou-se contra mim" (v.18). Um amigo próximo o suficiente para compartilhar uma refeição usou essa conexão para prejudicar Jesus.

Talvez já tenhamos experimentado a traição de um amigo. Como reagir a essa dor? O Salmo traz esperança (41:9), e Jesus o citou para indicar que o Seu traidor estava presente naquela refeição que compartilharam (João 13:18). Depois que Davi manifestou sua angústia diante da falsidade de um amigo íntimo, ele se consolou no amor e na presença de Deus, os quais o sustentariam e o colocariam na presença de Deus para sempre (Salmo 41:11-12).

Quando os amigos decepcionam, encontramos conforto ao saber que o amor sustentador de Deus e Sua poderosa presença estarão conosco para nos ajudar a suportar até a dor mais devastadora. *Lisa*

18 DE JUNHO

Em nosso pior momento

EFÉSIOS 4:20-32

Sejam sempre humildes e amáveis, tolerando pacientemente uns aos outros em amor. —Efésios 4:2

"Ela é tolerável, mas não bonita o suficiente para me tentar." Esta frase dita pelo sr. Darcy em *Orgulho e Preconceito*, de Jane Austen (Martin Claret, 2018) é a razão pela qual nunca esquecerei aquele romance e o impacto que teve sobre mim. Porque depois de ler aquilo, eu estava decidida a jamais gostar do sr. Darcy.

Mas eu estava errada. Como a personagem de Austen, Elizabeth Bennet, tive também a humilhante experiência de lentamente e com relutância mudar de ideia. Como ela, eu também não quis conhecer o caráter do sr. Darcy como um todo; preferia me apegar à minha reação a um de seus piores momentos. Terminada a leitura do romance, perguntei-me com quem eu havia cometido o mesmo erro no mundo real. Quais amizades eu tinha perdido por não desistir de um julgamento precipitado?

Na essência de nossa fé em Jesus está o desejo de sermos vistos, amados e acolhidos por nosso Salvador, em nosso pior momento (Romanos 5:8; 1 João 4:19). É maravilhoso perceber que podemos entregar o nosso velho e falso "eu" por quem realmente somos em Cristo (Efésios 4:23-24). É a alegria de compreender que não estamos mais sozinhos, mas que somos parte de uma família, um "corpo" entre os que estão aprendendo a trilhar o real e incondicional caminho do amor.

Quando nos lembramos do que Cristo fez por nós (5:2), como não desejar ver os outros do mesmo modo como Ele nos vê?

Monica

Quando a vida é dura

SALMO 16

Eu disse ao Senhor: "Tu és meu Senhor!
Tudo que tenho de bom vem de ti".
—Salmo 16:2

Física, mental e emocionalmente exausta, reclinei-me na poltrona. Nossa família seguiu a direção de Deus e se mudou para outro estado. Depois que chegamos, nosso carro quebrou e ficamos a pé por dois meses. Além disso, a mobilidade limitada do meu marido após uma inesperada cirurgia nas costas e a minha dor crônica complicaram o desfazer as malas. Descobrimos problemas caros com a nossa nova casa que, no entanto, era antiga. Nosso cão idoso sofreu com problemas de saúde. E embora o nosso novo filhote trouxesse grande alegria, criar uma bola peluda de energia foi muito mais trabalhoso do que esperávamos. Fiquei cheia de amargura. Como eu deveria manter a fé inabalável enquanto viajava por essa turbulenta estrada cheia de dificuldades?

Ao orar, Deus me lembrou do salmista cujo louvor não dependia das circunstâncias. Com muita frequência, Davi derramou suas emoções com fragilidade e buscou refúgio na presença de Deus (Salmo 16:1). Reconhecendo-o como provedor e protetor (vv.5-6), Ele o louvou e seguiu o conselho de Deus (v.7). Davi afirmou que "não seria abalado", pois mantinha os olhos sempre no Senhor (v.8). Portanto, ele se alegrou e descansou na alegria da presença de Deus (vv.9-11).

Podemos nos alegrar porque a nossa paz não depende da nossa situação atual. Ao agradecermos o nosso Deus imutável pelo que Ele é e sempre será, Sua presença alimentará a nossa fé para que se torne inabalável. *Xochitl*

20 DE JUNHO

Perspectivas do alto

ISAÍAS 48:5-11-17

...e não repartirei minha glória com outros.
—Isaías 48:11

Peter Welch era um jovem na década de 1970 que usava um detector de metais apenas como hobby. Mas, desde 1990, ele guia pessoas de todo o mundo em excursões para a detecção de metais. Juntos, descobriram milhares de: espadas, joias antigas, moedas. Usando o *Google Earth*, um programa de computador baseado em imagens de satélite, procuram padrões nas terras agrícolas no Reino Unido. O mapa lhes mostra onde as estradas, construções e outras estruturas de séculos atrás poderiam estar. Welch diz: "Ter uma perspectiva vista do alto abre um mundo totalmente novo".

O povo de Deus nos dias de Isaías precisava de "uma perspectiva do alto". Eles se orgulhavam de serem o Seu povo, no entanto, eram desobedientes e se recusavam a abandonar os seus ídolos. Deus tinha outra perspectiva. Apesar da rebelião deles, Ele os resgataria do cativeiro babilônico. Por quê? "Por minha própria causa. [...] não repartirei minha glória a outro" (Isaías 48:11). A perspectiva de Deus "lá do alto" é que a vida é para Sua glória e propósito — não o nosso. Nossa atenção deve ser dada a Ele e aos Seus planos e a encorajar outras pessoas a louvá-lo também.

Considerar a glória de Deus como nosso projeto de vida abre a porta para um mundo totalmente novo. Somente o Senhor sabe o que descobriremos sobre Ele e o que tem para nós. Deus nos ensinará o que é bom para nós e nos conduzirá pelos caminhos que devemos seguir (v.17). *Anne*

Reconstruindo sonhos

EFÉSIOS 4:20-24

...revistam-se de sua nova natureza, criada para ser verdadeiramente justa e santa como Deus. —Efésios 4:24

Estêvão cresceu no leste de Londres e com 10 anos entrou para o crime. Ele disse: "Se todo mundo está vendendo drogas e fazendo roubos e fraudes, então você também se envolve. É apenas um modo de vida". Mas, aos 20 anos, ele teve um sonho que o transformou. Ele ouviu o Senhor lhe dizendo: "Estêvão, você será preso por assassinato". Esse sonho o impactou muito e lhe serviu como um aviso. Estêvão voltou-se para Deus, recebeu Jesus como seu Salvador e o Espírito Santo transformou a vida dele.

Estêvão fundou uma organização que através do esporte ensina disciplina, moral e respeito às crianças carentes que vivem nas cidades. Ele credita a Deus o sucesso que tem visto quando ora e disciplina as crianças: "Reconstruímos sonhos mal orientados", diz ele.

Ao buscarmos a Deus e deixarmos o nosso passado para trás, agimos como Estêvão e seguimos a ordem de Paulo aos efésios para que acolhessem um novo modo de vida. Embora o nosso antigo "eu" seja "corrompido pelos desejos impuros", podemos procurar nos revestir "de sua nova natureza" a qual foi criada para ser "como Deus" (Efésios 4:22,24). Todos os cristãos se envolvem nesse processo contínuo na medida em que pedimos a Deus através do Seu Espírito Santo que nos torne mais semelhantes a Ele.

Estêvão afirmou que "a fé foi o fundamento mais importante para transformar sua vida". Isso aconteceu com você também?

Amy

22 DE JUNHO

Plano de aposentaria de Deus

ÊXODO 3:1-10

...o anjo do SENHOR lhe apareceu [a Moisés]
no fogo que ardia no meio de um arbusto.
—Êxodo 3:2

O arqueólogo Warwick Rodwell estava se preparando para a sua aposentadoria quando fez uma descoberta extraordinária. Ao escavar no chão da Catedral Lichfield, na Inglaterra, a fim de abrir espaço para uma base retrátil, descobriram uma escultura do arcanjo Gabriel que estimaram ter 1200 anos. Os planos de aposentadoria do Dr. Rodwell tiveram de esperar, pois sua descoberta o colocou numa etapa nova e muito desafiadora.

Moisés tinha 80 anos quando fez uma descoberta que mudou a sua vida para sempre. Embora ele fosse filho adotivo de uma princesa egípcia, ele nunca esqueceu sua linhagem hebraica e se enfureceu com a injustiça que testemunhou contra seus compatriotas (Êxodo 2:11-12). Quando o Faraó soube que Moisés havia matado um egípcio que estava batendo num hebreu, planejou matá-lo, obrigando Moisés a fugir para Midiã, onde ele se estabeleceu (vv.13-15).

Quarenta anos mais tarde, quando ele já tinha 80 anos, Moisés estava cuidando do rebanho do sogro quando "o anjo do SENHOR lhe apareceu no fogo que ardia no meio de um arbusto. Moisés olhou admirado, pois embora o arbusto estivesse envolvo em chamas, o fogo não o consumia" (3:2). Naquele momento, Deus chamou Moisés para liderar os israelitas e tirá-los da escravidão no Egito (vv.3-22).

Neste momento em sua vida, Deus o chama para cumprir o Seu maior propósito? Quais novos planos Ele colocou no seu caminho? *Ruth*

23 DE JUNHO

Isolado pelo medo

LUCAS 12:22-34

*Busquem, acima de tudo,
o reino de Deus…*
—Lucas 12:31

Em 2020, um surto do coronavírus amedrontou o mundo. Muitas pessoas entraram em quarentena; países sofreram bloqueios, voos e eventos foram cancelados. Aqueles que moravam em áreas ainda livres do vírus temiam a infecção. O especialista em ansiedade, Graham Davey, acredita que a transmissão de notícias negativas "talvez deixem as pessoas mais tristes e ansiosas". Um dos memes que circulou na mídia social mostrava um homem assistindo notícias na TV e perguntando como parar de se preocupar. Em resposta, outra pessoa na sala estendeu a mão e desligou a TV, sugerindo que a resposta poderia ser a mudança de foco!

Em Lucas 12, temos alguns conselhos para pararmos de nos preocupar: "Busquem, acima de tudo, o reino de Deus…" (v.31). Buscamos esse reino quando nos concentramos na promessa de que os Seus seguidores têm uma herança no Céu. Ao enfrentarmos dificuldades, podemos mudar a nossa abordagem a elas e nos lembrarmos de que Deus nos vê e conhece as nossas necessidades (vv.24-30).

Jesus encoraja os Seus discípulos: "Não tenham medo […], pois seu Pai tem grande alegria em lhes dar o reino" (v.32). Deus gosta de nos abençoar! Vamos adorá-lo, sabendo que Ele se preocupa mais conosco do que com os pássaros que voam e as flores do campo (vv.22-29). Mesmo em tempos difíceis, podemos ler as Escrituras, orar pela paz de Deus e confiar nele, que é bom e fiel. *Julie*

24 DE JUNHO

Vagando

LUCAS 15:1-7

Alegrem-se comigo, pois encontrei minha ovelha perdida!
—Lucas 15:6

O humorista Michael Yaconelli mora perto de fazendas de gado e notou como as vacas estavam propensas a vagar enquanto pastavam. Uma delas vagava sempre procurando as lendárias "pastagens mais verdes". Perto do limite da propriedade, a vaca poderia encontrar um pouco de grama fresca sob uma frondosa árvore. Logo depois de uma parte quebrada da cerca havia uma saborosa folhagem. Nisso, a vaca foi muito além da cerca e alcançou a estrada. Lentamente, ela foi "mordiscando" pelo caminho até se perder.

As vacas não estão sozinhas em sua distração. As ovelhas também vagam, mas é provável que as pessoas também tenham grande tendência a se perderem.

Talvez essa seja uma das razões pelas quais Deus nos compara a ovelhas na Bíblia. Pode ser fácil vaguear e "mordiscar o nosso caminho" por meio de compromissos imprudentes e decisões tolas, sem nunca perceber a que distância estamos da verdade.

Jesus contou aos fariseus a história de uma ovelha perdida. Esta tinha tanto valor para o pastor que Ele deixou as outras ovelhas para trás enquanto procurava a que vagava. E quando encontrou a ovelha perdida, Ele comemorou (Lucas 15:1-7)!

Idêntica é a felicidade de Deus por aqueles que se voltam para Ele. Jesus disse: "Alegrem-se comigo, pois encontrei minha ovelha perdida!" (v.6). Deus nos enviou o Salvador para nos resgatar e nos levar para casa. *Cindy*

25 DE JUNHO

Compaixão no trabalho

MATEUS 14:1-14

Quando Jesus saiu do barco, viu a grande multidão, teve compaixão dela e curou os enfermos. —Mateus 14:14

Minha amiga Helena calcula a folha de pagamento de uma empresa de contabilidade. Isso pode parecer um trabalho simples, mas há vezes em que os empregadores enviam suas informações muito atrasadas. Helena compensa isso trabalhando longas horas para que os funcionários possam receber seu salário sem atraso. Ela faz isso por consideração às famílias que dependem desses fundos para comprar mantimentos, remédios e pagar por sua moradia.

A atitude piedosa da Helena em relação ao seu trabalho demonstra o amor de Jesus. Na Terra, o Senhor às vezes ministrava às pessoas quando isso era inconveniente para Ele. Por exemplo, Cristo queria um tempo sozinho depois de ouvir que João Batista havia sido morto, então entrou em um barco em busca de um lugar isolado (Mateus 14:13). Talvez precisasse lamentar por Seu parente e orar em meio a Sua tristeza.

Havia apenas um problema. As multidões o seguiam e eles tinham várias necessidades físicas. Teria sido muito mais fácil mandar as pessoas embora, mas "Quando Jesus saiu do barco, viu a grande multidão, teve compaixão dela e curou os enfermos" (v.14).

Embora fosse parte do chamado de Jesus ensinar às pessoas e curar suas doenças ao ministrar na Terra, Sua empatia impactou a maneira como Ele cumpria as Suas responsabilidades. Que Deus nos ajude a reconhecer a Sua compaixão em nossa vida e nos dê a força para transmiti-la aos outros! *Jennifer*

26 DE JUNHO

Da piedade ao louvor

2 TIMÓTEO 4:9-18

*Mas o Senhor ficou ao meu lado
e me deu força.* —2 Timóteo 4:17

As crianças procuravam animadamente e com gratidão suas cores favoritas e tamanhos adequados numa campanha de agasalhos. Um dos organizadores disse que elas também ganharam em autoestima, com "os agasalhos que reforçavam as atitudes de aceitação pelos colegas e a frequência escolar nos dias de inverno".

Parece que Paulo também precisava de um agasalho quando ele escreveu a Timóteo: "não se esqueça de trazer a capa que deixei com Carpo, em Trôade" (2 Timóteo 4:13). Na fria prisão romana, o apóstolo precisava de calor e de companhia: "fui levado perante o juiz, ninguém me acompanhou. Todos me abandonaram" lamentou ao enfrentar um juiz romano (v.16). Suas palavras tocam nosso coração com a honestidade da dor deste grande missionário.

No entanto, nas palavras finais da última carta registrada de Paulo, em seus pensamentos após um ministério espantoso, ele passa da piedade ao louvor. "Mas o Senhor permaneceu ao meu lado", acrescenta (v.17), e as palavras dele animam o nosso coração. Como Paulo declarou: "[Deus] me deu forças para que eu pudesse anunciar as boas-novas plenamente, a fim de que todos os gentios as ouvissem. E ele me livrou da boca do leão" (v.17).

Se estiver enfrentando uma crise, até mesmo sentindo a falta de agasalhos ou precisando ajudar amigos com necessidades, lembre-se de Deus. Ele é fiel para restaurar, suprir e libertar — para a Sua glória e para o nosso propósito em Seu reino.

Patricia

Lição com desenhos

2 CORÍNTIOS 10:1-11

...quando [...] presentes em pessoa, nossas ações serão tão enérgicas quanto aquilo que dizemos a distância...
—2 Coríntios 10:11

Minha amiga e conselheira desenhou um boneco de palitos numa folha de papel. E o rotulou como "particular". Depois, desenhou um contorno em torno da figura, e chamou-o de "público". A diferença entre as duas figuras, entre o eu particular e o público identifica o grau da nossa integridade.

Fiz uma pausa e questionei-me: "Sou a mesma pessoa em público que sou em particular? Tenho integridade?".

Paulo escreveu cartas para a igreja em Corinto tecendo amor e disciplina em suas advertências para serem como Jesus. Ao aproximar-se do final da segunda carta aos coríntios, ele se dirigiu aos acusadores que desafiaram sua integridade dizendo que ele era ousado em suas cartas, mas fraco pessoalmente (10:10). Esses críticos usavam a oratória profissional para receber dinheiro dos seus ouvintes. Paulo tinha conhecimento acadêmico, mas falava com simplicidade e clareza. "Minha mensagem e minha pregação foram muito simples", escreveu numa carta anterior, "me firmei no poder do Espírito" (1 Coríntios 2:4). Sua carta posterior revelou sua integridade: "Essa gente deveria perceber que, quando estivermos presentes em pessoa, nossas ações serão tão enérgicas quanto aquilo que dizemos a distância" (2 Coríntios 10:11).

Paulo se apresentou como a mesma pessoa em público que era em particular. E nós? *Elisa*

28 DE JUNHO

Água em esperança

JOÃO 4:4-14

*…Quem tem sede,
venha a mim e beba.*
—João 7:37

O ministério de Tom e Mark é revigorante. Isso fica claro no vídeo que eles compartilham de um grupo de crianças totalmente vestidas rindo e dançando sob a água refrescante de um chuveiro aberto, o primeiro da vida delas. Os dois trabalham com igrejas locais para instalar sistemas de filtragem de água em poços no Haiti, facilitando e prolongando vidas uma vez que evitam as doenças relacionadas à água contaminada. O acesso a água limpa e fresca dá a esperança de um futuro melhor às pessoas.

Jesus referiu-se à "água viva" para capturar ideia semelhante a daquela fonte contínua de refrigério. Cansado e com sede, Jesus pediu água para beber a uma samaritana (João 4:4-8). Esse pedido os levou a uma conversa na qual Jesus ofereceu "água viva" a essa mulher (vv.9-15). Essa água se tornaria uma fonte de vida e esperança em seu interior, como "fonte que brota dentro [dela] e lhe dá a vida eterna" (v.14).

Descobrimos o que é essa água viva no evangelho de João quando Jesus disse: "Quem tem sede, venha a mim e beba!" e afirmou que "Rios de água viva brotarão do interior de quem crer em mim". João explica: "Com isso Ele quis dizer — do Espírito" (7:37-39).

Através do Espírito, os que creem nele estão unidos a Cristo e têm acesso ao poder, esperança e alegria ilimitada que são encontrados em Deus. Como a "água viva", o Espírito habita nos cristãos trazendo encorajamento e transformação. *Alyson*

29 DE JUNHO

Vizinhos próximos

PROVÉRBIOS 27:1–10

...é melhor recorrer a um vizinho próximo que a um irmão distante.
—Provérbios 27:10

Nosso bairro, como muitos outros, usa um site para ajudar os vizinhos a se conectarem com rapidez entre eles. Em minha comunidade, os participantes avisam uns aos outros ao avistarem leões da montanha e comunicam as ordens de evacuação em casos de incêndios florestais, também suprem uns aos outros com os cuidados com as crianças quando é necessário. O site tem sido mais usado para encontrar animais de estimação perdidos. Ao alavancar o poder da internet, aqueles que vivem próximos um do outro estão voltando a se conectar de maneiras que muitas vezes se perdem no mundo acelerado atual.

O relacionamento com os que moram ao redor também foi algo essencial nos dias do rei Salomão. Embora os relacionamentos familiares sejam importantes e possam ser de grande apoio, Salomão diz que o papel de um amigo é vital, especialmente em meio a uma "calamidade" (Provérbios 27:10). Os parentes podem se importar profundamente por seus familiares e desejar ajudar em tais circunstâncias. Mas se estão longe, pouco podem fazer quando a calamidade chega. Mas os vizinhos, por estarem próximos, talvez saibam da necessidade logo e possam ajudar mais prontamente.

Como a tecnologia facilitou a conexão com entes queridos em todo o mundo, podemos ficar desatentos a ponto de ignorar os que moram ao redor. *Jesus, ajuda-nos a investir nos relacionamentos com as pessoas que colocaste ao nosso redor!* Kirsten

30 DE JUNHO

Resgate os fracos

SALMO 82:3-4

*Livrem o pobre e o necessitado,
libertem-nos das garras dos perversos.*
—Salmo 82:4

Você escolheria férias na Suíça ou resgatar crianças do perigo em Praga? Nicholas Winton, apenas um homem comum, escolheu o último. Em 1938, despontava no horizonte a guerra entre a Tchecoslováquia e a Alemanha. Depois de visitar campos de refugiados em Praga, onde muitos judeus viviam em condições horríveis, Winton se sentiu constrangido para elaborar um plano para ajudar. Arrecadou dinheiro e levou centenas de crianças em segurança de Praga ao Reino Unido para serem cuidadas por famílias britânicas antes do início da Segunda Guerra Mundial.

Suas ações exemplificaram o chamado descrito em Salmo 82: "defendam os direitos do oprimido e do desamparado" (v.3). Asafe, o escritor deste salmo, queria estimular seu povo a defender a causa dos desamparados: "Livrem o pobre e o necessitado, libertem-nos das garras dos perversos" (v.4). O salmista falou por aqueles que não podiam falar por si mesmos, como as crianças que Winton lutou incansavelmente para resgatar, os pobres e as viúvas que precisavam de justiça e proteção.

Para todos os lados que olhamos, vemos pessoas que sofrem por guerras, tempestades, doenças, pobreza e outras dificuldades. Embora não possamos resolver todos os problemas, em espírito de oração podemos descobrir o que podemos fazer para ajudar nas situações que Deus traz à nossa vida. *Linda*

1.º DE JULHO

Posicionando-se sobre a fé

JOÃO 19:38-42

*…envolveram o corpo de Jesus
em lençóis compridos de linho,
junto com essas especiarias.*
—João 19:40

Desmond Doss serviu na Segunda Guerra Mundial como não combatente. Suas crenças religiosas o impediam de portar armas, mas ele serviu habilmente como médico de combate. Em uma batalha, ele resistiu ao intenso fogo inimigo para retirar 75 soldados feridos de sua unidade à segurança. Sua história é contada no documentário *O objetor de consciência* (2004) e dramatizada no filme *Até o último homem* (2016).

A lista dos heróis da fé cristã inclui corajosos como Abraão, Moisés, Davi, Elias, Pedro e Paulo. No entanto, José de Arimateia e Nicodemos são heróis desconhecidos que arriscaram sua posição junto aos líderes judeus para recolher o corpo crucificado de Cristo e dar-lhe um enterro decente (João 19:40-42). Esse foi o movimento ousado de um discípulo temeroso e secreto de Jesus e de Nicodemos, que antes se atrevera a visitá-lo apenas à noite (vv.38-39). Por que é impressionante eles terem assumido sua posição de fé antes de Jesus sair vitorioso do túmulo?

Talvez a maneira que Jesus morreu e o que se seguiu imediatamente (Mateus 27:50-54) tenha cristalizado a sua fé inicial. Talvez tenham aprendido a se concentrar em quem Deus é e não no que o homem poderia fazer a eles. Qualquer que tenha sido a inspiração, hoje podemos seguir o exemplo deles e demonstrar coragem para, em favor de outros, assumir riscos pela fé em nosso Deus. *Remi*

2 DE JULHO

Um homem comum

1 SAMUEL 16:1-7

As pessoas julgam pela aparência exterior,
*mas o S*ENHOR *olha para o coração.*
—1 Samuel 16:7

William Carey era um menino doente de uma família humilde da Inglaterra. Seu futuro não parecia promissor. Mas Deus tinha planos para ele. Contra todas as expectativas, ele se mudou para a Índia, onde realizou reformas sociais incríveis e traduziu a Bíblia para diversos dialetos. Ele amava a Deus e as pessoas e Carey realizou muitos feitos para o Senhor.

Davi, filho de Jessé, era um jovem comum, o mais novo da família. Aparentemente, ele era um insignificante pastor de ovelhas (1 Samuel 16:11-12). Porém, Deus viu o coração desse pastor e idealizou um plano para ele. O Senhor tinha rejeitado o rei Saul por sua desobediência. Enquanto o profeta Samuel lamentava as escolhas de Saul, Deus o chamou para ungir um rei diferente, um dos filhos de Jessé.

Quando Samuel viu o belo e alto Eliabe, pensou: "Com certeza este é o homem que o Senhor ungirá" (v.6). No entanto, a estratégia de Deus era muito diferente daquela do profeta. Na verdade, Deus disse "não" a cada um dos filhos de Jessé, exceto para o mais novo. Definitivamente, à primeira vista, o fato de Deus escolher Davi como rei não parecia um movimento estratégico da parte do Senhor. O que um jovem pastor teria a oferecer à comunidade?

É reconfortante saber que o Senhor conhece o nosso coração e tem planos para nós. *Estera*

Pequeno, mas poderoso

EFÉSIOS 2:4-10

*…somos obra-prima de Deus, criados em
Cristo Jesus a fim de realizar as boas obras.*
—Efésios 2:7

Em Sonoran, deserto da América do Norte, é possível ouvir um uivo fraco e estridente. Mas jamais suspeitaria que a origem do som fosse o pequeno e poderoso rato-gafanhoto uivando para a Lua a fim de estabelecer seu território. Esse roedor único (apelidado de "rato lobisomem") é carnívoro, ataca criaturas com as quais poucos ousariam mexer, como o escorpião. Mas ele é equipado exclusivamente para essa batalha em particular. Ele tem resistência ao veneno do escorpião e pode até converter as toxinas dele num analgésico!

Há algo inspirador na forma como esse resiliente ratinho parece ser feito "sob medida" para sobreviver e até mesmo prosperar nesse ambiente hostil. Como Paulo explica, em Efésios 2:10, esse tipo de habilidade caracteriza os desígnios de Deus para Seu povo também. Cada um de nós é "obra-prima de Deus" em Jesus, equipado de forma única para contribuir para o Seu reino. Não importa o que Deus lhe concedeu, você tem muito a oferecer. Ao aceitar com confiança quem o Senhor o fez ser, você será uma testemunha viva da esperança e alegria da vida nele.

Portanto, ao enfrentar o que quer que pareça mais ameaçador em sua vida, tenha coragem. Você pode se sentir pequeno, mas por meio dos dons e da capacitação do Espírito, Deus pode usá-lo para fazer grandes coisas. *Monica*

4 DE JULHO

Livres de Fato

JOÃO 8:31-36

Portanto, se o Filho os libertar,
vocês serão livres de fato. —João 8:36

Passaram-se 20 longos anos antes de o jornalista John McCarthy, refém por 5 anos, durante a Guerra Civil do Líbano, encontrar o negociador de sua libertação. Ao conhecê-lo, ele disse ao enviado da ONU, Giandomenico Picco: "Obrigado por minha liberdade!". Suas palavras foram sinceras e valiosas porque Picco arriscou a vida durante as perigosas negociações para garantir a liberdade de McCarthy e dos demais reféns.

Como cristãos, compreendemos essa liberdade. Jesus deu a Sua vida para garantir a liberdade espiritual a todos, incluindo cada um de nós. Agora, como Seus filhos, sabemos o que Paulo declarou: "Cristo verdadeiramente nos libertou" (Gálatas 5:1). João também ensina a liberdade em Cristo: "se o Filho os libertar, vocês serão livres de fato" (João 8:36).

Mas livres como? Em Jesus, experimentamos a liberdade, não só do pecado e seu domínio sobre nós, mas também da culpa, vergonha, preocupação, mentiras de Satanás, superstições, falsos ensinamentos e morte eterna. Não somos mais reféns, somos livres para demonstrar amor aos inimigos, andar com bondade, viver com esperança e amar ao nosso próximo. Ao seguirmos a liderança do Espírito Santo, podemos perdoar como fomos perdoados e ser livres para amar como somos amados. Agradeçamos a Deus e amemos aos outros para que também conheçam o poder da Sua liberdade. *Patricia*

5 DE JULHO

Nomeado por Deus

RUTE 1:19-22

"Não me chamem de Noemi", respondeu ela.
"Chamem-me de Mara, pois o Todo-poderoso
tornou minha vida muito amarga."
—Rute 1:20

Ligeira. *Batgirl*. Brincalhona. Esses são alguns apelidos dados aos conselheiros no acampamento que minha família frequenta anualmente. Os apelidos geralmente surgem após algo embaraçoso, um hábito engraçado ou um hobby.

Porém, nós os encontramos até na Bíblia. Por exemplo, Jesus chama os apóstolos Tiago e João de "filhos do trovão" (Marcos 3:17). É raro nas Escrituras que alguém se dê um apelido, mas aconteceu quando uma mulher chamada Noemi pedia que as pessoas a chamassem de "Mara", que significa "amargura" (Rute 1:20), pois seu marido e os dois filhos tinham morrido. Ela sentiu que Deus havia tornado sua vida amarga (v.21). Esse apelido não vingou, pois essas perdas devastadoras não foram o fim de sua história. No meio de sua tristeza, Deus a abençoou com uma nora amorosa, Rute, que casou-se novamente e teve um filho, criando uma nova família para Noemi.

Embora às vezes possamos ficar tentados a nos darmos apelidos depreciativos, como "fracasso" ou "mal amado", com base nas dificuldades que experimentamos ou nos erros que cometemos, esses nomes não são o fim de nossa história. Podemos substitui-los pelo nome que Deus deu a cada um de nós, "meu povo" (Romanos 9:25), e buscar as maneiras que Ele usa para conceder Sua provisão, mesmo nos momentos mais desafiadores.

Lisa

6 DE JULHO

Dívida paga

DEUTERONÔMIO 26:12-15

*…entreguem seus dízimos aos levitas,
aos estrangeiros, aos órfãos e às viúvas.*
—Deuteronômio 26:12

"O que aconteceu com você?", perguntou Zeal, um empresário nigeriano, enquanto se inclinava sobre uma cama de hospital em Lagos. "Alguém atirou em mim", respondeu o jovem, com a coxa enfaixada. Embora o rapaz ferido estivesse bem o suficiente para voltar para casa, ele não seria liberado até que pagasse sua conta, uma política seguida por muitos hospitais do governo da região. Depois de Zeal consultar um assistente social, ele cobriu os custos do jovem anonimamente com o fundo de caridade que criou como forma de expressar sua fé cristã. Em contrapartida, ele espera que os que receberem essas dádivas um dia também as deem a outros.

O tema da retribuição à generosidade de Deus ecoa por toda a Bíblia. Por exemplo, quando Moisés instruiu os israelitas sobre como viver na Terra Prometida, disse-lhes para retribuir a Deus primeiro (Deuteronômio 26:1-3) e cuidar dos necessitados: os estrangeiros, órfãos e viúvas (v.12). Por viverem numa "terra que produz leite e mel com fartura" (v.15), eles deveriam demonstrar o amor de Deus aos necessitados.

Nós também podemos espalhar o amor de Deus através da partilha de nossos bens materiais, grandes ou pequenos. Podemos não ter a oportunidade de doar pessoalmente exatamente conforme Zeal o fez, mas podemos pedir a Deus que nos mostre como doar ou quem precisa de nossa ajuda. *Amy*

7 DE JULHO

A decisão pertence a Deus

MATEUS 6:5-15

Seja feita a tua vontade.
—Mateus 6:10

Ricardo e Célia apreciaram sua ida ao restaurante omakase em Nova Iorque. Omakase é uma palavra japonesa que significa: "deixar a decisão por sua conta". Isso significa que nesses restaurantes os clientes permitem que o chef escolha a refeição a ser servida. Embora essa tenha sido a primeira vez que experimentaram tal cozinha e isso pareça arriscado, eles gostaram muito da comida que o chef escolheu e preparou para eles.

Essa ideia poderia ser transferida para nossa atitude com Deus em relação aos nossos pedidos de oração: "deixarei a decisão por Tua conta". Os discípulos viram que Jesus "se retirava para lugares isolados, a fim de orar" (Lucas 5:16), então lhe pediram para ensinar-lhes a orar. Jesus lhes disse que pedissem por suas necessidades diárias, por perdão e libertação das tentações. Parte de Sua resposta também sugeriu uma atitude de rendição a Deus: "Seja feita a tua vontade, assim na terra como no céu" (Mateus 6:10).

Podemos expor nossas necessidades a Deus porque Ele quer ouvir o que está em nosso coração e o Senhor se alegra em conceder. Mas, sendo humanos e finitos, nem sempre sabemos o que é melhor, então só faz sentido perguntar com espírito humilde, em submissão a Ele. Podemos deixar a resposta para Jesus, seguros de que Ele é confiável e escolherá preparar o que é bom para nós. *Anne*

8 DE JULHO

É Hora de orar de novo

EFÉSIOS 6:10-20

*Orem no Espírito em todos
os momentos e ocasiões...*
—Efésios 6:18

Estacionei na garagem e acenei para minha vizinha e sua filha Elizabeth. A garota havia se acostumado com nossas conversas espontâneas que duravam mais do que "poucos minutos" e acabavam em oração. Ela subiu na árvore no centro do jardim, pendurou as pernas num galho e se ocupou enquanto a mãe e eu conversávamos. Depois de um tempo, Elizabeth desceu da árvore e correu até nós. Agarrando nossas mãos, sorriu e quase cantou: "É hora de orar de novo". Mesmo pequena, ela parecia entender sobre a importância da oração em nossa amizade.

Depois de encorajar os cristãos a serem "fortes no Senhor e em seu grande poder" (Efésios 6:10), Paulo ofereceu um ensino especial sobre o papel crucial da oração contínua. Descreveu a armadura que o povo de Deus precisaria em sua caminhada espiritual com o Senhor, que provê proteção, discernimento e confiança em Sua verdade (vv.11-17). Contudo, o apóstolo enfatizou que a força dada por Deus é consequência da imersão voluntária na oração que nos vivifica (vv.18-20).

Deus ouve e se importa com nossas preocupações, quer sejam faladas com ousadia, silenciosa ou profundamente encarceradas num coração abatido. Ele está sempre pronto para nos fortalecer em Seu poder, ao nos convidar a orar de novo, de novo e de novo. *Xochitl*

Facilmente emaranhado

HEBREUS 2:17,18; 12:1,2

…livremo-nos de todo peso que nos torna
vagarosos e do pecado que nos atrapalha…
—Hebreus 12:1

Anos atrás os soldados que lutaram numa selva mormacenta encontraram um problema frustrante. Sem aviso, uma trepadeira espinhosa e invasiva se grudava ao corpo e aos equipamentos deles, prendendo-os. Enquanto lutavam para se libertar, mais tentáculos da planta os enredavam. Os soldados apelidaram a erva daninha de "espere-um-minuto" porque, uma vez entrelaçados e incapazes de seguir em frente, eram forçados a gritar para outros membros da equipe: "Ei, esperem um minuto, estou preso!".

De maneira semelhante, é difícil para os cristãos seguirem em frente quando estão emaranhados pelo pecado. A Bíblia alerta para nos livrarmos "de todo peso que nos torna vagarosos e do pecado que nos atrapalha" e a corrermos "com perseverança". Mas como lançamos fora o pecado que pesa sobre nós?

Jesus é o único que pode nos libertar do pecado sempre presente em nossa vida. Que aprendamos a manter o nosso olhar firme nele, nosso Salvador (Hebreus 12:2). Porque o Filho de Deus se tornou "semelhante a seus irmãos em todos os aspectos", Ele sabe o que é ser tentado – "mas nunca pecou" (2:17-18; 4:15). Sozinhos, podemos estar desesperadamente emaranhados em nosso próprio pecado, mas Deus quer que superemos a tentação. Não é na nossa própria força, mas na Sua, que podemos "nos livrar" do pecado que nos enreda e buscar a Sua justiça (1 Coríntios 10:13). *Cindy*

10 DE JULHO

Não se deixe enganar

GÊNESIS 3:1-7

[O diabo] é mentiroso e pai da mentira.
—João 8:44

A mosca de lanterna manchada é um lindo inseto com asas externas salpicadas e manchas vermelhas nas asas internas que piscam ao voar. Sua beleza é enganadora, e foi visto pela primeira vez nos EUA em 2014. Considerado invasor tem potencial para prejudicar o meio ambiente e a economia. Ela "come as entranhas de praticamente qualquer planta lenhosa", incluindo cerejas e outras árvores frutíferas. Deixa uma gosma pegajosa que provoca o mofo, mata completamente as árvores ou as deixa com pouca energia para produzir frutos.

Aprendemos sobre um tipo diferente de ameaça na história de Adão e Eva. A serpente, Satanás, enganou o casal e os fez desobedecerem a Deus e comerem o fruto proibido, dizendo-lhes que, como Deus, "conheceriam o bem e o mal" (Gênesis 3:1-7). Mas por que ouvir a serpente? Suas palavras sozinhas atraíram Eva ou havia também algo atraente na serpente? As Escrituras afirmam que Satanás foi "modelo de perfeição" (Ezequiel 28:12). No entanto, Satanás caiu pela mesma tentação com que atraiu Eva: "serei como o Altíssimo" (Isaías 14:14; Ezequiel 28:9).

Qualquer beleza que Satanás tenha agora é usada para enganar (Gênesis 3:1; João 8:44; 2 Coríntios 11:14). Assim como ele caiu, ele tenta derrubar os outros ou impedi-los de crescer. Mas temos alguém muito mais poderoso ao nosso lado! Podemos correr para Jesus, nosso maravilhoso Salvador. *Alyson*

11 DE JULHO

O Jesus sorridente

HEBREUS 2:17,18; 12:1,2

…Deus, o teu Deus, te ungiu.
Derramou sobre ti o óleo da alegria,
mais que sobre qualquer outro.
—Hebreus 1:9

Se você fizesse o papel de Jesus em um filme, como o interpretaria? Foi esse o desafio que Bruce Marchiano enfrentou ao interpretar Jesus no filme bíblico *O evangelho de Mateus*, em 1993. Sabendo que milhões de telespectadores tirariam conclusões sobre Jesus com base em sua obra, o peso de "acertar" Cristo parecia esmagador. Ele caiu de joelhos em oração e implorou a Jesus por — bem, por Jesus.

Marchiano inspirou-se no primeiro capítulo de Hebreus, onde o escritor nos diz como Deus Pai separou o Filho ungindo-o com "o óleo da alegria" (Hebreus 1:9). Esse tipo de alegria é de celebração, uma alegria de conexão com o Pai expressa de todo coração. Essa alegria reinou no coração de Jesus ao longo de Sua vida. "Por causa da alegria que o esperava, ele suportou a cruz sem se importar com a vergonha. Agora ele está sentado no lugar de honra à direita do trono de Deus" (Hebreus 12:2).

Inspirando-se nesse versículo, Marchiano representou-o com uma abordagem exclusivamente alegre de seu Salvador. Ele ficou conhecido como "o Jesus sorridente". Nós também podemos cair de joelhos e "implorar a Jesus por Jesus". Que Ele nos preencha com Seu caráter, para que as pessoas ao nosso redor vejam a expressão de Seu amor em nós! *Elisa*

12 DE JULHO

Alegre

1 REIS 17:2-6

Os corvos lhe traziam pão e carne de manhã e à tarde, e ele bebia água do riacho. —1 Reis 17:6

Por doze anos, a gaivota Chirpy faz visitas diárias a um homem que a ajudou a se curar de uma perna quebrada. O sr. John Sumner atraiu Chirpy com biscoitos para cachorro e, em seguida, conseguiu cuidar dela até que ficasse bem de saúde. Embora Chirpy só venha para Instow Beach, em Devon, Inglaterra, entre setembro e março, ela e João se encontram com facilidade. Chirpy voa direto para ele quando chega à praia todos os dias, embora não se aproxime de nenhum outro ser humano. É um relacionamento incomum, com certeza.

O vínculo de Sumner e Chirpy me lembra de outro relacionamento incomum entre homem e pássaro. Quando Elias, um dos profetas de Deus, foi enviado ao deserto para se esconder no "riacho de Querite" durante um período de seca, Deus disse que ele deveria beber da água do riacho e que enviaria corvos para lhe fornecer comida (1 Reis 17:3-4). Apesar das circunstâncias difíceis e do local, suas necessidades de comida e água seriam satisfeitas. Os corvos eram provedores quase inimagináveis, pois alimentam-se de restos de comida impróprios; no entanto, trouxeram comida saudável para Elias.

Não nos surpreende quando um homem ajuda um pássaro, mas, quando as aves trazem ao homem "pão e carne de manhã e à tarde", isso só se explica pelo poder e cuidado de Deus (v.6). Como Elias, nós também podemos confiar em Sua provisão para nós. *Kirsten*

13 DE JULHO

Vire e corra

1 PEDRO 5:8-10

Permaneçam firmes contra ele
[o diabo] e sejam fortes na fé.
—1 Pedro 5:9

Ali era bonita, inteligente e talentosa e seus pais muito amorosos. Mas, depois do Ensino Médio, algo a levou a experimentar heroína. Os pais perceberam e a enviaram à clínica de reabilitação após ela admitir o impacto que a droga exercia sobre ela. Após o tratamento, eles lhe perguntaram o que diria a suas amigas sobre o uso das drogas. Seu conselho: "Basta virar e correr" e enfatizou que não seria o suficiente apenas dizer "não". Ali recaiu e morreu de overdose aos 22 anos. Na tentativa de manter outros longe desse destino, os pais dela, com o coração partido, foram à TV local para encorajar outros a "correrem por Ali", ficando longe de situações em que poderiam ser expostos a drogas e demais perigos.

O apóstolo Paulo exortou seu filho espiritual Timóteo (e nós) a fugir do mal (2 Timóteo 2:22), e Pedro também advertiu: "Tomem cuidado com seu grande inimigo, o diabo, que anda como um leão rugindo à sua volta, à procura de alguém para devorar. Permaneçam firmes contra ele e sejam fortes na fé" (1 Pedro 5:8,9).

Ninguém está imune à tentação e o melhor a fazer é evitar situações em que seremos tentados, embora estas nem sempre possam ser evitadas. Mas podemos estar melhor preparados com a fé firme em Deus baseada na Bíblia e fortalecida pela oração. Quando "[nos firmamos] na fé", sabemos quando virar e correr até o Senhor. *Alyson*

14 DE JULLHO

Confiar em Deus

2 TIMÓTEO 1:6-12

...pois conheço aquele
em quem creio.
—2 Timóteo 1:12

Quando João soube que tinha câncer terminal, ele e sua esposa Carol sentiram que Deus os chamava para compartilhar on-line sua jornada de doenças. Crendo que Deus ministraria através da vulnerabilidade deles, publicaram seus momentos de alegria e suas tristezas e dores por dois anos.

Quando Carol escreveu que João "fora para os braços estendidos de Jesus", centenas de pessoas reagiram, muitas agradeceram a Carol por sua disposição em compartilhar. Uma pessoa observou que ouvir sobre a morte do ponto de vista cristão era saudável, pois "todos nós morreremos" algum dia. Outra disse que, embora nunca tivesse conhecido o casal, não conseguia expressar o encorajamento que havia recebido através do testemunho de confiança em Deus.

Embora João às vezes sentisse dores insuportáveis, ele e Carol contaram sua história para demonstrar como Deus os sustentava. Sabiam que seu testemunho daria frutos para Deus, ecoando as palavras de Paulo a Timóteo quando sofreu: "Pois conheço aquele em quem creio e tenho certeza de que ele é capaz de guardar o que me foi confiado até o dia de sua volta" (2 Timóteo 1:12).

Deus pode usar até a morte de um ente querido para fortalecer nossa fé nele (e a fé dos outros) através da graça que recebemos em Cristo Jesus (v.9). Se você estiver enfrentando angústia e dificuldade, saiba que Ele pode trazer conforto e paz.

Amy

15 DE JULHO

Fruta bonita

LUCAS 8:4-8,11-15

As sementes são a palavra de Deus.
—Lucas 8:11

Rebecca Lemos-Otero fundou a *City Blossoms* (Cidade em flor) e sugere: "As crianças devem ser capazes de lançar uma semente onde quiserem [no jardim] para ver o que germina". Embora isso não seja um modelo de boa jardinagem, reflete o potencial de cada semente germinar e produzir vida. Desde 2004, eles criaram jardins para escolas e bairros em áreas de baixa renda. As crianças aprendem sobre nutrição e ganham habilidades através da jardinagem. Rebecca diz: "O espaço verde e florido numa área urbana dá condições de as crianças fazerem algo produtivo e bonito".

Jesus contou uma história sobre a dispersão de sementes que tinham o potencial de produzir um número "cem vezes maior que a quantidade semeada" (Lucas 8:8). Essa semente foi a boa-nova de Deus plantada em solo fértil: "os que, com coração bom e receptivo, ouvem a mensagem, a aceitam e, com paciência, produzem uma grande colheita" (v.15).

Jesus disse que a única maneira de sermos frutíferos é permanecermos nele (João 15:4). Sendo ensinados por Cristo e nos apegando a Ele, o Espírito produz em nós o Seu fruto de "amor, alegria, paz, paciência, amabilidade, bondade, fidelidade, mansidão e domínio próprio" (Gálatas 5:22-23). O Senhor usa o fruto que Ele produz em nós para tocar a vida de outros, que então são transformados e produzem frutos de sua própria vida.

Anne

16 DE JULHO

Traga o que você tem

JOÃO 6:4-14

"Tragam para cá", disse [Jesus].
—Mateus 14:18

"Sopa de Pedra" é um conto antigo com muitas versões, sobre um faminto que chega a uma aldeia, mas ninguém lhe cede uma migalha de comida. Assim, ele coloca uma pedra e água em sua panela na fogueira. Intrigados, os aldeões o observam mexer sua "sopa". Eventualmente, um traz duas batatas para adicionar à mistura; outro algumas cenouras, ainda outro traz uma cebola e, por fim, alguém traz um punhado de cevada. Um fazendeiro doa leite e o "caldo de pedra" torna-se uma saborosa sopa.

Isso ilustra o valor de compartilhar e nos lembra de trazer o que temos, mesmo quando isso parece insignificante. Em João 6:1-14, lemos sobre um menino que parece ter sido a única pessoa na enorme multidão a lembrar-se de trazer comida. Os discípulos de Jesus tinham pouco uso para o escasso almoço do menino: cinco pães e dois peixes. Mas, quando foi entregue ao Senhor, Jesus o multiplicou e alimentou milhares de pessoas famintas!

Certa vez ouvi alguém dizer: "Você não precisa alimentar os cinco mil. Você só precisa trazer os seus pães e peixes". Assim como Jesus aproveitou a refeição de uma pessoa e a multiplicou muito além das expectativas ou da imaginação de qualquer pessoa (Mateus 14:11), Ele aceitará os nossos esforços, dons e serviço. Jesus deseja que tenhamos vontade de lhe trazer aquilo que temos. *Cindy*

17 DE JULHO

A Galeria dos sussurros

SALMO 18:1-6,16-19

Em minha aflição, clamei ao Senhor;
sim, pedi socorro a meu Deus.
—Salmo 18:6

Na cúpula da Catedral de São Paulo, em Londres, o visitante sobe 259 degraus para chegar à Galeria dos sussurros. Lá, pode-se sussurrar e ser ouvido por outro em qualquer lugar ao longo da passarela circular, mesmo pelo enorme abismo de quase 30 metros. Os engenheiros explicam isso como o resultado da forma esférica da cúpula e das ondas sonoras de baixa intensidade do sussurro.

Como desejamos ter a certeza de que Deus ouve os nossos sussurros agonizantes! Os salmos estão cheios de testemunhos de que Ele ouve nossos clamores, orações e sussurros. Davi escreve: "Em minha aflição, clamei ao Senhor; sim, pedi socorro a meu Deus" (Salmo 18:6). Uma e outra vez, ele e outros salmistas suplicam: "…ouve minha oração" (4:1), minha voz (5:3), meus gemidos (102:20). Às vezes, a expressão é mais um sussurro: Ouça-me (77:1), "consulto minha alma e procuro compreender minha situação" (77:6).

Em resposta a esses apelos, os salmistas, como Davi no Salmo 18:6, revelam que Deus está ouvindo: "Em minha aflição, clamei ao Senhor; sim, pedi socorro a meu Deus". Como o Templo ainda não havia sido construído, Davi poderia estar se referindo a Deus ouvindo-o em Sua habitação celestial.

De sua própria "galeria de sussurros" na cúpula dos Céus acima da Terra, Deus se inclina para nossos mais profundos murmúrios, até nossos sussurros… e ouve. *Elisa*

18 DE JULHO

Sem-teto por opção

HEBREUS 2:9-18

...ele próprio passou por sofrimento e tentação, é capaz de ajudar aqueles que são tentados.
—Hebreus 2:18

Desde 1989, o diretor-executivo Keith Wasserman decidiu viver como um sem-teto por alguns dias todos os anos a fim de crescer em amor e compaixão. "Vou viver nas ruas para expandir os meus horizontes e a compreensão sobre as pessoas que não têm onde morar", disse Keith.

Fico me questionando se a abordagem dele de tornar-se igual às pessoas que ele serve não seja talvez uma pequena amostra do que Jesus fez por nós. O próprio Deus, o criador do Universo, escolheu limitar-se ao estado de bebê, viver como ser humano e morrer nas mãos de homens para que tenhamos um relacionamento com o Senhor.

O autor de Hebreus afirmou que Jesus "também se tornou carne e sangue [...] e, somente ao morrer, destruiria o diabo, que tinha o poder da morte" (Hebreus 2:14). Jesus fez-se inferior aos anjos mesmo sendo o seu Criador (v.9). Tornou-se humano e morreu mesmo sendo imortal. E sofreu por nós mesmo sendo o Deus Todo-poderoso. Por quê? Para nos auxiliar nas tentações e nos reconciliar com Deus (vv.17-18).

Que experimentemos o amor de Deus hoje, sabendo que o Senhor entende a nossa humanidade e já ofereceu o caminho para sermos purificados dos pecados. *Estera*

Qualificado aos olhos de Deus

GÊNESIS 6:9-18

Noé era um homem justo,
a única pessoa íntegra naquele tempo,
e andava em comunhão com Deus.
—Gênesis 6:9

Fui contratada por uma consultoria em tecnologia embora eu não conseguisse escrever uma linha de código de computador e tivesse pouco conhecimento de negócios. Na entrevista inicial, aprendi que a empresa não valorizava a experiência anterior. As qualidades pessoais como a capacidade de resolver problemas criativamente, bom senso e trabalho em equipe eram mais importantes. Presumiam que os novos funcionários aprenderiam, desde que fossem o tipo de pessoa que procuravam.

Noé não tinha o currículo adequado para construir a arca, não era engenheiro naval nem carpinteiro. Era fazendeiro e sentia-se confortável com a camisa suja e o arado nas mãos. No entanto, pela maneira que Deus decidira lidar com o mal no mundo, Noé se destacou porque "andava em comunhão com Deus" (Gênesis 6:9). O Senhor valorizava a docilidade do seu coração, a força para resistir à corrupção ao seu redor e fazer o que era certo.

Quando surgem oportunidades de servirmos a Deus, talvez não nos sintamos qualificados para o trabalho. Felizmente, Deus não está necessariamente preocupado com nosso conjunto de habilidades. Ele valoriza o nosso caráter, o amor a Ele e a disposição de confiar nele. Quando essas qualidades estão sendo desenvolvidas em nós pelo Espírito, Deus pode nos usar de maneiras grandes ou pequenas para realizar Sua vontade entre nós. *Jennifer*

20 DE JULHO

O Criador da Lua

JEREMIAS 31:33-37

...diz o SENHOR [...] "Serei o Deus
e eles e eles serão o meu povo".
—Jeremias 31:33

Depois que os astronautas pousaram a nave Águia no Mar da Tranquilidade, Neil Armstrong disse: "Este é um pequeno passo para o homem, um salto gigantesco para a humanidade". Ele foi o primeiro homem a andar na superfície da Lua. Outros o seguiram, incluindo o comandante da última missão da Apolo, Gene Cernan. "Lá estava eu, e você na Terra — dinâmica, avassaladora, e eu senti que a Terra era bonita demais para existir por acidente e que deve haver alguém maior que você e maior do que eu", disse Cernan. Dessa visão única que tinham no espaço profundo, eles entendiam a sua insignificância comparada à vastidão do Universo.

Jeremias também considerou a imensidão de Deus como Criador e Sustentador da Terra e do além. O Criador prometeu revelar-se intimamente ao oferecer ao Seu povo o amor, o perdão e a esperança (Jeremias 31:33-34). Jeremias afirma a grandiosidade de Deus como aquele que "dá o sol para iluminar o dia e a lua e as estrelas para iluminarem a noite" (v.35). O nosso Criador e Senhor Todo-Poderoso reinará acima de tudo enquanto Ele age para resgatar todo o Seu povo (vv.36-37).

Nunca terminaremos de explorar a imensidão imensurável dos Céus e as profundezas das fundações da Terra. Mas podemos admirar a complexidade do Universo e confiar no Criador da Lua e de todas as coisas. *Xochitl*

21 DE JULHO

A Colheita mais doce

ISAÍAS 5:1-7

...eu sou a videira; vocês são os ramos.
Quem permanece em mim, e eu nele,
produz muito fruto... —João 15:5

Compramos nossa casa e herdamos uma videira já crescida. Investimos um tempo considerável aprendendo como podar, regar e cuidar bem dela. Na primeira colheita, experimentei um bago dessa videira apenas para me decepcionar com o sabor azedo.

A frustração que senti ao cuidar dessa videira, apenas para ter uma colheita azeda, faz-me lembrar de Isaías. Lá lemos uma alegoria do relacionamento de Deus com a nação de Israel. Deus, retratado como agricultor, limpara a encosta dos detritos, plantara boas videiras, construíra uma torre de vigia para proteção e criara uma prensa para desfrutar de Sua colheita (Isaías 5:1-2). Para desgosto do agricultor, a vinha, representando Israel, produziu uvas com gosto azedo, de egoísmo, injustiça e opressão (v.7).

Eventualmente, Deus destruiu relutantemente a vinha, poupando um remanescente de videiras que um dia produziria uma boa colheita. Jesus utiliza a ilustração da vinha, dizendo: "Eu sou a videira; vocês são os ramos. Quem permanece em mim, e eu nele, produz muito fruto" (João 15:5). Nessa imagem paralela, Jesus retrata os que creem nele como ramos de videira conectados a Ele, a videira principal. Agora, ao permanecermos conectados a Jesus por meio da confiança em oração no Seu Espírito, temos acesso direto ao alimento espiritual que produzirá o fruto mais doce de todos: o amor. *Lisa*

22 DE JULHO

Rico diante de Deus

1 TIMÓTEO 6:6-11

No entanto, a devoção acompanhada de contentamento é, em si mesma, grande riqueza. —Timóteo 6:6

Crescendo durante a Grande Depressão, meus pais conheceram muitas dificuldades quando crianças. Assim, foram bons mordomos do dinheiro e trabalhadores agradecidos. Mas nunca foram gananciosos. Deram tempo, talento e seu tesouro à igreja, grupos de caridade e aos necessitados. Como cristãos, meus pais levaram a sério a advertência de Paulo: "...os que querem ficar ricos caem em pecado, ao serem tentados, e ficam presos na armadilha de muitos desejos tolos, que fazem mal e levam as pessoas a se afundarem na desgraça e na destruição" (1 Timóteo 6:9).

Paulo deu esse conselho a Timóteo, o jovem pastor da cidade de Éfeso, uma cidade rica onde as riquezas tentavam a todos. "Pois o amor ao dinheiro é uma fonte de todos os tipos de males", advertiu. "E algumas pessoas, por quererem tanto ter dinheiro, se desviaram da fé e encheram a sua vida de sofrimentos" (v.10).

Então, qual é o antídoto para a ganância? Ser "rico diante de Deus", disse Jesus (Lucas 12:13-21). Ao buscar e amar nosso Pai celestial acima de tudo, Ele continua sendo o nosso principal deleite. Como o salmista escreveu: "Alimenta-nos de manhã com o teu amor, até ficarmos satisfeitos, para que cantemos e nos alegremos a vida inteira" (90:14).

Regozijar-se no Senhor sempre nos alivia da cobiça, deixando-nos satisfeitos. Que Jesus resgate os desejos do nosso coração, tornando-nos ricos diante de Deus! *Patricia*

23 DE JULHO

Ganancioso insaciável

ECLESIASTES 4:4-8

É melhor ter um punhado com tranquilidade que dois punhados com trabalho árduo e correr atrás do vento. —Eclesiastes 4:6

Na antiga fábula de Esopo *O menino e a jarra de nozes*, um garoto enfia a mão em um pote de nozes e agarra um grande punhado delas. Mas a mão dele está tão cheia que fica presa no jarro. Não querendo perder nem um pouco de suas nozes, o menino começa a chorar. A mãe o aconselha a soltar algumas nozes para que a mão passe pelo bocal da jarra. A ganância é má conselheira.

O sábio Mestre de Eclesiastes ilustra essa moral com uma lição sobre as mãos e o que elas dizem sobre nós. Ele comparou e contrastou o preguiçoso com o ganancioso quando escreveu: "Os tolos cruzam os braços e se arruínam. [...] É melhor ter um punhado com tranquilidade que dois punhados com trabalho árduo e correr atrás do vento" (Eclesiastes 4:5-6). Enquanto os preguiçosos procrastinam até se arruinarem, aqueles que buscam riquezas percebem que seus esforços não fazem "sentido, e é tudo angustiante" (v.8).

De acordo com o Mestre, o estado desejado é relaxar da labuta do ganancioso para encontrar contentamento naquilo que realmente nos pertence. Pois aquilo que é nosso sempre o será. Como Jesus disse: "Que vantagem há em ganhar o mundo inteiro, mas perder a vida?" (Marcos 8:36). *Remi*

24 DE JULHO

Palavras que curam

PROVÉRBIOS 16:20-24

Palavras bondosas são como mel: doces para a alma e saudáveis para o corpo.
—Provérbios 16:24

É certo que as palavras encorajadoras de um profissional de saúde ajudam os pacientes a se recuperarem mais rápido. Um experimento expôs os participantes voluntários de um estudo a um alérgeno da pele para lhes causar coceira e, depois, foram comparadas as reações entre quem recebeu incentivo do seu médico e os que não o receberam. Os que receberam tiveram menos desconforto e coceira do que os outros.

O autor de Provérbios reconhecia a importância desse encorajamento ao afirmar que as palavras bondosas são saudáveis para o corpo (Provérbios 16:24). Seu efeito positivo não se limita à nossa saúde: quando prestamos atenção à sabedoria da instrução, também temos mais chances de prosperar em nossos esforços (v.20). Tal incentivo nos impulsiona aos desafios que enfrentamos agora e que encontraremos no futuro.

Podemos não entender o porquê, nem quanta sabedoria e encorajamento trazem força e cura para o nosso dia. No entanto, os elogios e a orientação de nossos pais, treinadores e colegas nos ajudam a suportar dificuldades e nos orientam ao sucesso.

Dessa forma, a Bíblia nos encoraja ao enfrentarmos provações e nos equipa para suportar as circunstâncias mais impensáveis. "Ajuda-nos Deus a sermos fortalecidos por Tua sabedoria e a oferecermos a cura e a esperança das palavras bondosas para os que colocaste em nossa vida". *Kirsten*

25 DE JULHO

Forte e corajoso

JOSUÉ 1:1-9

...eu estarei com você, assim como estive com Moisés. Não o deixarei nem o abandonarei. —Josué 1:5

Toda noite, ao fechar seus olhos, Calebe sentia a escuridão envolvê-lo. O silêncio de seu quarto era interrompido regularmente pelo rangido da casa de madeira na Costa Rica. No silêncio, os morcegos no sótão se agitavam. Sua mãe havia posto uma luz noturna em seu quarto, mas o menino ainda tinha medo do escuro. Uma noite, o pai de Calebe colocou um versículo bíblico no pé da cama dele. Dizia: "Seja forte e corajoso! Não tenha medo nem desanime, pois o Senhor, seu Deus, estará com você por onde você andar" (Josué 1:9). Calebe começou a ler essas palavras todas as noites e ele deixou essa promessa de Deus colada em sua cama até ir para a faculdade.

Em Josué 1, lemos sobre a transição da liderança para Josué depois que Moisés morreu. O mandamento para ser "forte e corajoso" foi repetido várias vezes a Josué e aos israelitas para enfatizar sua importância (vv.6-7,9). Certamente, eles sentiram apreensão ao enfrentarem um futuro incerto, mas Deus os tranquilizou dizendo: "assim como estive com Moisés. Não o deixarei nem o abandonarei" (v.5).

É natural termos receios, mas é prejudicial para a nossa saúde física e espiritual vivermos em estado de medo constante. Assim como Deus encorajou os Seus servos da antiguidade, também podemos ser fortes e corajosos por causa daquele que promete estar sempre conosco. *Cindy*

26 DE JULHO

Um dueto divino

JOÃO 15:1-11

Quem permanece em mim,
e eu nele, produz muito fruto.
—João 15:5

No recital de música infantil, observei o professor e o aluno sentarem-se diante do piano. Antes de começarem o dueto, o professor se inclinou e sussurrou algumas instruções de última hora. À medida que a música fluía, notei que o aluno tocava uma melodia simples, enquanto o acompanhamento do professor acrescentava profundidade e riqueza à música. Perto do final, o professor assentiu em aprovação.

Nossa vida com Jesus é muito mais um dueto do que uma performance solo. Às vezes, porém, esqueço-me de que Ele está "ao meu lado" e que por Seu poder e orientação eu posso "tocar". Tento executar as notas certas por conta própria, obedecer ao Mestre com minhas próprias forças, mas isso geralmente acaba parecendo falso e vazio. Tento lidar com problemas com a minha capacidade limitada, mas o resultado geralmente gera discórdias.

A presença do meu Mestre faz toda a diferença. Quando confio em Jesus para me ajudar, minha vida torna-se mais honrosa a Deus. Sirvo com alegria, amo livremente e surpreendo-me quando Deus abençoa meus relacionamentos. É como Jesus disse aos Seus discípulos: "Quem permanece em mim, e eu nele, produz muito fruto. Pois, sem mim, vocês não podem fazer coisa alguma" (João 15:5).

Todos os dias formamos um dueto com nosso bom Mestre — é a Sua graça e poder que carregam a melodia de nossa vida espiritual. *Jennifer*

Removendo o intruso

EFÉSIOS 5:25-33

*Maridos, ame cada um a sua esposa,
como Cristo amou a igreja.
Ele entregou a vida por ela.*
—Efésios 5:25

Quando meu marido se levantou da cama e foi à cozinha, vi a luz acender e apagar e me questionei o porquê. E me lembrei de que na manhã anterior eu tinha gritado ao ver um "intruso" no balcão da cozinha; uma criatura indesejável e com seis pernas. Meu marido conhecia minha paranoia e imediatamente a removeu. Hoje de manhã, ele acordou cedo para garantir que nossa cozinha estivesse livre desses bichinhos para que eu pudesse entrar sem preocupação. Que homem!

Ele acordara pensando em mim e colocou a minha necessidade antes da dele. Para mim, sua ação ilustra o amor que Paulo descreve em Efésios 5:25: "Maridos, ame cada um a sua esposa, como Cristo amou a igreja. Ele entregou a vida por ela." Paulo continua: "os maridos devem amar cada um a sua esposa, como amam o próprio corpo, pois o homem que ama sua esposa na verdade ama a si mesmo" (v.28). Essa comparação do amor de um marido com o amor de Cristo se demonstra em como Jesus coloca nossas necessidades antes das Suas. Meu marido sabe que tenho medo desses intrusos e, por isso, priorizou a minha preocupação.

Isso não se aplica apenas aos maridos. Após o exemplo de Jesus, cada um de nós pode se sacrificar amorosamente para ajudar a remover o intruso do estresse, medo, vergonha ou ansiedade, para que alguém possa se mover mais livremente no mundo. *Elisa*

28 DE JULHO

O homem da bondade

LUCAS 7:11-17

*Quando o Senhor a viu,
sentiu profunda compaixão por ela.*
—Lucas 7:13

Desiludido e querendo uma vida mais significativa, Leo deixou o seu emprego em finanças. Certo dia, ele viu um sem-teto segurando uma placa na esquina que dizia: A BONDADE É O MELHOR REMÉDIO e disse: "Essas palavras me atingiram diretamente. Foi uma epifania".

Leo decidiu começar sua nova vida criando uma organização internacional que promovesse a bondade. Ele viaja ao redor do mundo, contando com estranhos para lhe proverem alimento, gasolina e um lugar para ficar. Em seguida, ele os recompensa por meio de sua organização com boas ações, como alimentar órfãos ou construir uma escola para crianças carentes. Ele diz: "Às vezes acham que isso é sinônimo de fraqueza, mas a bondade é sinônimo de profunda força".

A bondade é a essência de Cristo, de modo que ela fluía dele naturalmente. Amo a história do que Jesus fez quando foi à procissão fúnebre do único filho de uma viúva (Lucas 7:11-17). A mulher enlutada provavelmente dependia do filho para obter sustento financeiro. A história não diz que alguém pediu a Jesus para intervir. Pela Sua natureza de pura bondade (v.13), Jesus estava preocupado e trouxe o filho da viúva de volta à vida. A "multidão louvava a Deus, dizendo: 'Hoje Deus visitou seu povo!'" (v.16). *Anne*

29 DE JULHO

Força para a jornada

1 REIS 19:1-9

*Enquanto dormia, um anjo o tocou
e disse: "Levante-se e coma!".*
—Reis 19:5

Certo verão, enfrentei uma tarefa quase impossível — um grande projeto de escrita com o prazo apertado. Tendo passado dias sozinha, tentando colocar as palavras na página, senti-me exausta, desanimada e queria desistir. Uma amiga sabiamente me perguntou: "Quando foi a última vez que você se sentiu revigorada? Talvez você precise descansar e desfrutar de uma boa refeição".

Imediatamente percebi que ela estava certa. Seu conselho me fez pensar em Elias e na mensagem aterrorizante que ele recebeu de Jezabel (1 Reis 19:2) — embora, é claro, meu projeto não estivesse nem perto da escala cósmica da experiência do profeta. Após Elias triunfar sobre os falsos profetas no monte Carmelo, Jezabel mandou dizer que ela o capturaria e o mataria, e ele se desesperou, desejando morrer. Mas, na sequência, ele dormiu bem e foi visitado duas vezes por um anjo que o alimentou. Após Deus renovar a força física dele, Elias pôde continuar sua jornada.

Quando a jornada é pesada demais para nós (v.7), talvez precisemos descansar e desfrutar de uma refeição saudável e satisfatória. Pois, quando estamos exaustos ou com fome, podemos facilmente sucumbir à decepção ou medo. Mas, quando Deus atende às nossas necessidades físicas através de Seus recursos, tanto quanto possível neste mundo decaído, podemos dar o próximo passo em servir-lhe. *Amy*

30 DE JULHO

Dentro do fogo

DANIEL 3:12-18

*Vejo quatro homens desamarrados
andando no meio do fogo sem se queimar!*
—Daniel 3:25

Um incêndio florestal em Andilla, na Espanha, devastou quase 200 km de floresta. Nessa devastação, quase 1.000 árvores ciprestes permaneceram em pé. A capacidade das árvores de reterem a água lhes permitiu suportar o fogo com segurança.

Durante o reinado do rei Nabucodonosor na Babilônia, um pequeno grupo de amigos sobreviveu às chamas da ira do rei. Sadraque, Mesaque e Abede-Nego se recusaram a adorar uma estátua que Nabucodonosor havia criado e lhe disseram: "Se formos lançados na fornalha ardente, o Deus a quem servimos pode nos salvar" (Daniel 3:17). Enfurecido, o monarca aumentou o calor da fornalha sete vezes mais do que o normal (v.19). Os soldados que executaram as ordens do rei e jogaram os amigos no fogo foram queimados, mas os espectadores assistiram aos três amigos andando entre as chamas "sem se queimar". Outra pessoa também estava na fornalha — um quarto homem que parecia "um filho de deuses" (v.25). Muitos estudiosos acreditam que essa era a aparência pré-encarnada de Jesus.

Jesus está conosco quando enfrentamos aflições. Se somos instados a ceder à pressão, não precisamos temer. Talvez não saibamos como ou quando Deus nos ajudará, mas sabemos que Ele está conosco. Ele nos fortalecerá para permanecermos fiéis a Ele através de todo "fogo" que suportamos. *Jennifer*

31 DE JULHO

Respiração e brevidade

SALMO 139:7-16

...cada dia de minha vida estava registrado em teu livro, cada momento foi estabelecido...
—Salmo 139:16

Minha mãe, irmãs e eu esperamos ao lado da cama do meu pai enquanto a respiração dele se tornava mais fraca e menos frequente, até não existir mais. Papai tinha quase 89 anos, quando entrou silenciosamente à vida em que Deus o esperava. Sua partida nos deixou com um vazio imenso e apenas lembranças para dele nos recordarmos. No entanto, temos a esperança de que um dia estaremos reunidos.

Temos essa esperança porque acreditamos que papai está com Deus, que o conhece e o ama. Quando ele deu o primeiro suspiro, Deus estava lá soprando fôlego em seus pulmões (Isaías 42:5). No entanto, mesmo antes do primeiro ar e a cada respiração, Deus estava intimamente envolvido em cada detalhe da vida de papai, assim como o Pai celestial está na sua e na minha. Foi Deus quem maravilhosamente o projetou e o "teceu" no ventre (Salmo 139:13,14). E quando papai deu seu último suspiro, o Espírito de Deus estava lá, amparando-o com amor e levando-o para estar em Sua presença (vv.7-10). Isso vale para todos os filhos de Deus. Ele conhece cada momento de nossa breve vida na Terra (vv.1-4). Somos preciosos para Ele. Com cada dia restante e em antecipação à vida no além, vamos nos juntar a "tudo que respira" para louvá-lo. "Louve ao Senhor" (150:6)! *Alyson*

1.º DE AGOSTO

Mesas de conversa

ATOS 2: 42-47

...adoravam juntos no templo diariamente...
—Atos 2:46

A solidão é uma das maiores ameaças à nossa sensação de bem-estar, afetando a nossa saúde por meio de nossas interações nas mídias sociais, no consumo de alimentos e similares. Um estudo sugere que quase dois terços de todas as pessoas, independentemente da idade ou sexo, sentem-se sós pelo menos parte do tempo. Um supermercado criou "mesas de conversa" como forma de promover o encontro entre as pessoas. Os que procuram interação humana simplesmente se sentam por ali, juntam-se a outros ou indicam o desejo de participar. A conversa segue e lhes proporciona um senso de conexão e comunidade.

As pessoas da Igreja Primitiva também se comprometiam com o compartilhar entre as pessoas. Eles provavelmente se sentiriam muito sozinhos na prática de sua fé, que ainda era nova para o mundo de então. Eles não apenas "se dedicavam de coração ao ensino dos apóstolos" para aprender o que significava seguir Jesus, mas também adoravam juntos no templo e "partiam o pão com grande alegria e generosidade" para encorajamento e comunhão mútuos (Atos 2:42,46).

Nós precisamos de interação humana; Deus nos projetou dessa maneira! Os dolorosos momentos de solidão indicam essa necessidade. Como as pessoas da Igreja Primitiva, é importante que tenhamos a companhia de outros, uma vez que o nosso bem-estar exige isso, e que sejamos companhia àqueles ao nosso redor, que também precisam. *Kirsten*

2 DE AGOSTO

Proibido pescar

SALMO 130

[Deus] e lançarás nossos pecados nas profundezas do mar. —Miqueias 7:19

Corrie ten Boom, sobrevivente do Holocausto, reconhecia a importância do perdão. Em seu livro *Andarilha para o Senhor* (Ed. Vida, 1976), ela diz que sua imagem mental favorita era a dos pecados perdoados sendo lançados ao mar. "Quando confessamos os nossos pecados, Deus os lança no oceano mais profundo e eles desaparecem para sempre. Creio que Deus coloca a placa de 'Proibido pescar'."

Ela destaca essa verdade que os que creem em Cristo às vezes falham em compreender. Quando Deus perdoa as nossas transgressões, somos perdoados completamente! Não precisamos continuar investigando nossas transgressões, tendo sentimentos desagradáveis. Antes, podemos aceitar a Sua graça e perdão, seguindo-o em liberdade.

Vemos a ideia de "é proibido pescar" no Salmo 130. O salmista proclama que, embora Deus seja justo, Ele perdoa o pecado daqueles que se arrependem: "Tu, porém, ofereces perdão" (v.4). Enquanto o salmista espera por Deus, confiando nele (v.5), ele declara com fé que Deus "resgatará Israel de todos os seus pecados" (v.8). Aqueles que creem encontrarão "transbordante redenção" (v.7).

Quando somos apanhados com sentimentos de vergonha e de indignação, não podemos servir a Deus com todo o nosso coração. Em vez disso, somos sentimo-nos impedidos por nosso passado. Se o mal que um dia cometemos nos frustra, peçamos a Deus para nos ajudar a crer plenamente em Sua dádiva de perdão e nova vida. Ele lançou os nossos pecados no oceano! *Amy*

3 DE AGOSTO

O privilégio da oração

1 CRÔNICAS 29:11-19

Dá a meu filho Salomão o desejo sincero de obedecer a todos os teus mandamentos, preceitos e decretos. —1 Crônicas 29:19

Uma canção do artista country Chris Stapleton, "Papai não ora mais", é profundamente pessoal e inspirada nas orações de seu pai por ele. As palavras comoventes revelam o porquê de as orações do pai terem se findado: não foi causado por desilusão ou cansaço, mas pela morte do pai. Stapleton imagina que agora, em vez de falar com Jesus em oração, seu pai anda e conversa com Jesus face a face.

A lembrança dessas orações por Stapleton lhe traz à memória uma oração bíblica de um pai por seu filho. Ao aproximar-se o fim da vida de Davi, ele fez os preparativos para que seu filho Salomão fosse o próximo rei de Israel.

Depois de reunir a nação para ungir Salomão, Davi liderou o seu povo em oração, como havia feito muitas vezes antes. Relembrando a fidelidade de Deus a Israel, Davi orou para que eles permanecessem leais ao Senhor. Na sequência, incluiu uma oração pessoal especificamente por seu filho, pedindo a Deus: "Dá a meu filho Salomão o desejo sincero de obedecer a todos os teus mandamentos, preceitos e decretos" (1 Crônicas 29:19).

Nós também temos o privilégio de orar pelas pessoas que Deus colocou em nossa vida. Nosso exemplo de fidelidade pode causar um impacto indelével que permanecerá mesmo após partirmos. Assim como Deus continuou a responder as orações de Davi por Salomão e Israel depois que o rei se foi, da mesma forma o impacto de nossas orações perdura após partirmos.

Lisa

Mais doce do que o mel

PROVÉRBIOS 16:1-2,21-24

*Palavras bondosas são como mel:
doces para a alma e saudáveis para
o corpo.* —Provérbios 16:24

Seu tópico era a tensão racial. No entanto, o orador permaneceu calmo. De pé no palco diante da grande audiência, ele falou com ousadia, porém com graça, humildade, bondade e até humor. Logo a tensa audiência relaxou visivelmente, rindo com o orador sobre o dilema que todos enfrentaram: como resolver seus problemas graves, mantendo seus sentimentos e palavras sob controle? Sim, como abordar um tópico amargo com suavidade e graça.

O rei Salomão aconselhou essa mesma abordagem para todos nós: "Palavras bondosas são como mel: doces para a alma e saudáveis para o corpo" (Provérbios 16:24). Dessa maneira, "Da mente sábia vêm conselhos sábios; as palavras dos sábios são convincentes" (v.23).

Por que um rei poderoso como Salomão dedicaria tempo para discorrer sobre como falamos? Porque as palavras podem destruir. Durante o tempo de Salomão, os reis contavam com mensageiros para obter informações sobre suas nações, e os mensageiros calmos e confiáveis eram muito valorizados. Eles usavam palavras prudentes e racionais, sem exagerar ou falar com severidade, não importava o problema.

Todos nós podemos nos beneficiar apresentando nossas opiniões e pensamentos com prudência. Nas palavras de Salomão: "É da natureza humana fazer planos, mas a resposta certa vem do Senhor" (v.1). *Patricia*

Perfeitamente colocado

JÓ 38:4-11

*Onde você estava quando eu lancei
os alicerces do mundo?* —Jó 38:4

Os cientistas sabem que o nosso planeta está à distância correta do Sol para se beneficiar do seu calor. Um pouco mais perto, e toda a água evaporaria, como acontece em Vênus. Só um pouco mais longe, e tudo congelaria como ocorre em Marte. A Terra tem o tamanho exato para gerar a quantidade certa de gravidade. Se tivesse menos, tornaria tudo estéril e sem peso como a Lua e, se tivesse mais gravidade, capturaria gases venenosos que sufocariam a vida como acontece em Júpiter.

Essas intrincadas interações físicas, químicas e biológicas que compõem o nosso mundo carregam a marca de um Designer sofisticado. Vislumbramos essa teia complexa quando Deus fala a Jó sobre coisas além do nosso entendimento. Deus questiona: "Onde você estava quando eu lancei os alicerces do mundo? […] Quem definiu suas dimensões e estendeu a linha de medir? Vamos, você deve saber. O que sustenta seus alicerces e quem lançou sua pedra angular…?" (Jó 38:4-6).

Esse vislumbre da magnitude da criação nos faz pensar nos imensos oceanos da Terra se curvando diante de "Quem estabeleceu os limites do mar quando do ventre ele brotou [e] Disse: Daqui não pode passar…" (vv.8-11). Maravilhados, podemos cantar com as estrelas da manhã e gritar de alegria com os anjos (v.7), pois este mundo tão bem elaborado foi feito para nós, para que pudéssemos conhecer e confiar em Deus.

Remi

6 DE AGOSTO

Nunca perca a esperança

LUCAS 8:40-48

*Então [Jesus] disse: "Filha, sua fé a curou.
Vá em paz".* —Lucas 8:48

Quando a minha amiga recebeu um diagnóstico de câncer, o médico a aconselhou a colocar seus assuntos em ordem. Ela me ligou, soluçando, preocupada com o marido e os filhos pequenos. Compartilhei seu pedido urgente de oração com amigos em comum. Alegramo-nos quando um segundo médico a incentivou a nunca perder a esperança e reiterou que a equipe dele faria o possível para ajudá-la. Embora alguns dias fossem mais difíceis do que outros, ela se apegou a Deus, e não nas probabilidades que agiam contra ela e nunca desistiu.

Essa fé perseverante me faz lembrar da mulher desesperada em Lucas 8. Cansada por 12 anos de sofrimento contínuo, decepção e isolamento, aproximou-se de Jesus e estendeu a mão em direção à bainha de Seu manto e o tocou. Esse ato de fé trouxe-lhe a cura imediata. Ela esperou e creu persistentemente que Jesus era capaz de fazer o que os outros não puderam, por mais impossível que parecesse a sua situação (Lucas 8:43-44).

Podemos sentir dores que parecem intermináveis, situações que parecem sem esperança ou esperas quase insuportáveis. Podemos ter que suportar momentos em que as probabilidades contra nós são intransponíveis. Podemos não experimentar a cura que ansiamos enquanto continuamos a confiar em Cristo. Mesmo assim, Jesus nos convida a buscá-lo, confiar nele e jamais perder a esperança, a crer que Ele é sempre capaz e confiável, e que está ao nosso alcance. *Xochitl*

7 DE AGOSTO

Enviando um SOS

SALMO 34:1-10

Busquei o Senhor, e ele me respondeu...
—Salmo 34:4

Quando a cabana de um colono numa região montanhosa do Alasca pegou fogo em pleno inverno, ele ficou sem abrigo adequado e poucas provisões no estado mais frio dos EUA. Três semanas depois, ele foi resgatado por uma aeronave que sobrevoou o local e avistou o grande SOS que ele havia pisoteado na neve e escurecido com fuligem.

O salmista Davi certamente enfrentou apuros quando foi perseguido pelo ciumento rei Saul que tentava matá-lo. E, por isso, fugiu para a cidade de Gate, onde fingiu estar louco, a fim de preservar sua vida (1 Samuel 21). Como resultado desses acontecimentos foi escrito o Salmo 34, no qual Davi clamou em oração a Deus e encontrou paz (vv.4,6). Deus ouviu os apelos dele e o livrou das angústias.

Você se encontra em uma situação de desespero e está clamando por ajuda? Tenha a certeza de que Deus ainda hoje ouve e responde os nossos clamores de angústia. Assim como foi com Davi, Ele está atento aos nossos pedidos de socorro e nos livra "de todos os [nossos] temores" (v.4) e muitas vezes nos livra "de todas as [nossas] angústias" (v.6).

As Escrituras nos convidam a "entregar [nossas] aflições ao Senhor e ele cuidará de [nós]" (Salmo 55:22). Quando entregamos as nossas circunstâncias difíceis a Deus, podemos confiar que Ele proverá a ajuda de que precisamos. Estamos seguros em Suas competentes mãos. *Alyson*

Amem os estrangeiros

LEVÍTICO 19:33-37

...amem-nos como a si mesmos, lembrem-se de que vocês eram estrangeiros quando moravam na terra do Egito. —Levítico 19:34

Quando fui morar num novo país, uma das primeiras experiências me fez sentir indesejável. Depois de encontrar um assento na pequena igreja onde meu marido pregaria naquele dia, e um senhor mais idoso e áspero me assustou ao dizer: "Saia desse lugar". A esposa dele se desculpou dizendo que eu me sentara no banco que eles sempre ocupavam. Somente anos mais tarde soube que as igrejas alugavam bancos para arrecadar dinheiro e isso também assegurava que ninguém se sentasse no banco de outra pessoa. Aparentemente, parte dessa mentalidade continuou ao longo de décadas.

Mais tarde, refleti sobre como Deus instruiu os israelitas a receberem bem os estrangeiros, em contraste com as práticas culturais como as que eu tinha encontrado. Ao estabelecer as leis que permitiriam o Seu povo prosperar, Ele lembrou-lhes que recebessem bem os estrangeiros porque eles mesmos já o tinham sido (Levítico 19:34). Não apenas deveriam tratar os estranhos com bondade (v.3), mas também amá-los "como a si mesmos" (v.34). Deus os resgatara da opressão no Egito e deu-lhes um lar numa terra que produzia "leite e mel com fartura" (Êxodo 3:17). Ele esperava que o Seu povo amasse as outras pessoas que também tinham se estabelecido no mesmo local.

Ao encontrar estrangeiros em seu meio, peça a Deus que revele quaisquer práticas culturais que possam impedi-lo de compartilhar o Seu amor com eles. *Amy*

9 DE AGOSTO

Recompensa maravilhosa

SALMO 119:17-24

Abre meus olhos, para que eu veja as maravilhas de tua lei. —Salmo 119:18

Dalila é uma professora e uma boa leitora, e um dia isso tudo valeu a pena. Ela planejou uma viagem e ao revisar sua longa apólice de seguro de viagem, na página 7, descobriu uma recompensa maravilhosa. Como parte do concurso "Vale a pena ler", a empresa estava doando 10.000 dólares para a primeira pessoa que lesse até aquela frase naquele contrato. Eles também doaram milhares de dólares para alfabetização infantil em escolas na área em que Dalila atuava. Ela diz: "Sempre fui aquela nerd que lê contratos. Quem mais se surpreendeu fui eu mesma!

O salmista queria que seus olhos se abrissem para ver as maravilhas da lei de Deus (Salmo 119:18). Ele deve ter entendido que Deus quer ser conhecido e, portanto, ansiava por uma proximidade mais profunda com o Senhor. Seu desejo era aprender mais sobre quem Deus é, o que Ele já havia dado e como segui-lo mais de perto (vv.24,98). E escreveu: "Como eu amo a tua lei; penso nela o dia todo!" (v.97).

Nós também temos o privilégio de reservar um tempo para refletir sobre Deus, Seu caráter e Suas provisões — aprender sobre e nos aproximarmos dele. Deus deseja nos instruir, guiar-nos e abrir o nosso coração para quem Ele é. Quando o procuramos, Ele nos recompensa. *Anne*

10 DE AGOSTO

Feito à mão para você
EFÉSIOS 2:4-10

...somos obra-prima de Deus, criados em Cristo Jesus a fim de realizar as boas obras que ele [...] planejou para nós. —Efésios 2:10

Minha avó foi uma costureira talentosa e premiada em seu estado. Ao longo da minha vida, celebrou as ocasiões importantes com presentes feitos à mão: um suéter na minha formatura de Ensino Médio, uma colcha turquesa no meu casamento. Em cada item customizado, eu encontrava sua etiqueta, que dizia: "Feito pra você pela vovó". Em cada palavra bordada, eu sentia seu amor por mim e recebia uma declaração poderosa de sua fé em meu futuro.

Paulo escreveu aos efésios sobre o propósito deles neste mundo, descrevendo-os como "obra-prima de Deus, criados em Cristo Jesus a fim de realizar as boas obras" (Efésios 2:10). Aqui, a palavra "obra-prima" denota um trabalho ou obra de arte. O apóstolo Paulo descreve que o trabalho manual de Deus ao nos criar teria como consequência o nosso trabalho manual em criar boas obras — ou demonstrações de que temos um relacionamento restaurado com Cristo Jesus, para a Sua glória no nosso mundo. Jamais poderemos ser salvos por causa de nossas boas obras, mas, quando a mão de Deus nos cria para cumprir os Seus propósitos, Ele pode nos usar para conduzir outros ao Seu grande amor.

As mãos da minha avó produziram itens que transmitiram seu amor por mim e seu ardente desejo de que eu descobrisse meu propósito neste planeta. Com os Seus dedos moldando os detalhes dos nossos dias, Deus borda Seu amor e Seus propósitos em nosso coração para que possamos demonstrar Sua obra-prima aos outros. *Elisa*

11 DE AGOSTO

Vínculo amoroso

LUCAS 10:38-42

Quem dá ouvidos à crítica construtiva
se sente à vontade entre os sábios.
—Provérbios 15:31

Por mais de cinquenta anos, meu pai, editor, buscou a excelência e clareza em sua tarefa. Sua dedicação não era apenas em procurar por erros mas também para tornar o texto melhor em termos de clareza, lógica, fruição e gramática. Ele usava uma caneta verde para as correções, não uma vermelha, pois sentia que isso era "mais amigável" e que os traços vermelhos poderiam inibir um escritor iniciante ou menos confiante. Seu objetivo era indicar gentilmente um caminho melhor.

Quando Jesus corrigiu as pessoas, Ele o fez com amor. Em algumas circunstâncias, como ao ser confrontado com a hipocrisia dos fariseus (Mateus 23), o Mestre os repreendeu duramente, ainda assim, para benefício deles. Mas no caso de Sua amiga Marta, apenas uma correção gentil era necessária (Lucas 10:38-42). Os fariseus reagiram mal à Sua repreensão, porém Marta continuou sendo uma de Suas amigas mais queridas (João 11:5).

A correção pode ser desconfortável e poucos de nós a apreciam. Às vezes, por causa do nosso orgulho, é difícil recebê-la com entusiasmo. O livro de Provérbios fala muito sobre sabedoria e indica que quem "dá ouvidos à crítica construtiva" demonstra ter sabedoria e entendimento.

A correção amorosa de Deus nos ajuda a ajustar o nosso direcionamento e a segui-lo mais de perto. Aqueles que a recusam são severamente advertidos, mas os que a acolhem por meio do poder do Espírito Santo obterão sabedoria e entendimento (15:10,31-32). *Cindy*

12 DE AGOSTO

Existe esperança?

ROMANOS 8:31-39

Se Deus é por nós, quem será contra nós?
—Romanos 8:31

Edward Passo (1783–1827) teve uma vida extremamente difícil. A morte de seu irmão mais novo o sacudiu até o âmago. Ele lutou contra a desordem bipolar e foi afetado por enxaquecas extremas durante dias. Se isto não fosse suficiente, uma queda de um cavalo o levou à paralisia do braço, e ele quase morreu de tuberculose! Surpreendentemente, sua resposta não foi de desespero e desesperança. Seus amigos disseram que antes da morte de Edward, sua alegria era intensa. Como explicar isso?

Em sua carta aos cristãos em Roma, o apóstolo Paulo expressou sua total confiança na realidade do amor de Deus, independentemente das circunstâncias. Ele perguntou com ousadia: "Se Deus é por nós, quem será contra nós?" (Romanos 8:31). Se Deus deu Seu próprio Filho, Jesus, para nos salvar, então Ele nos dará tudo o que precisamos para terminar bem esta vida. Paulo enumerou sete situações aparentemente insuportáveis que ele mesmo enfrentou: problemas, dificuldades, perseguição, fome, nudez, perigo e a espada (v.35). Ele não insinuou que o amor de Cristo impediria que coisas ruins acontecessem. Em todas essas situações temos a vitória completa "por meio daquele que nos amou" (v.37).

Podemos confiar completamente em Deus em meio às incertezas deste mundo, sabendo que nada, absolutamente nada "jamais poderá nos separar do amor de Deus revelado em Cristo Jesus, nosso Senhor" (v.39). *Estera*

Um mundo de provisão

SALMO 104:10-18,24-26

*Ali está o oceano, vasto e imenso,
cheio de seres de todo tipo, grandes
e pequenos.* —Salmo 104:25

Na madrugada, Nádia, uma agricultora de pepinos do mar, entra num cercado de cordas no oceano raso perto de sua vila em Madagascar para colher sua "safra". Isso não a incomoda, diz ela: "A vida era muito difícil antes de eu começar a cultivar. Não tinha nenhuma fonte de renda. Agora, como participante de um programa de proteção marinha chamado Velondriake, que significa "conviver com o mar" ela vê sua renda crescer e se estabilizar. E acrescenta: "Agradecemos a Deus por esse projeto ter surgido".

E surgiu em grande parte porque a criação de Deus supre as necessidades desse projeto: um suprimento natural de vida marinha. Em louvor ao nosso Deus provedor, o salmista escreveu: "Fazes o pasto crescer para os animais, e as plantas, para as pessoas cultivarem" (Salmo 104:14). E, "Ali está o oceano […] vasto e imenso, cheio de seres de todo tipo, grandes e pequenos" (v.25).

É uma maravilha, de fato, como Deus nos provê por meio da Sua maravilhosa criação. O humilde pepino do mar, por exemplo, ajuda a formar uma cadeia alimentar marinha saudável. A colheita cuidadosa de pepinos do mar, por sua vez, concede um salário digno a Nádia e seus vizinhos.

Nada é por acaso na criação de Deus. Assim, "Cantarei ao Senhor enquanto viver", diz o salmista (v.33). Nós também podemos louvá-lo hoje ao refletir sobre tudo o que Ele nos concede. *Patricia*

14 DE AGOSTO

Soem as trombetas

NÚMEROS 10:8-10

Façam soar as trombetas também em ocasiões alegres, nas festas anuais e no começo de cada mês…
—Números 10:10

O "Toque do silêncio" é uma chamada de trompete tocada pelos militares no final do dia e em funerais. Fiquei surpresa quando li as diversas letras e descobri que muitos versos terminam com a frase "Deus está próximo". Seja antes que o escurecer se instale ou enquanto se lamenta a perda de um ente querido, suas palavras oferecem aos soldados a reconfortante garantia de que Deus está próximo.

No Antigo Testamento, as trombetas também lembravam os israelitas de que Deus estava próximo. No meio da celebração das festas e festivais que faziam parte da aliança entre Deus e a nação de Israel, os judeus deveriam "soar as trombetas" (Números 10:10). Fazer soar a trombeta era um lembrete da presença de Deus, e de que o Senhor estava disponível quando os israelitas mais precisavam dele, e desejava ajudá-los.

Ainda hoje, precisamos dos lembretes de que Deus está próximo. E em nosso estilo de adoração também podemos invocar a Deus em oração e louvor. Talvez as nossas orações possam soar como as trombetas clamando a Deus para nos ajudar. Saber que os ouvidos de Deus estão abertos às nossas orações nos encorajam grandemente (1 Pedro 3:12). A cada um de nossos apelos, Ele responde com a certeza de Sua presença que nos fortalece e nos conforta nas dificuldades e tristezas da vida. *Lisa*

15 DE AGOSTO

Você a verá novamente

1 CORÍNTIOS 15:3-4,12-22

Assim como todos morremos em Adão,
todos que são de Cristo receberão
nova vida. —1 Coríntios 15:22

O quarto estava escuro e silencioso quando me sentei ao lado da cama de Jaqueline. Antes da batalha de três anos contra o câncer, minha amiga tinha sido uma pessoa vibrante e cheia de energia. Eu ainda podia imaginá-la rindo, seus olhos cheios de vida, o rosto iluminado por um sorriso. Agora ela estava calma e quieta, e eu a visitava numa unidade de cuidados especiais.

Sem saber o que dizer, decidi ler alguns textos bíblicos. Abri minha Bíblia e comecei a ler em 1 Coríntios.

Após a visita e o momento emocionante que tive no silêncio do meu carro no estacionamento, pensei em algo que fez diminuir minhas lágrimas: você a verá novamente. Estava triste e tinha esquecido que a morte para "todos que são de Cristo" é apenas temporária para os que creem nele (1 Coríntios 15:21-22). Sabia que a veria novamente, porque nós duas cremos na morte e ressurreição de Jesus para o perdão de nossos pecados (vv.3-4). Quando Jesus voltou à vida após Sua crucificação, a morte perdeu seu poder supremo de separar os fiéis uns dos outros e de Deus. Depois que morrermos, viveremos novamente no Céu com Deus e com todos os nossos irmãos e irmãs espirituais, para sempre.

Porque Jesus está vivo hoje, os que creem nele têm esperança em tempos de perda e tristeza. A morte foi tragada na vitória da cruz (v.54). *Jennifer*

16 DE AGOSTO

Luz na escuridão

SALMO 18:28-36,46-49

Manténs acesa minha lâmpada; o SENHOR, meu Deus, ilumina minha escuridão. —Salmo 18:28

Uma forte tempestade passou por nossa nova cidade, deixando a umidade alta e o céu escuro. Levei o nosso cachorro, Callie, para um passeio à noite. Os crescentes desafios por causa da nossa mudança para outro estado ficaram mais pesados em minha mente. Frustrada com as circunstâncias que se distanciavam demais das nossas expectativas, andei devagar para deixar Callie cheirar a grama. Ouvi o riacho que corre ao lado de casa e admirei as minúsculas luzes piscando enquanto pairavam sobre as flores silvestres à margem do riacho. Vagalumes.

O Senhor me trouxe paz enquanto eu os observava piscando e cortando a escuridão. Pensei em Davi entoando: "Manténs acesa minha lâmpada…" (Salmo 18:28). Proclamando que Deus transforma as Suas trevas em luz, Davi demonstrou confiança na provisão e proteção do Senhor (vv.29-30). Com a força do Senhor, ele poderia lidar com qualquer obstáculo que surgisse no caminho (vv.32-35). Confiando no Senhor para estar com ele em todas as circunstâncias, Davi prometeu louvá-lo entre as nações e cantar louvores ao Seu nome (vv.36-49).

Quer suportemos as tempestades imprevisíveis da vida ou desfrutemos a quietude depois que as chuvas tiverem passado, a paz da presença constante de Deus ilumina o nosso caminho por entre as trevas. Nosso Deus vivo sempre será a nossa força, o nosso refúgio, o nosso sustentador e nosso libertador.

Xochitl

17 DE AGOSTO

Névoa da manhã

ISAÍAS 44:9-11,21-23

*Afastei seus pecados para longe,
como uma nuvem...*
—Isaías 44:22

Certa manhã, visitei um lago perto da minha casa e sentei-me em um barco virado, refletindo e percebendo o vento suave perseguir a névoa sobre a superfície da água. Os filetes de nevoeiro circulavam e giravam. Mini "tornados" se levantaram e se desfizeram. Logo, a luz do Sol cortou as nuvens e a névoa desapareceu.

A cena me confortou, pois liguei ao versículo que tinha acabado de ler: "Afastei seus pecados para longe, como uma nuvem" (Isaías 44:22). Fui ali na esperança de me distrair de uma série de pensamentos pecaminosos sobre os quais estava me incomodando há dias. Embora eu os estivesse confessando, comecei a questionar se Deus me perdoaria quando os repetisse.

Naquela manhã, soube que a resposta dele seria "sim". Por meio de Isaías, Deus demonstrou graça aos israelitas quando eles tiveram dificuldades decorrentes da adoração aos ídolos. Embora Ele lhes tenha dito que parassem de buscar deuses falsos, Deus também os convidou a voltar a Ele, dizendo: "...você é meu servo [...]. Eu, o Senhor, o formei e não me esquecerei de você" (v.21).

Não compreendo o perdão totalmente assim, mas entendo que a graça de Deus é a única que pode dissolver completamente o nosso pecado e nos curar dele. Sou grata por Sua graça ser infinita e divina como Ele é, e por estar disponível sempre que precisarmos dela. *Jennifer*

18 DE AGOSTO

Profundezas do amor

1 JOÃO 3:1-6

*Vejam como é grande o amor do Pai
por nós, pois ele nos chama de filhos,
o que de fato somos!...* —1 João 3:1

Daniel, de 3 anos, tinha acabado de aprender a nadar quando pisou numa madeira podre e caiu num poço, de tijolos, com 12 metros de profundidade no quintal de seu avô. Daniel conseguiu boiar, apesar dos 3 m de água abaixo dele, até que seu pai desceu para resgatá-lo. Os bombeiros trouxeram cordas para resgatar o menino, mas o pai estava tão preocupado com o filho que ele já havia descido pelas pedras escorregadias para certificar-se de que Daniel estava seguro.

Quanto amor de um pai! Quais distâncias e profundezas atingimos por nossos filhos?

Quando o apóstolo João escreveu aos cristãos da Igreja Primitiva que estavam lutando para encontrar as bases de sua fé enquanto recebiam falsos ensinos, o apóstolo lançou estas palavras como verdadeiro salva-vidas: "Vejam como é grande o amor do Pai por nós, pois ele nos chama de filhos, o que de fato somos!" (1 João 3:1). Chamar os que creem em Jesus como "filhos" de Deus é validar a comunhão íntima e legal do relacionamento de todos que confiam no Senhor.

A que distâncias e profundezas Deus irá por Seus filhos!

Há ações que apenas um pai tomará por seu filho, como descer num poço para o resgatar. Foi um supremo ato de nosso Pai celestial, ter enviado o Seu único Filho para nos trazer a salvação e nos aproximar do Seu coração, restaurando-nos à vida com Ele (vv.5-6). *Elisa*

19 DE AGOSTO

Ouvir e aprender

TIAGO 1:19-27

…estejam todos prontos para ouvir, mas não se apressem em falar nem em se irar.
—Tiago 1:19

De um lado da rua, o proprietário exibe no seu quintal o símbolo e a bandeira do seu país. Um enorme caminhão à entrada da garagem exibe na janela lateral uma bandeira pintada e o para-choques traseiro está coberto de adesivos nacionalistas. Em frente, no outro lado da rua, o vizinho expõe sinais que destacam as questões que abordam a justiça social na mídia.

Podemos nos questionar: Será que os moradores dessas casas estão se desentendendo ou estão sendo amigos? Será possível que essas duas famílias sejam cristãs? Deus nos convoca a vivermos as palavras de Tiago: "…estejam todos prontos para ouvir, mas não se apressem em falar nem em se irar" (Tiago 1:19). Com muita frequência, apegamo-nos obstinadamente às nossas opiniões, e não estamos dispostos a considerar o pensamento dos outros. O *Comentário Bíblico Matthew Henry* (CPAD, 2016) tem isto a dizer: "Devemos ser rápidos a ouvir a razão e a verdade de todos os lados, e ser lentos para falar… e, quando falarmos, não deve haver qualquer ira em nossas palavras".

Alguém disse: "Aprender exige que ouçamos". As palavras práticas de Deus na carta de Tiago só podem ser cumpridas se estivermos cheios do Espírito amoroso de Deus e optarmos por respeitar os outros. O Senhor está disposto a nos ajudar a fazermos mudanças em nosso coração e atitudes. Estamos dispostos a ouvir e a aprender? *Anne*

20 DE AGOSTO

Quando Deus fala

ISAÍAS 55:10-13

O mesmo acontece à minha palavra:
eu a envio, e ela sempre produz frutos.
Ela fará o que desejo e prosperará…
—Isaías 55:11

Lily era tradutora da Bíblia e estava voltando para o seu país quando foi detida no aeroporto. Seu celular foi revistado, e, quando os funcionários encontraram uma cópia em áudio do Novo Testamento, confiscaram o telefone dela e a interrogaram por duas horas. A certa altura, eles pediram que ela reproduzisse o aplicativo das Escrituras, que por acaso estava selecionado em Mateus 7: "Não julguem para não serem julgados, pois vocês serão julgados pelo modo como julgam os outros. O padrão de medida que adotarem será usado para medi-los" (Mateus 7:1-2). Ao ouvirem essas palavras em seu próprio idioma, um dos oficiais empalideceu. Mais tarde, ela foi liberada e nenhuma outra ação foi tomada.

Não sabemos o que aconteceu no coração daquele oficial do aeroporto, mas sabemos que a palavra que Deus envia "sempre produz frutos" (Isaías 55:11). Isaías profetizou estas palavras de esperança para o povo de Deus no exílio, assegurando-lhes que, assim como a chuva e a neve fazem a terra brotar e crescer, também a palavra que "Deus envia" sempre produz frutos e alcança Seus propósitos (vv.10-11).

Podemos ler esta passagem para reforçar a nossa confiança em Deus ao enfrentarmos circunstâncias inflexíveis. Como Lily com os funcionários do aeroporto, podemos confiar que Deus está agindo, mesmo quando não visualizamos o resultado final.

Amy

21 DE AGOSTO

No jardim

JOÃO 20:11-18

Maria Madalena [...] lhes disse: "Vi o Senhor!".
Então contou o que Jesus havia falado.
—João 20:18

Meu pai amava cantar hinos antigos. "No jardim" era um dos seus favoritos. Anos atrás, nós o cantamos em seu funeral. O refrão é simples: "E Ele caminha comigo, fala comigo e me diz que sou Seu. E a alegria que compartilhamos, enquanto estamos unidos, ninguém jamais conheceu". Essa canção trouxe tanta alegria ao meu pai — como traz a mim.

O hinista C. Austin Miles diz que escreveu essa canção na primavera de 1912 após ter lido o evangelho de João, capítulo 20. "Enquanto eu lia naquele dia, parecia que eu fazia parte da cena. Tornei-me uma testemunha silenciosa daquele momento dramático na vida de Maria quando ela se ajoelhou diante de seu Senhor e clamou, 'Rabboni [Mestre]'".

Nessa passagem, encontramos Maria Madalena chorando perto do túmulo vazio de Cristo. Ali ela encontrou um homem que a questionou por que estava chorando. Pensando ser o jardineiro, Maria conversou com o Salvador ressuscitado — Jesus! Ao reconhecê-lo a sua tristeza se transformou em alegria, e ela correu para dizer aos discípulos: "Vi o Senhor!" (20:18).

Nós também temos a certeza de que Jesus ressuscitou! Ele está agora no Céu com o Pai, mas não nos deixou por nossa conta. Os que creem em Cristo têm o Seu Espírito em seu interior. Por meio dele, nós temos a certeza e a alegria de saber que Ele habita em nós e que somos "Seus". *Alyson*

22 DE AGOSTO

Basta perguntar

2 REIS 5:9-14

*Eu os atenderei antes mesmo
de clamarem a mim...*
—Isaías 65:24

Seu médico disse que suas retinas descoladas não poderiam ser restauradas. Mas, depois de viver sem visão por quinze anos, aprender Braille e usar bengala e um cão-guia, a vida de certa mulher mudou quando seu marido fez uma simples pergunta a outro oftalmologista: "é possível ajudá-la?". A resposta foi "sim"! Quando esse segundo médico descobriu que a mulher tinha uma doença ocular comum, a catarata, ele a removeu do olho direito. Quando retirou o tapa-olho no dia seguinte, sua visão estava em 20/20. A cirurgia do olho esquerdo teve igual sucesso.

Uma pergunta simples também mudou a vida de Naamã, um poderoso militar com hanseníase. Mas Naamã se enfureceu arrogantemente com as instruções do profeta Eliseu: "Vá e lave-se sete vezes no rio Jordão. Sua pele será restaurada" (2 Reis 5:10). Os servos de Naamã, no entanto, perguntaram ao líder militar: "se o profeta lhe tivesse pedido para fazer algo muito difícil, o senhor não teria feito?" (v.13). Persuadido, Naamã obedeceu e "sua pele ficou saudável [...] e ele foi curado" (v.14).

Em nossa vida, às vezes lutamos com um problema porque não perguntamos a Deus. O Senhor me ajuda? Devo ir? O Senhor me guia? Ele não exige perguntas complicadas da nossa parte para nos ajudar. Antes de clamarmos, Deus responderá (Isaías 65:24). Portanto, hoje simplesmente pergunte a Ele.

Patricia

23 DE AGOSTO

Encontro sagrado

LEVÍTICO 23:33-36,39-44

*Celebrem com alegria diante do Senhor,
seu Deus, por sete dias.* —Levítico 23:40

Reuni-me com um grupo de amigos para um fim de semana juntos às margens de um lago. Passávamos os dias brincando e compartilhando refeições, mas eram as conversas noturnas que eu mais apreciava. Quando a escuridão caía, abríamos o coração com profundidade e vulnerabilidade incomuns, compartilhando as dores dos casamentos vacilantes e as consequências de traumas que alguns de nossos filhos estavam sofrendo. Sem minimizar os nossos problemas, relembrávamos da fidelidade de Deus ao enfrentarmos tais dificuldades. Essas noites estão entre as mais sagradas da minha vida.

Imagino que tais momentos foram iguais ao que Deus pretendia quando instruiu Seu povo a se reunir anualmente para o Festa dos Tabernáculos. Essa festa, como muitas outras, exigia que os israelitas fossem a Jerusalém. Na chegada, Deus instruía Seu povo a se reunir em adoração e a não fazer "nenhum trabalho habitual" durante a festa por cerca de uma semana (Levítico 23:35). A Festa dos Tabernáculos celebrava a provisão de Deus e celebrava o tempo que eles haviam passado no deserto no deserto depois de serem libertos do Egito (vv.42-43).

Essa comemoração fortalecia o senso de identidade dos israelitas como povo de Deus e proclamava a bondade divina, apesar das dificuldades coletivas e individuais do povo. Quando nos reunimos com aqueles que amamos para relembrar a provisão e a presença de Deus em nossa vida, também somos fortalecidos na fé. *Kirsten*

24 DE AGOSTO

É Jesus!

COLOSSENSES 1:27-29; 2:6-10

...quis Deus dar a conhecer [...] a gloriosa riqueza deste mistério, que é Cristo em vocês, a esperança da glória. —Colossenses 1:27

Durante o concurso da TV americana *America's Got Talent*, uma menina de 5 anos cantou tão bem que um juiz a comparou à famosa cantora infantil e dançarina dos anos 1930. Ele comentou: "Acho que Shirley Temple está morando em algum lugar dentro de você". Ela respondeu: "Não é Shirley Temple. É Jesus!".

Fiquei maravilhada com a profunda percepção dessa garotinha de que a alegria vinha pelo fato de Jesus "habitar" nela. A Bíblia nos assegura de que todos os que confiam em Jesus não apenas recebem a promessa da vida eterna com Deus, mas também a presença de Jesus vivendo neles por meio do Seu Espírito — nosso coração se torna o lar de Jesus (Colossenses 1:27; Efésios 3:17).

A presença de Jesus em nós enche-nos de incontáveis motivos de gratidão (Colossenses 2:6-7). Cristo nos capacita a vivermos com propósito e energia (1:28-29). Ele cultiva a alegria em nós, em meio às circunstâncias: nos momentos de celebração e também nos momentos de luta (Filipenses 4:12-13). O Espírito de Cristo enche o nosso coração de esperança, pois, mesmo quando não podemos ver, sabemos que todas as coisas cooperam para o bem (Romanos 8:28). O Espírito Santo nos concede a paz que persiste independentemente do caos que gira ao nosso redor (Colossenses 3:15).

Com a confiança que temos de que Jesus habita em nosso interior, podemos permitir que a Sua presença brilhe por intermédio de nós para que os outros nunca deixem de percebê-la. *Lisa*

25 DE AGOSTO

Em todos os momentos

ÊXODO 40:34-38

Durante o dia, a nuvem do Senhor pairava no ar [...] e, à noite, fogo ardia [...] Israel podia vê-la... —Êxodo 40:38

Em 28 de janeiro de 1986, o ônibus espacial *Challenger* dos EUA se autodestruiu 73 segundos após a decolagem. No discurso de conforto à nação, o presidente Ronald Reagan citou o poema "Voo alto" de John Gillespie Magee, piloto da Segunda Guerra Mundial, que escreveu sobre o "nunca antes ultrapassado espaço sagrado" e a sensação de estender a sua mão para tocar "a face de Deus".

Ainda que não possamos literalmente tocar a face de Deus, por vezes experimentamos um pôr do sol extasiante ou um lugar na natureza para meditarmos que nos dá a maravilhosa sensação de que Ele está próximo. Algumas pessoas chamam esses momentos de "transcendentais". A barreira que separa o Céu da Terra se torna mais tênue. Deus parece estar mais próximo.

Os israelitas podem ter experimentado essa proximidade "transcendental" ao sentirem a presença de Deus no deserto. O Senhor lhes proveu uma nuvem de dia e uma coluna de fogo à noite para guiá-los por meio do deserto (Êxodo 40:34-38). Quando estavam no acampamento, "a glória do Senhor" enchia o tabernáculo (v.35). Durante toda a jornada, eles sabiam que Deus estava com eles.

Ao desfrutarmos da incrível beleza da criação divina, temos maior percepção de que Deus está presente em todos os lugares. Quando falamos com Ele em oração, ouvimos a Sua voz e lemos a Sua Palavra, podemos usufruir da comunhão com Ele em todo tempo e em todo lugar. *Cindy*

26 DE AGOSTO

Em vez de vingança

ROMANOS 12:17-21

*Se seu inimigo estiver com fome,
dê-lhe de comer...* —Romanos 12:20

Depois que Jim Elliot e outros quatro missionários foram mortos por tribos Huaorani em 1956, no Equador, ninguém esperava o que aconteceu a seguir. A esposa de Jim, Elisabeth, a filha mais nova deles e a irmã de outro missionário decidiram viver entre os que mataram os seus queridos familiares. Elas passaram vários anos na comunidade Huaorani aprendendo a língua indígena nativa e traduzindo a Bíblia para eles. O testemunho de perdão e bondade dessas mulheres convenceu os Huaorani do amor de Deus por eles e muitos receberam Jesus como seu Salvador.

O que Elisabeth e sua amiga fizeram demonstra exemplarmente como não retribuir o mal com o mal, mas com o bem (Romanos 12:17). O apóstolo Paulo encorajou a Igreja em Roma a mostrar a transformação que Deus trouxera para a vida deles por meio de suas ações. O que Paulo tinha em mente? Eles deveriam ir além do desejo natural de se vingar e, em vez disso, deveriam demonstrar amor aos seus inimigos, buscando satisfazer as necessidades deles, tais como fornecer-lhes comida ou água, por exemplo.

Por que fazer isso? Paulo cita um provérbio do Antigo Testamento: "Se seu inimigo estiver com fome, dê-lhe de comer; se estiver com sede, dê-lhe de beber" (Romanos 12:20; Provérbios 25:21-22). O apóstolo estava revelando que a bondade demonstrada pelos cristãos aos seus inimigos poderia conquistá-los e acender o fogo do arrependimento em seus corações. *Estera*

27 DE AGOSTO

Qualquer um e todos

ROMANOS 10:5-15

Pois "todo aquele que invocar o nome do Senhor será salvo". —Romanos 10:13

O país de El Salvador honrou Jesus colocando uma escultura dele no centro de sua capital. Embora o monumento esteja no meio de uma rotatória movimentada, a altura dele facilita a visualização do Seu nome — O Divino Salvador do Mundo — comunica reverência a Ele.

Esse nome reafirma o que a Bíblia diz sobre Jesus (1 João 4:14). Ele é Aquele que oferece salvação a todos. Jesus cruza as fronteiras culturais e aceita qualquer pessoa sincera que queira conhecê-lo, independentemente da idade, educação, etnia, pecado cometido ou status social.

O apóstolo Paulo viajou pelo mundo da antiguidade falando às pessoas sobre a vida, a morte e a ressurreição de Jesus. Ele compartilhou essas boas-novas com autoridades políticas e religiosas, soldados, judeus, gentios, homens, mulheres e crianças. Paulo explicou que uma pessoa poderia começar um relacionamento com Cristo declarando que "Jesus é o Senhor" e crendo que Deus verdadeiramente o havia ressuscitado dentre os mortos. Ele disse: "Quem confiar nele jamais será envergonhado [...]. Pois "todo aquele que invocar o nome do Senhor será salvo" (Romanos 10:9,11,13).

Jesus não é uma imagem distante a ser honrada; precisamos ter uma conexão pessoa a pessoa com Ele por meio da fé. Que possamos ver o valor da salvação que Ele oferece e amadurecer em nosso relacionamento espiritual com o Senhor. *Jennifer*

28 DE AGOSTO

Prosperando juntos

COLOSSENSES 3:5-16

Permitam que a paz de Cristo governe o seu coração, pois, como membros do mesmo corpo, vocês são chamados a viver em paz. —Colossenses 3:15

Meu marido, Alan, ficou embaixo do reflexo das luzes altas que iluminavam a quadra de esportes quando um membro da equipe adversária jogou uma bola ao alto. Com os olhos fixos nela, ele correu em direção ao canto mais escuro da quadra e bateu violentamente na cerca de arame.

Mais tarde naquela mesma noite, dei-lhe uma bolsa de gelo e perguntei: "Está se sentindo bem?". Ele massageou os ombros dizendo: "Eu me sentiria bem melhor se tivessem me avisado que eu estava muito perto da cerca".

As equipes funcionam melhor quando trabalham juntas. Tudo isso poderia ter sido evitado, se alguém do time o tivesse prevenido em alta voz sobre a proximidade da cerca.

As Escrituras ensinam que os membros da igreja são designados para trabalharem juntos e cuidarem uns dos outros como equipe. Paulo nos diz que Deus se preocupa com a maneira que interagimos uns com os outros, porque as ações de uma pessoa podem impactar toda a comunidade da igreja (Colossenses 3:13-14). A igreja floresce quando somos "chamados a viver em paz" e usamos as oportunidades de bem servir uns aos outros (v.15).

Paulo nos instruiu a permitir: "Que a mensagem de Cristo preencha a vida de vocês. Ensinem e aconselhem uns aos outros com sabedoria. Cantem a Deus salmos, hinos e cânticos espirituais com o coração agradecido" (v.16). Assim, inspiraremos uns aos outros com relacionamentos cheios de gratidão e sendo fortalecidos. *Xochitl*

29 DE AGOSTO

Quando Deus intervém

NÚMEROS 23:13-23

"Não toquem em meu povo escolhido, não façam mal a meus profetas". —Salmo 105:15

No poema intitulado *This Child Is Beloved* (Essa criança é amada), Omawumi Efueye, conhecido como pastor O, escreve sobre as tentativas de seus pais de interromperem a gravidez que resultaria em seu nascimento. Depois de vários eventos incomuns que os impediram de abortá-lo, eles mudaram de ideia e decidiram tê-lo. Saber que Deus preservou sua vida o fez desistir de uma carreira lucrativa em prol do ministério de tempo integral. Hoje, com fidelidade ao Senhor, ele pastoreia uma igreja em Londres.

Como o pastor O, os israelitas experimentaram a intervenção de Deus num momento vulnerável de sua história. Enquanto viajavam avistaram o rei Balaque de Moabe. Aterrorizado com suas conquistas e vasta população, Balaque contratou o vidente Balaão para lançar maldição sobre os viajantes desavisados (Números 22:2-6).

Mas algo maravilhoso aconteceu. Sempre que Balaão abria a boca para amaldiçoar, emitia bênção. "Ouça, recebi ordem de abençoar; Deus abençoou, e não posso anular sua bênção!", declarou ele. "Quando ele olha para Jacó, não vê maldade alguma; não vê calamidade à espera de Israel. Pois o SENHOR, seu Deus, está com eles [...] Deus os tirou do Egito..." (23:20-22). Deus preservou os israelitas de uma batalha que eles nem sequer sabiam que estava por acontecer!

Quer o vejamos ou não, Deus ainda vigia o Seu povo. Que adoremos com gratidão e temor Aquele que nos chama de bem-aventurados. *Remi*

Alegre celebração

APOCALIPSE 19:1-9

...pois chegou a hora do casamento do Cordeiro. —Apocalipse 19:7

Minha amiga Sharon faleceu um ano antes da filha adolescente do meu amigo Dave. Elas, morreram tragicamente em acidentes de carro. Certa noite, sonhei que elas riam e conversavam entre si, enquanto penduravam fitas de serpentina num salão de festas e ambas me ignoraram quando entrei. Sobre uma mesa com toalhas brancas estavam os pratos dourados e cálices de ouro. Perguntei-lhes se poderia ajudar na decoração, mas elas pareciam não me ouvir e continuaram em suas tarefas.

Mas, de repente a Sharon falou: "Esta festa é a recepção do casamento da Melissa".

"Quem é o noivo?", perguntei.

Nenhuma delas me respondeu, mas elas sorriram entreolhando-se com conhecimento de causa. Finalmente, dei-me conta: "é Jesus! Ele é o noivo", sussurrei ao acordar.

Esse sonho traz à mente a alegre celebração que os cristãos compartilharão quando Jesus voltar. Lemos em Apocalipse que será "o banquete do casamento do Cordeiro" (19:9). João Batista, que preparou as pessoas para a primeira vinda de Cristo, o chamou de "o Cordeiro de Deus, que tira o pecado do mundo" (João 1:29). Ele também se referiu a Jesus como "o noivo" e a si mesmo como o "amigo" (algo como o padrinho) que esperava por Ele (3:29).

Nesse dia de banquete celestial e por toda a eternidade, desfrutaremos da comunhão ininterrupta com Jesus, nosso noivo, com Sharon e Melissa e com todo o povo de Deus. *Anne*

31 DE AGOSTO

Os cuidados do nosso Pai

MATEUS 10:16-20, 26-31

Quanto custam dois pardais? [...] no entanto, nenhum deles cai no chão sem o conhecimento de seu Pai. —Mateus 10:29

Olhei para cima e direcionei o meu ouvido ao forte som que eu tinha ouvido. Vi uma mancha na janela e na varanda descobri aquele pássaro se debatendo. O meu coração se condoeu e eu queria ajudar aquele frágil ser emplumado.

Na passagem de hoje, Jesus descreveu o cuidado de Seu Pai pelos pardais, a fim de confortar os discípulos, ao mesmo tempo que os advertia sobre os perigos futuros. Ele instruiu os doze e "lhes deu autoridade para expulsar espíritos impuros e curar todo tipo de enfermidade e doença" (Mateus 10:1). Embora o poder de fazer tais obras pudesse parecer importante para os discípulos, muitos se oporiam a eles, incluindo os governantes, as suas próprias famílias e o poder ludibriador do maligno (vv.16-28).

Jesus, no entanto, disse-lhes para não temerem o que quer que enfrentassem porque nunca estariam fora dos cuidados do Seu Pai. Ele lhes perguntou: "Quanto custam dois pardais? Uma moeda de cobre? No entanto, nenhum deles cai no chão sem o conhecimento de seu Pai [...]. Portanto, não tenham medo; vocês são muito mais valiosos..." (vv.29-31).

Observei o pássaro ao longo do dia, encontrando-o sempre vivo mas imóvel. Depois, já tarde da noite, ele desapareceu. Orei para que tivesse sobrevivido. Se eu me preocupava tanto com o pássaro, certamente Deus preocupava-se ainda mais. Imagina o quanto mais Ele se preocupa com você e comigo!

Elisa

1.º DE SETEMBRO

Cessando os rumores

ÊXODO 23:1-3

Não espalhe boatos falsos.
—Êxodo 23:1

Depois que Charles Simeon (1759–1836) foi nomeado ministro da Igreja da Santíssima Trindade, em Cambridge, Inglaterra, ele enfrentou anos de oposição. Como a maioria da congregação queria que o ministro associado fosse nomeado em vez de Simeon, os membros espalharam rumores sobre ele e rejeitaram seu ministério chegando às vezes a impedi-lo de entrar na igreja. Mas Simeon que desejava ser cheio do Espírito de Deus, procurou lidar com os boatos criando alguns princípios para viver. Um deles era nunca acreditar em rumores, a menos que fossem absolutamente verdadeiros e o outro era "sempre acreditar que, se o outro lado fosse ouvido, um relato muito diferente seria dado sobre o mesmo assunto".

Nesta prática, Simeon seguiu as instruções de Deus para o Seu povo para interromper as fofocas e as conversas maliciosas que Ele sabia que acabariam com o amor deles um pelo outro. Um dos Dez Mandamentos de Deus reflete o Seu desejo de que eles vivam com sinceridade: "Não dê falso testemunho contra o seu próximo" (Êxodo 20:16). Outra instrução em Êxodo reforça esse mandamento: "Não espalhe boatos falsos" (23:1).

Pense em como o mundo seria diferente se cada um de nós nunca espalhasse rumores e relatos falsos e se os parássemos no momento em que os ouvíssemos. Que possamos confiar no Espírito Santo para nos ajudar a falar a verdade em amor à medida que usamos nossas palavras para trazer glória a Deus.

Amy

2 DE SETEMBRO

O passageiro bondoso

1 TIMÓTEO 6:17-19

Devem ser ricos em boas obras e generosos com os necessitados, sempre prontos a repartir.
—1 Timóteo 6:18

Kelly passou pelo corredor estreito do avião com sua filha de 11 meses, Lucy, e a máquina de oxigênio do bebê. Elas estavam viajando para procurar tratamento para a doença pulmonar crônica do bebê. Logo depois de se acomodar em seu assento compartilhado, uma aeromoça se aproximou de Kelly, dizendo-lhe que um passageiro de primeira classe queria trocar de lugar com ela. Com lágrimas de gratidão escorrendo pelo rosto, Kelly caminhou de volta pelo corredor até o assento mais espaçoso, enquanto o generoso estranho se dirigiu para o dela.

O benfeitor de Kelly demonstrou o tipo de generosidade que Paulo encoraja em sua carta a Timóteo. Paulo disse-lhe para instruir os que estavam sob seus cuidados com a ordem de "fazer o bem, ser ricos em boas obras e generosos com os necessitados, sempre prontos a repartir" (1 Timóteo 6:18). Paulo diz que é tentador tornar-se arrogante e depositar nossa esperança nas riquezas deste mundo. Em vez disso, ele sugere que nos concentremos em sermos generosos e que sirvamos aos outros, tornando-nos "ricos" em boas obras, como o generoso homem do assento de primeira classe no mesmo voo de Kelly e sua bebê.

Quer tenhamos muito ou pouco, todos nós podemos ser generosos ao nos dispormos a compartilhar o que temos com os outros. Quando o fazemos, Paulo diz que experimentaremos "a verdadeira vida" (v.19). *Kirsten*

3 DE SETEMBRO

Olhando para cima!

SALMO 8:3–4; APOCALIPSE 21:22-25

…pois ali não haverá noite.
—Apocalipse 21:25

Quando o cineasta Wylie Overstreet mostrou a estranhos uma imagem ao vivo da Lua vista através de seu poderoso telescópio, todos ficaram surpresos com a visão de perto, reagindo com sussurros e reverência. Contemplar uma visão tão gloriosa, explicou Overstreet: "nos enche de admiração por haver algo muito maior do que nós".

O salmista Davi também se maravilhou com a luz celestial de Deus. "Quando olho para o céu e contemplo a obra de teus dedos, a lua e as estrelas que ali puseste, pergunto: Quem são os simples mortais, para que penses neles? Quem são os seres humanos, para que com eles te importes?" (Salmo 8:3-4).

A pergunta tão humilde de Davi coloca a nossa admiração em primeiro plano quando descobrimos que, depois de Deus criar Seu novo Céu e Terra, não precisaremos mais da Lua ou do Sol. Em vez disso, disse o apóstolo João, a glória resplandecente de Deus proverá toda a luz necessária. "A cidade não precisa de sol nem de lua, pois a glória de Deus a ilumina, e o Cordeiro é sua lâmpada. […] ali não haverá noite" (Apocalipse 21:23-25).

Que pensamento surpreendente! Portanto, podemos experimentar Sua luz celestial agora, simplesmente buscando a Cristo, a Luz do mundo. Na visão de Overstreet, nós "deveríamos olhar para cima com mais frequência". E à medida que o fizermos, que possamos ver o Senhor Deus. *Patricia*

4 DE SETEMBRO

Ancorado na verdade

ISAÍAS 22:15-20,22-25

*...pois o colocarei firmemente no lugar,
como um prego na parede.*
—Isaías 22:23

Minha família mora numa casa quase centenária que tem paredes de gesso com textura maravilhosa. Um construtor me advertiu que, para pendurar um quadro nessas paredes, eu teria que utilizar um suporte de madeira ou âncora de apoio ao gesso. Do contrário, arriscaria que o quadro tombasse, deixando um buraco feio no lugar.

O profeta Isaías usou a imagem de um prego cravado firmemente numa parede para descrever um personagem bíblico menos conhecido chamado Eliaquim. Ao contrário do oficial corrupto Sebna (Isaías 22:15-19), e até do povo de Israel que buscava força em si mesmo (vv.8-11), Eliaquim confiava em Deus. Profetizando a promoção de Eliaquim a administrador do palácio para o rei Ezequias, Isaías escreveu que Eliaquim seria cravado como um "prego na parede" (v.23). Estar firmemente ancorado na verdade e na graça de Deus também permitiria a Eliaquim ser um apoio para sua família e seu povo (vv.22-24).

Mesmo assim, Isaías lembrou que nenhuma pessoa pode ser a segurança definitiva para amigos ou família. Todos nós falhamos (v.25). A única âncora totalmente confiável para a nossa vida é Jesus (Salmo 62:5-6; Mateus 7:24). Ao cuidarmos dos outros e compartilharmos seus fardos, que também podemos conduzi-los a Ele, a âncora que jamais falhará. *Lisa*

5 DE SETEMBRO

Estendendo a graça aos outros

ATOS 4:32-35

*…e sobre todos eles havia grande graça.
Entre eles não havia necessitados…*
—Atos 4:33-34

Nosso filho passou os seus primeiros anos em um abrigo para crianças antes de o adotarmos. Antes de sairmos juntos daquele prédio de blocos de concreto local de para levá-lo para o nosso lar, pedimos para buscar os pertences dele. Infelizmente, ele não tinha nenhum. Trocamos as roupas que ele usava pelas novas que tínhamos trazido para ele e deixamos algumas roupas para as outras crianças. Mesmo triste pelo pouco que lhe pertencia, eu me alegrava que agora poderíamos ajudar a atender suas necessidades físicas e emocionais.

Anos depois, vimos uma pessoa pedindo doações para famílias necessitadas. Meu filho sentiu o desejo de doar alegremente os seus bichinhos de pelúcia e algumas moedas para ajudá-los. Devido ao seu passado, ele poderia ter (compreensivelmente) tido mais apego aos seus pertences.

Gosto de pensar que a generosidade dele foi igual a reação demonstrada pela Igreja Primitiva: "sobre todos eles havia grande graça", que ninguém no meio deles era necessitado (Atos 4:33-34). As pessoas vendiam voluntariamente seus bens para suprir as necessidades uns dos outros.

Quando nos tornamos conscientes das necessidades dos outros, materiais ou não, que a graça de Deus aja tão poderosamente em nós para reagirmos como eles: oferecendo generosamente do que temos aos necessitados. Isso torna os cristãos canais da graça de Deus "unidos em coração e mente" (v.32).

Kirsten

6 DE SETEMBRO

A realidade de Deus

2 REIS 6:8-17

O Senhor abriu os olhos do servo, e ele
[viu] carros de fogo ao redor de Eliseu.
—2 Reis 6:17

No livro *As Crônicas de Nárnia: O Leão, a Feiticeira e o Guarda-Roupa*, de C. S. Lewis (Martins Fontes, 2010), todos em Nárnia ficam emocionados quando o poderoso leão Aslam reaparece após uma longa ausência. A alegria deles se transforma em tristeza, quando Aslam concorda com uma exigência feita pela perversa Feiticeira Branca. Diante da aparente derrota de Aslam, os narnianos experimentam seu poder quando ele ruge de forma ensurdecedora que faz a bruxa fugir aterrorizada. Embora tudo parecesse estar perdido, Aslam prova ser maior do que a bruxa vilã.

Como os seguidores de Aslam na alegoria de Lewis, o servo de Eliseu se desesperou ao se levantar certa manhã para ver a si mesmo e a Eliseu cercados por um exército inimigo. "Ai, meu senhor, o que faremos agora?" (2 Reis 6:15). A resposta do profeta foi calma: "Não tenha medo!", [...] Pois do nosso lado há muitos mais que do lado deles!" (v.16). Eliseu então orou: "Ó Senhor, abre os olhos dele, para que veja" (v.17). Então, "O Senhor abriu os olhos do servo, e ele viu as colinas ao redor de Eliseu cheias de cavalos e carruagens de fogo" (v.17). Embora no início tudo tenha parecido sombrio aos olhos do servo, o poder de Deus revelou ser maior do que a horda de inimigos.

Nossas circunstâncias difíceis podem nos fazer acreditar que tudo está perdido, mas Deus deseja abrir os nossos olhos e revelar que Ele é ainda maior. *Remi*

7 DE SETEMBRO

Cheios de brilho

SALMO 86:1-13

Ó Senhor, tu és tão bom, tão pronto a perdoar,
tão cheio de amor por todos que te buscam.
—Salmo 86:5

Quando meu marido e eu estávamos explorando um canto pequeno e acidentado no interior do nosso estado, vi um girassol num local rochoso e seco, onde brotos de arbustos, urtigas, cactos espinhosos e outras plantas irregulares cresciam. Não era tão alto quanto um girassol nos campos, mas tinha tanto brilho que isso me encorajou.

Esse inesperado pontinho brilhante naquele terreno acidentado lembrou-me de como a vida, mesmo para o cristão, pode parecer árida e triste. As angústias podem parecer insuperáveis e, como os clamores do salmista Davi, nossas orações às vezes parecem não ser ouvidas: "Inclina-te, Senhor, e ouve minha oração" (Salmo 86:1). Como ele, desejamos muito nos alegrarmos (v.4).

Mas Davi continua declarando que servimos ao Deus fiel (v.11), "compassivo e misericordioso" (v.15), que está cheio de amor por todos que o buscam (v.5) e que Ele responde (v.7).

Às vezes, em lugares sombrios, Deus envia um girassol, uma palavra ou nota encorajadora vinda de um amigo; um verso reconfortante ou uma passagem bíblica; um belo nascer do sol que nos ajuda a avançar com o passo mais leve, com esperança. Enquanto esperamos o dia em que Deus nos libertará de nossas dificuldades, juntemo-nos ao salmista e proclamemos: "Pois tu és grande e realizas maravilhas; só tu és Deus!" (v.10).

Alyson

8 DE SETEMBRO

Medos irracionais

ISAÍAS 49:14-19

...eu não me esqueceria de vocês!
—Isaías 49:15

Não tem lógica, mas, quando meus pais morreram num período de três meses, eu temi que eles me esqueceriam. É claro que eles não estavam mais na Terra entre nós, mas pensar assim provocou uma grande insegurança em meu interior. Sendo jovem e solteira, questionava-me sobre como navegaria pela vida sem a presença deles. Sentindo-me realmente solteira e sozinha, busquei a Deus.

Certa manhã, contei ao Senhor sobre o meu medo irracional e a tristeza que isso me trazia (mesmo que Ele já o soubesse). A passagem das Escrituras que li no devocional daquele dia foi Isaías 49: "Pode a mãe se esquecer do filho que ainda mama? [...] Mesmo que isso fosse possível, eu não me esqueceria de vocês!" (v.15). Por intermédio de Isaías, Deus tranquilizou o Seu povo de que Ele não havia esquecido deles e, mais tarde, o Senhor prometeu restaurá-los para si mesmo enviando o Seu Filho Jesus. Essas palavras também ministraram ao meu coração. É raro uma mãe ou um pai esquecerem seu filho, mas é possível. Mas Deus? De jeito nenhum! Ele disse: "escrevi seu nome na palma de minhas mãos".

A resposta que Deus me deu poderia ter-me causado mais medo. Mas a paz que Ele me concedeu por lembrar-me disso era exatamente o que eu precisava. Foi o começo da descoberta de que Deus está ainda mais próximo do que um pai ou mãe ou outra pessoa e Ele sabe como nos ajudar em todas as situações — até mesmo em nossos medos irracionais. *Anne*

9 DE SETEMBRO

Reconstruindo as ruínas

JEREMIAS 33:6-11

Então esta cidade me trará louvor,
glória e honra. —Jeremias 33:9

Aos 17 anos, Dowayne teve que deixar a casa de sua família em Manenberg, na Cidade do Cabo, África do Sul, por causa de seu roubo e dependência de heroína. Ele não foi longe, construiu um barraco de metal corrugado no quintal da casa de sua mãe, que logo ficou conhecido como "o Cassino", um lugar para usar drogas. Aos 19 anos, no entanto, Dowayne creu na fé salvadora em Jesus. Sua jornada para sair das drogas foi longa e cansativa, mas ele ficou limpo com a ajuda de Deus e o apoio de amigos que creem em Jesus. Passados 10 anos, ele e outros irmãos em Cristo transformaram aquela cabana em uma igreja doméstica. O que antes era um lugar sombrio e agourento hoje é um lugar de adoração e oração.

Os líderes dessa igreja olham para Jeremias 33 e veem como Deus pode trazer cura e restauração para pessoas e lugares, como Ele fez com Dowayne e o antigo cassino. O profeta Jeremias falou ao povo de Deus em cativeiro, dizendo que, embora a cidade não viesse a ser poupada, Deus curaria Seu povo e os "reconstruiria", purificando-os de seus pecados (Jeremias 33:7-8). E a cidade lhe traria louvor, glória e honra (v.9).

Quando nós nos sentimos prontos para nos desesperar com o pecado que causa desgosto e prostração, continuemos orando para que Deus traga cura e esperança, assim como Ele fez em um quintal em Manenberg. *Amy*

10 DE SETEMBRO

Cartas amáveis

1 PEDRO 2:4-10

Vocês […] são povo escolhido, reino de sacerdotes, nação santa, propriedade exclusiva de Deus. —1 Pedro 2:9

Décadas atrás, o Dr. Jerry Motto descobriu o poder de uma "carta amável". Sua pesquisa demonstrou que o simples envio de uma carta expressando cuidados aos pacientes que haviam recebido alta após tentar o suicídio, reduzia pela metade a taxa de recorrência. Recentemente, os profissionais da saúde redescobriram isso ao enviar textos com mensagens de amparo, cartões e até memes como tratamento subsequente e acompanhamento às pessoas severamente deprimidas.

Temos na Palavra de Deus, 21 "livros" que na verdade são cartas escritas para os cristãos que enfrentavam dificuldades por razões diversas no primeiro século. Paulo, Tiago e João as escreveram para explicar os fundamentos da fé e da adoração, como resolver conflitos e construir a unidade.

O apóstolo Pedro escreveu aos perseguidos pelo imperador romano, Nero. Lembrou-lhes de seu valor intrínseco para Deus: "Vocês […] são povo escolhido, reino de sacerdotes, nação santa, propriedade exclusiva de Deus". Isso os fez olhar para Deus e lembrar do grande propósito divino para eles: "mostrar às pessoas como é admirável aquele que os chamou das trevas para sua maravilhosa luz" (1 Pedro 2:9).

Nosso maravilhoso Deus escreveu um livro cheio de cartas amáveis para nós. São as inspiradas Escrituras para que possamos nos lembrar sempre do valor que Ele nos atribui. Leiamos as Suas cartas diariamente e as compartilhemos com os que precisam da esperança que Jesus oferece. *Elisa*

11 DE SETEMBRO

Dia de encorajamento

1 TESSALONICENSES 5:12-18

Irmãos, pedimos que advirtam os indisciplinados. Encorajem os desanimados. —1 Tessalonicenses 5:14

Os socorristas mostram dedicação e coragem diariamente estando na linha de frente quando os desastres ocorrem. No ataque ao *World Trade Center*, em Nova Iorque, 2001, no qual milhares morreram ou se feriram, mais de 400 socorristas perderam a vida. Em sua homenagem, o Senado dos EUA designou 12 de setembro como o Dia Nacional de Encorajamento.

Embora possa parecer muito singular que um governo declare um Dia Nacional de Encorajamento, o apóstolo Paulo certamente achou isso necessário para o crescimento da Igreja. Ele recomendou a jovem igreja em Tessalônica, uma cidade na Macedônia, por encorajar os desanimados, ajudar os fracos, ter paciência com todos (1 Tessalonicenses 5:14). Embora eles estivessem passando por perseguição, Paulo os encorajou a se esforçarem "sempre [para] fazer o bem uns aos outros e a todos" (v.15). Ele sabia que, como seres humanos, eles estariam propensos ao desespero, egoísmo e conflito. Mas Paulo também reconhecia que eles não seriam capazes de elevar um ao outro sem a ajuda e a força de Deus.

Não é diferente nos dias de hoje. Todos nós precisamos ser encorajados e precisamos fazer o mesmo pelas pessoas que nos rodeiam. No entanto, não podemos fazer isso com nossas próprias forças. É por isso que o encorajamento de Paulo de que "Aquele que os chama fará isso acontecer, pois ele é fiel" é tão reconfortante (v.24). Com a ajuda do Senhor nós podemos encorajar uns aos outros todos os dias. *Estera*

12 DE SETEMBRO

Algo novo

ISAÍAS 43:14-21

...estou prestes a realizar algo novo.
[...] Abrirei um caminho no meio do deserto,
farei rios na terra seca. —Isaías 43:19

É difícil cultivar onde não há água doce. Para resolver isso, foram construídas "casas de resfriamento" na Somália, África, e noutros países com climas semelhantes. Essas casas de resfriamento usam bombas solares para jogar água salgada sobre paredes de papelão ondulado. À medida que a água desce em cada painel ela deixa o seu sal para trás. Grande parte da água doce restante evapora dentro da estrutura, que se torna um lugar úmido onde as frutas e hortaliças podem florescer.

Por meio do profeta Isaías, Deus prometeu fazer "algo novo" ao providenciar "rios na terra seca" para Israel. Esse algo novo contrastava com o que Ele já havia feito para resgatar o Seu povo do exército egípcio. Você se lembra do que aconteceu com o mar Vermelho? Deus queria que Seu povo relembrasse o passado, mas que isso não ofuscasse o Seu envolvimento na vida deles naquele momento (Isaías 43:18). E disse a eles: "...estou prestes a realizar algo novo. Vejam, já comecei! Não percebem? Abrirei um caminho no meio do deserto, farei rios na terra seca" (v.19).

Enquanto o fato de olhar para o passado pode fortalecer a nossa fé na provisão de Deus, viver no passado pode nos cegar à obra do Espírito no presente. Peçamos ao Senhor que nos revele como Ele está se movendo em nossos dias: ajudando, refazendo e amparando Seu povo. Que essa percepção nos motive a sermos parceiros do Senhor para atender as necessidades dos que estão próximos ou distantes. *Jennifer*

13 DE SETEMBRO

Corações em plena paz

PROVÉRBIOS 14:29-35

O contentamento dá saúde ao corpo; a inveja é como câncer nos ossos. —Provérbios 14:30

Por 45 anos após ter encerrado a sua carreira como atleta profissional, o nome de Jerry Kramer ainda não tinha entrado para o hall da fama dos esportes (o mais alto reconhecimento). Ele desfrutou de muitas outras honras e triunfos, mas esta, em particular, escapou. Embora ele tivesse sido indicado dez vezes a receber esta honra, jamais a recebera. Apesar de ter se desiludido tantas vezes, Kramer ainda assim era amável ao dizer: "É como se a Liga de Futebol Americano tivesse me dado uma centena de presentes ao longo da minha vida, e aborrecer-me ou ficar zangado por não ter recebido um deles seria no mínimo um absurdo!".

Situações em que outros teriam se amargurado após receber tantas indicações negadas em favor de outros jogadores, Kramer não se amargurava. A atitude dele nos mostra como podemos guardar o nosso coração da natureza corrosiva da inveja, um "câncer nos ossos" (Provérbios 14:30). Quando nos preocupamos com o que não temos e falhamos em reconhecer o muito que temos, a paz de Deus nos escapa.

Finalmente, após a 11.ª indicação, o nome de Jerry Kramer foi nomeado para entrar no Hall da Fama em fevereiro de 2018. Nossos desejos terrenos podem não ser realizados como os de Kramer finalmente foram. Contudo, todos nós podemos ter "contentamento e paz no coração" quando direcionamos a nossa atenção para as muitas maneiras pelas quais Deus tem sido generoso em relação a nós. Não importa o que queremos e não temos, sempre podemos usufruir dá paz que gera vida a qual Ele nos concede. *Kirsten*

14 DE SETEMBRO

Uma vida notável

1 PEDRO 2:9-12

Procurem viver de maneira exemplar entre os que não creem… —1 Pedro 2:12

Conheci um pouco sobre essa cirurgiã australiana notável, Catherine Hamlin, lendo o obituário dela. Na Etiópia, Catherine e seu marido estabeleceram o único hospital do mundo dedicado à cura das mulheres vítimas do devastador trauma físico e emocional originado das fístulas obstétricas —, uma lesão comum observada em países em desenvolvimento, a qual pode ocorrer durante o parto. Creditou-se a ela a responsabilidade por supervisionar o tratamento de mais de 60 mil mulheres.

Ela ainda fazia cirurgias aos 92 anos e sempre iniciava os seus dias com uma xícara de chá e estudo bíblico. Catherine disse aos curiosos que era uma simples cristã e que apenas fazia o trabalho que Deus tinha lhe dado para fazer.

Senti gratidão por descobrir sobre a vida excepcional dessa doutora. Ela exemplificou poderosamente para mim o encorajamento que a Bíblia oferece aos cristãos para viverem de tal forma que mesmo os que rejeitam enfaticamente a Deus vejam "…seu comportamento correto e [deem] glória a Deus quando ele julgar o mundo" (1 Pedro 2:12).

O poder do Espírito de Deus que nos chamou das escuridão espiritual para um relacionamento com Ele (v.9) também pode transformar o nosso trabalho ou áreas de serviço em testemunhos da nossa fé. Seja qual for a paixão ou habilidade que Deus nos deu, podemos agregar significado e propósito ainda maior agindo de uma maneira que tenha o poder de direcionar pessoas ao Senhor. *Lisa*

15 DE SETEMBRO

Banco da amizade

ÊXODO 33:9-11

*Ali o Senhor falava com Moisés face a face,
como quem fala com um amigo...*
—Êxodo 33:11

No Zimbábue, África, os traumas de guerra e a alta taxa de desemprego podem causar desespero, até que as pessoas encontrem esperança num "banco de amizades". Nele, essas pessoas podem conversar em *xona* (uma língua local) com as idosas *kufungisisa* (as que pensam bastante), que são treinadas para ouvir as pessoas em estado de depressão.

O projeto Banco da Amizade foi lançado também em Zanzibar, Londres e Nova Iorque. "Os resultados nos empolgam", disse um pesquisador londrino e o de Nova Iorque concordou. "Você nem percebe que está apenas sentado num banco batendo papo com alguém que se importa."

Esse projeto evoca a ternura e a admiração de conversar com nosso Deus Todo-Poderoso. Moisés não fez um banco, mas construiu uma tenda para nela ter comunhão com Deus, chamando-a de tenda de reunião. "Ali o Senhor falava com Moisés face a face, como quem fala com um amigo..." (Êxodo 33:11). Josué, seu assistente, nem sequer deixava a tenda, talvez porque valorizasse tanto seu tempo com Deus (v.11).

Hoje não precisamos mais de uma tenda de reunião. Jesus trouxe o Pai para perto. Como Ele disse aos Seus discípulos: "...Agora vocês são meus amigos, pois eu lhes disse tudo que o Pai me disse" (João 15:15). Sim, nosso Deus nos aguarda. Ele é o Ajudador mais sábio do nosso coração, nosso Amigo compreensivo. Fale com Ele agora. *Patricia*

16 DE SETEMBRO

O Deus de todo conforto

2 CORÍNTIOS 1:3-7

*Ele nos encoraja [...] para que,
com o encorajamento que recebemos de Deus,
possamos encorajar outros....*
—2 Coríntios 1:4

Risonho era apenas um gatinho quando o seu dono o deixou no abrigo de animais, por considerá-lo doente demais para se recuperar. Mas ele recuperou a saúde e foi adotado pelo veterinário. Hoje, Risonho mora nesse mesmo abrigo que o acolheu e passa os seus dias "confortando" cães e gatos recém-saídos de cirurgia ou que se recuperam de doenças. Faz isso com sua calorosa presença e suave ronronar.

Essa é uma pequena ilustração do que o nosso Deus amoroso faz por nós e do que nós podemos fazer pelos outros em troca. Ele cuida de nós, em nossas doenças e lutas, e nos tranquiliza com Sua presença. O apóstolo Paulo chama Deus de "Pai misericordioso e Deus de todo encorajamento" (2 Coríntios 1:3). Quando estamos desanimados, deprimidos ou maltratados, Ele está ao nosso lado. Quando nós nos voltamos a Ele em oração, Deus nos consola em todas as nossas aflições (v.4).

Mas o versículo 4 não para por aí. Paulo, que experimentou intenso sofrimento, segue: "para que, com o encorajamento que recebemos de Deus, possamos encorajar outros quando eles passarem por aflições". Nosso Pai nos encoraja, e quando experimentamos o Seu consolo, podemos fazer o mesmo por outros.

Nosso compassivo Salvador, que sofreu por nós, é mais do que capaz de nos consolar em nossa angústia (v.5). Ele nos ajuda e nos capacita para fazermos o mesmo por outras pessoas.

Alyson

17 DE SETEMBRO

As pessoas esquecem

DEUTERONÔMIO 8:2,10-18

*Lembre-se de como o S<small>ENHOR</small>,
seu Deus, os guiou pelo deserto….*
—Deuteronômio 8:2

Uma mulher reclamou ao pastor que tinha percebido muitas repetições nos sermões dele. "Por que você faz isso?", ela lhe perguntou. Ele respondeu: "…porque as pessoas esquecem".

Há muitas razões pelas quais esquecemos: a passagem do tempo, o envelhecimento ou por estarmos muito ocupados. Esquecemos senhas, nomes de pessoas e até onde estacionamos o carro. Meu marido diz: "faço tanta coisa caber no meu cérebro que devo excluir algo antes de lembrar-me de algo novo".

O pregador estava certo. As pessoas esquecem, por isso, precisamos de lembretes que ajudem a lembrar o que Deus fez por nós. Os israelitas tinham uma tendência semelhante. Mesmo tendo visto muitos milagres, ainda precisavam de lembretes do cuidado divino por eles. Deus lembrou-lhes que permitiu que experimentassem a fome no deserto, mas depois lhes proveu um superalimento incrível todos os dias: o maná. Proveu-lhes roupas que nunca se desgastavam, conduziu-os por um deserto de cobras e escorpiões e lhes proveu água minando de uma rocha. Eles aprenderam a humildade ao perceberem como eram totalmente dependentes dos cuidados e provisões de Deus (Deuteronômio 8:2-4,15-18).

A fidelidade de Deus "dura […] por todas as gerações" (Salmo 100:5). Sempre que esquecermos disso, podemos relembrar sobre as respostas do Senhor às nossas orações, e isso nos lembrará da Sua bondade e promessas fiéis. *Cindy*

18 DE SETEMBRO

A proteção de Deus

SALMO 63

...à sombra de tuas asas canto de alegria.
Minha alma se apega a ti; tua forte mão
[...] me sustenta. —Salmo 63:7-8

Agulhas, leite, cogumelos, elevadores, abelhas e favos de mel... essas são apenas uma fração das muitas fobias atribuídas ao Sr. Adrian Monk, detetive protagonista de um show de TV. Mas quando ele e o seu rival de longa data, Harold Krenshaw, são trancados no porta-malas de um carro, Monk consegue superar pelo menos a claustrofobia da sua lista.

Quando ambos entram em pânico, surge um pensamento que afasta abruptamente a angústia de Monk. "Acho que estamos olhando para isto da forma errada", ele diz ao Harold. "Na verdade, as paredes do porta-malas estão nos protegendo. Isso permite que as coisas ruins fiquem de fora — germes, cobras e lagartos". Com os olhos arregalados, Harold se dá conta do que Monk diz e sussurra maravilhado: "Este bagageiro é nosso amigo".

No Salmo 63, é quase como se Davi tivesse um discernimento semelhante. Apesar de estar numa "terra seca e exausta", quando Davi se lembra do poder, da glória e do amor de Deus (vv.1-3), é como se o deserto se transformasse num lugar de proteção divina. Como um pássaro à sombra das asas de sua mãe, Davi descobre que quando ele se apega a Deus, até mesmo esse lugar estéril se torna: "mais que um rico banquete" (v.5), onde se encontra alimento e força num amor que "é melhor que a própria vida" (v.3). *Monica*

19 DE SETEMBRO

A cobertura da fé

2 TIMÓTEO 1:1-5

Lembro-me de sua fé sincera, como era a de sua avó, [...] e sei que em você essa mesma fé continua firme. —2 Timóteo 1:5

De mãos dadas, meu neto e eu atravessamos o estacionamento do shopping e fomos em busca de uma roupa especial para a volta às aulas. Em idade pré-escolar, ele estava animado com tudo, e eu bem determinada a transformar sua animação em alegria. Eu tinha acabado de ver uma caneca de café com os dizeres: "Vovós são mães com muito glacê." O glacê é doce, igual a diversão, brilho, alegria! Sou uma vó desse tipo, certo? Isso... e mais.

Paulo ao escrever a Timóteo, seu filho espiritual, destaca sua fé sincera e credita isso a Loide e Eunice, a avó e a mãe dele (2 Timóteo 1:5). Essas mulheres viveram sua fé a tal ponto de Timóteo também passar a crer em Jesus. Certamente, elas o amavam e cuidavam de suas necessidades. Mas, com certeza, fizeram mais. Paulo destaca essa viva fé como a fonte da fé que mais tarde seria vista em Timóteo.

Meu trabalho como avó inclui o momento "glacê" de comprar uma roupa para voltar à escola. No entanto, inclui muito mais: sou chamada a esses doces momentos quando compartilho a minha fé, quando oramos por nossos "lanchinhos" juntos; ao percebermos as nuvens angelicais no céu formando obras de arte de Deus ou ao cantarolarmos juntos quando ouvimos uma música sobre Jesus. Que sejamos persuadidas pelo exemplo de mães e avós como Loide e Eunice para permitir que a nossa fé se torne o "glacê" da vida permitindo que outros anseiem pelo que nós temos. *Elisa*

20 DE SETEMBRO

Alimente minhas ovelhas

JOÃO 21:15-19

"Então cuida de minhas ovelhas",
disse Jesus. —João 21:16

Numa de suas palestras em 1911, Oswald Chambers refletiu sobre ser um jovem pastor nas montanhas da Escócia: "Quando se tem de carregar sobre os ombros um velho [cabrito] sujo e trazê-lo pela encosta da montanha, logo se saberá se o pastoreio é poesia ou não". Não queria romantizar esta forma de trabalho como "poesia", mas sim chamar-lhe "o trabalho mais exigente, mais cansativo e mais exasperante". Jesus confiou a Pedro a árdua tarefa de pastorear pessoas e ele enfrentaria críticas, mal-entendidos e outros desafios no cuidado do Seu rebanho.

Chambers questiona, "A quem Ele disse, 'Alimenta os meus cordeiros'? A Pedro. Quem era Pedro? Uma ovelha muito traiçoeira". Apesar de Pedro ter negado conhecer Jesus (João 18:15-27), Jesus encontrou-se com ele na praia e amorosamente o restaurou diante dos outros discípulos (21:15-19). A amarga experiência de Pedro o ensinou a ser terno e vigilante em relação às ovelhas do Senhor. Tendo recebido o Espírito Santo, ele estava pronto para as lutas e as alegrias advindas do pastoreio de pessoas.

Tal como Pedro, podemos ter falhado com Jesus por meio de negações, erros, egoísmo, ou orgulho. Mas Ele nos procura e nos perdoa, tal como fez com Pedro. Jesus nos restaura e nos dá uma nova comissão — ajudando-nos a cuidar dos outros. Ao seguirmos Jesus, partilhamos o nosso amor por Ele com aqueles que encontramos. *Amy*

21 DE SETEMBRO

Você planeja?

PROVÉRBIOS 16:3-9

É da natureza humana fazer planos,
mas é o Senhor quem dirige nossos passos.
—Provérbios 16:9

Carlos, 18 anos, esperava cursar sua faculdade sendo bolsista. Ele participava de um ministério cristão no Ensino Médio e queria prosseguir com o mesmo envolvimento na universidade. O jovem economizou o dinheiro do seu trabalho de meio-período e sempre demonstrou excelente conduta em suas novas atribuições. Ele tinha estabelecido excelentes objetivos e tudo estava saindo como o planejado.

Mas no início de 2020, uma crise sanitária global mudou tudo.

Ele foi informado de que o primeiro semestre seria somente on-line. O ministério no campus foi interrompido. A probabilidade de arrumar emprego sumiu quando as empresas se fecharam. Desesperado, ele ouviu seu amigo citar as palavras de um conhecido boxeador profissional: "Todo mundo tem um plano até levar um soco na boca".

Lemos em Provérbios que ao entregarmos tudo o que fazemos a Deus, Ele firmará nossos planos e os realizará de acordo com a Sua vontade. Entretanto, entregar tudo, pode ser difícil. Envolve submeter-se à direção de Deus, aliado à disposição de resistir em traçar os nossos planos (Provérbios 16:3-4,9; 19:21).

Podemos nos decepcionar por não realizarmos os nossos sonhos, mas a nossa visão limitada do futuro nunca pode competir com os caminhos oniscientes de Deus. Rendendo-nos a Ele, podemos reconhecer que o Senhor dirige os nossos passos com amor, mesmo quando não vemos o caminho à frente (16:9).

Cindy

22 DE SETEMBRO

A imagem do desespero

SALMO 107:4-9

Em sua aflição, clamaram ao S<small>ENHOR</small>,
e ele os livrou de seus sofrimentos.
—Salmo 107:6

Durante a Grande Depressão nos EUA, a fotógrafa Dorothea Lange fotografou Florence Owens Thompson e seus filhos. Essa foto, *Mãe Migrante*, retrata o desespero de uma mãe diante do fracasso da colheita de ervilhas. Dorothea a tirou enquanto trabalhava para a Administração de Segurança das Fazendas, na esperança de conscientizar os proprietários sobre as necessidades dos trabalhadores agrícolas sazonais que sentiam-se desesperados.

O livro de Lamentações apresenta outro momento de desespero — o de Judá logo na esteira da destruição de Jerusalém. Antes de o exército de Nabucodonosor invadir para destruir a cidade, o povo havia sofrido de fome por causa de um cerco (2 reis 24:10-11). Embora sua tribulação tenha sido o resultado de anos de desobediência a Deus, o escritor de Lamentações clamou a Deus em favor de seu povo (Lamentações 2:11-12).

Embora o autor do Salmo 107 também descreva um momento de desespero na história de Israel durante as peregrinações no deserto (vv.4-5), o enfoque passa a ser sobre a ação necessária em tempos difíceis: "Em sua aflição, clamaram ao S<small>ENHOR</small>" (v.6). E que resultado maravilhoso: "...e ele os livrou de seus sofrimentos".

Em desespero? Não fique em silêncio. Clame a Deus. Ele ouve e anseia por restaurar sua esperança. Embora o Senhor nem sempre nos tire de situações difíceis, Ele promete estar sempre conosco. *Linda*

23 DE SETEMBRO

Alguém que lidera

2 REIS 2:1-6

*Tão certo como vive o SENHOR,
e tão certo como a sua própria vida,
não o deixarei.* —2 Reis 2:6

Em quem você pensa quando ouve a palavra mentor? Eu penso no pastor Ricardo que viu meu potencial e acreditou em mim, mesmo quando eu não acreditava em mim mesma. Ele foi o meu modelo de como liderar e servir com humildade e amor. Como consequência disso, hoje eu estou servindo a Deus mentoreando outros.

O profeta Elias teve papel fundamental no crescimento de Eliseu como líder. Elias o encontrou arando um campo e o convidou para ser seu pupilo após Deus ter lhe dito para ungir Eliseu como seu sucessor (1 Reis 19:16,19). O jovem aprendiz viu seu mentor realizar milagres incríveis e obedecer a Deus não importando as circunstâncias. O Senhor usou Elias para preparar Eliseu ao ministério. Perto do fim da vida de Elias, Eliseu teve a oportunidade de desistir. Porém, o jovem renovou o seu compromisso com o seu mentor. Três vezes, Elias ofereceu para Eliseu livrar-se de seus deveres, mas este recusava-se, dizendo: "Tão certo como vive o SENHOR, e tão certo como a sua própria vida, não o deixarei" (vv.2,4,6). Como resultado da fidelidade de Eliseu, Deus usou a vida dele de maneiras extraordinárias.

Todos nós precisamos de alguém que nos exemplifique o que significa seguir a Jesus. Que Deus nos dê pessoas piedosas que nos ajudem a crescer espiritualmente. E que também nós, pelo poder do Seu Espírito, possamos investir a nossa vida na vida de outras pessoas. *Estera*

24 DE SETEMBRO

Preencha seu nome

ISAÍAS 40:25-31

Ele as faz sair como um exército, uma após a outra, e chama cada uma [estrelas] pelo nome.
—Isaías 40:26

Em *God's Love Letters* (Cartas de amor enviadas por Deus, inédito), Glenys Nellist convida as crianças a interagirem com o Senhor de forma profundamente individual. Esses livros infantis livros incluem uma nota de Deus com um espaço para a criança inserir seu nome após cada história bíblica. Personalizar as verdades bíblicas ajuda os leitores a entender que a Bíblia não é apenas um livro de histórias. As crianças aprendem que o Senhor quer ter um relacionamento pessoal com elas e que Ele fala com os Seus filhos amados por meio das Escrituras.

Comprei o livro para o meu sobrinho e preenchi os espaços em branco com o nome dele no começo de cada recado vindo de Deus. Ele sentiu-se encantado ao reconhecer seu nome e disse: "Deus também me ama!". Que conforto conhecer o profundo e completo amor pessoal de nosso amoroso Criador!

Quando Deus falou aos israelitas diretamente por meio do profeta Isaías, Ele lhes afirmou que controla as estrelas (Isaías 40:26), determina o valor de cada uma delas e guia cada uma com amor. Assegurou-lhes que não esquecerá nem perderá uma estrela sequer ou um filho amado que Ele criou com propósito específico e amor eterno.

Ao celebrarmos as promessas individuais e proclamações de amor do nosso Deus Todo-Poderoso nas das Escrituras, podemos preencher com o nosso nome e confiar e declarar com a alegria infantil: "Deus também me ama"! *Xochitl*

Navegar nas tempestades da vida

SALMO 43

Envia a tua luz e a tua verdade, para que me guiem.
Que elas me conduzam ao teu santo monte…
—Salmo 43:3

O pequeno avião pilotado por John F. Kennedy Jr. caiu no Oceano Atlântico em julho de 1999. Os investigadores determinaram que a causa do acidente foi um erro comum, conhecido como desorientação espacial. Este fenômeno ocorre quando, devido à fraca visibilidade, os pilotos se desorientam e esquecem de confiar nos instrumentos de voo para os ajudar a alcançar o destino com sucesso.

À medida que navegamos na vida, tantas vezes tudo se torna tão avassalador que nos sentimos desorientados. O diagnóstico de câncer, a morte de alguém querido, a perda de emprego, a traição de um amigo. As tragédias inesperadas podem facilmente nos deixar perdidos e confusos.

Quando nos deparamos com tais situações, podemos tentar orar as palavras do Salmo 43. Nele, o salmista está sobrecarregado e sente-se perdido porque percebe que está rodeado pelo mal e por injustiça. Em desespero, ele pede a Deus que lhe conceda a orientação segura para o ajudar a navegar em segurança nessa situação até o destino desejado, a presença de Deus (Salmo 43:3-4). Na presença do Senhor, o salmista sabe que encontrará esperança e alegria e se sentirá renovado.

Quais instrumentos o salmista pede que lhe sirvam de orientação? A luz da verdade e a certeza da presença de Deus por meio do Seu Espírito traz essa orientação. *Lisa*

Planos imperfeitos

PROVÉRBIOS 19:20-23

*É da natureza humana fazer planos,
mas o propósito do S<small>ENHOR</small> prevalecerá.*
—Provérbios 19:21

Eu estava numa biblioteca que ficava no andar abaixo de um novo centro comunitário quando, repentinamente, um barulho sacudiu a sala. Minutos depois, aconteceu de novo e ouvi o mesmo som. O bibliotecário explicou que tinha uma academia bem acima dali, e que o som ocorria toda vez que alguém deixava um peso cair. Os arquitetos tinham planejado cuidadosamente as instalações, mas esqueceram de colocar a biblioteca longe dessa agitação.

Na vida, com frequência os nossos planos também falham. Nós passamos por cima de considerações importantes. É difícil dar conta dos acidentes de percurso à medida que fazemos os nossos planejamentos. Embora o planejamento nos ajude a evitar déficits financeiros, limitações de tempo e problemas de saúde, nem mesmo as melhores estratégias podem eliminar todos os nossos problemas. Vivemos na imperfeição do pós-Éden.

Com a ajuda divina, podemos encontrar o equilíbrio entre considerar com prudência o futuro e como reagir às dificuldades (Provérbios 6:6-8). Deus tem propósitos para cada um de nós e os usa para desenvolver nossa paciência, aumentar nossa fé, ou simplesmente para nos aproximarmos mais dele. "É da natureza humana fazer planos, mas o propósito do S<small>ENHOR</small> prevalecerá" (19:21). Ao confiarmos em Jesus, Ele nos mostrará o que deseja realizar em nós e por meio de nós — não importa as circunstâncias. *Jennifer*

Sapatos emprestados

GÁLATAS 5:13-26

…usem-na [a liberdade] para servir uns aos outros em amor. —Gálatas 5:13

No caos de abandonar sua casa durante os incêndios florestais na Califórnia em 2018, Gabriel, estudante do Ensino Médio, faltou à corrida de qualificação para a qual treinara. Perder a tal prova significaria que ele não teria a chance de competir no encontro estadual, o evento culminante de sua carreira de 4 anos. À luz das circunstâncias, o Conselho de Atletismo do estado deu-lhe outra chance: ele teria que fazer sua pré-qualificação sozinho, na pista de uma escola rival. Mas Gabriel não tinha mais os seus tênis de corrida, que estavam destruídos entre os escombros de sua casa. Quando Gabriel apareceu para "a corrida", ele foi surpreendido por seus concorrentes, que apareceram para lhe ajudar. Eles lhe deram o par de tênis adequado e correram ao seu lado para garantir que ele mantivesse o ritmo necessário para entrar no evento estadual.

Seus oponentes não tinham a obrigação de ajudá-lo. Poderiam ter cedido aos seus desejos naturais de cuidar apenas de si mesmos (Gálatas 5:13); isso aumentaria as chances de ganharem. Mas a atitude deles serve para exemplificar a exortação de Paulo nesse texto em que ele nos ensina a demonstrar o fruto do Espírito em nossa vida, "servir uns aos outros em amor" e manifestar "amabilidade" e "bondade" (vv.13,22). Quando confiamos no Espírito para nos ajudar a não agirmos de acordo com nossos instintos naturais, somos mais capazes de amar as pessoas ao nosso redor. *Kirsten*

28 DE SETEMBRO

Deus, nosso Salvador

EZEQUIEL 34:5-12

Eu os resgatarei de todos os lugares
onde foram espalhados.
—Ezequiel 34:12

Escalada para atuar em mar aberto, uma socorrista posicionou seu caiaque para ajudar os competidores que entravam em pânico durante uma competição de triatlo. "Não segure no meio do barco!", ela disse aos nadadores em risco, sabendo que esse movimento viraria o caiaque. Ela os orientava à proa, ou à frente do caiaque onde eles podiam segurar um laço que permitia que o tripulante do caiaque de segurança os resgatasse.

Quando a vida ou as pessoas ameaçam nos derrotar, como crentes em Jesus, sabemos que temos um Salvador. "Pois assim diz o Senhor Soberano: Eu mesmo procurarei minhas ovelhas [...]. Encontrarei minhas ovelhas e as livrarei de todos os lugares para onde foram espalhadas" (Ezequiel 34:11-12).

Essa foi a garantia do profeta Ezequiel ao povo de Deus no exílio. Seus líderes os haviam negligenciado e explorado saqueando suas vidas e cuidando "de si mesmos deixaram o rebanho [de Deus] passar fome" (v.8). Como resultado, as pessoas andavam "sem rumo pelos montes e pelas colinas, por toda a face da terra, mas ninguém saiu para procurá-las" (v.6).

Mas o Senhor declarou: "livrarei meu rebanho" (v.10), e Sua promessa ainda se mantém.

O que precisamos fazer? Apegar-se ao Deus Todo-poderoso e às Suas promessas. "Eu mesmo procurarei minhas ovelhas e as encontrarei", diz Ele (v.11). Essa é uma promessa de salvação à qual vale a pena se apegar firmemente. *Patricia*

29 DE SETEMBRO

Nossa razão de alegria

SALMO 149:1-5

Ó Israel, alegre-se em seu Criador!
Ó povo de Sião, exulte em seu Rei!
—Salmo 149:2

No início do ano letivo, C. J., de 14 anos, descia do ônibus todas as tardes e dançava na calçada de sua casa. A mãe dele gravou e compartilhou vídeos sobre esse momento de descontração. Ele dançava porque gostava da vida e "de fazer as pessoas felizes" a cada movimento. Um dia, dois coletores de lixo tiraram um tempo do seu apertado horário de trabalho para sapatear, girar e bailar com o garoto que os inspirou a dançarem juntos. Esse trio demonstra o poder da alegria sincera e contagiosa.

O autor do Salmo 149 descreve a fonte original de alegria duradoura e incondicional — Deus. O salmista encoraja o povo de Deus a se unir e cantar "ao Senhor um cântico novo" (v.1). Ele convida Israel a se alegrar no Criador e exultar "em seu Rei" (v.2). Chama-nos para adorá-lo com danças, tamborins e harpas (vv.1-3). Por quê? Porque "o Senhor tem prazer em seu povo; ele coroa os humildes com vitória" (v.4).

Nosso querido Pai nos criou e sustenta o Universo. Ele se deleita em nós simplesmente porque somos os Seus filhos amados. Ele nos projetou, conhece-nos e nos convida a ter um relacionamento pessoal com Ele. Que honra! Nosso Deus amoroso e vivo é a nossa razão de alegria eterna. Podemos nos alegrar na dádiva de Sua presença constante e agradecer todos os dias que o nosso Criador nos concede. *Xochitl*

Deus está ouvindo?

1 JOÃO 5:13-15

...[Deus] nos ouve sempre que lhe pedimos algo conforme sua vontade. —1 João 5:14

Quando eu servia na equipe de cuidados aos membros da igreja, uma das minhas funções era orar pelos pedidos de oração deixados nos cartões específicos para isso nos bancos da igreja: pela saúde de uma tia; pelas finanças de um casal; pela salvação de um neto. Raramente ouvia as respostas a essas orações. A maioria era anônima, e eu não tinha como saber sobre as respostas de Deus. Confesso que às vezes me perguntava: Ele realmente ouvia? Será que acontecia algo em resposta às minhas orações?

Durante nossa vida, a maioria de nós questiona: "Será que Deus me ouve?" Como Ana, lembro-me de meus próprios pedidos por um filho que ficaram sem resposta por anos. E fiz pedidos para que meu pai encontrasse a fé, mas ele morreu sem qualquer confissão aparente.

Ao longo dos milênios, vemos inúmeros exemplos de Deus inclinando os Seus ouvidos: aos gemidos de Israel sob a escravidão (Êxodo 2:24); a Moisés no monte Sinai (Deuteronômio 9:19); a Josué em Gilgal (Josué 10:14); às orações de Ana por um filho (1 Samuel 1:10-17); a Davi clamando por livramento (2 Samuel 22:7).

De forma explícita e enfática lemos em 1 João 5:14: "[Deus] nos ouve sempre que pedimos algo conforme sua vontade". A palavra "ouvir" significa "prestar atenção" e responder com base no que se ouviu.

Ao nos dirigirmos a Deus hoje, que tenhamos confiança em Sua capacidade de ouvir, pois Seus ouvidos estão prontos a ouvir a história do Seu povo. Ele ouve os nossos clamores.

Elisa

1.º DE OUTUBRO

Abastecido pelo fogo

DANIEL 3:13-18,25-27

Se formos lançados na fornalha ardente,
Deus a quem servimos pode nos salvar...
—Daniel 3:17

Quando dois bombeiros, cansados e cobertos de fuligem, pararam num restaurante para o desjejum, a garçonete os reconheceu do noticiário local e percebeu que eles tinham passado a noite combatendo um incêndio no armazém. Para demonstrar seu reconhecimento, ela escreveu na conta deles: "Seu café da manhã hoje é por minha conta. Obrigada por servir aos outros e por correr para os lugares de onde todos fogem. Abastecidos pelo fogo e movidos pela coragem, vocês são um exemplo".

No Antigo Testamento, vemos um exemplo de coragem nas ações de três jovens: Sadraque, Mesaque e Abede-Nego (Daniel 3). Em vez de obedecerem à ordem de se curvar diante de uma estátua do rei da Babilônia, esses jovens por meio de sua recusa demonstraram corajosamente o seu amor a Deus. O castigo deles era terem sido lançados numa fornalha ardente. No entanto, esses homens não recuaram: "Se formos lançados na fornalha ardente, o Deus a quem servimos pode nos salvar. Sim, ele nos livrará de suas mãos, ó rei. Mas, ainda que ele não nos livre [...] jamais serviremos seus deuses ou adoraremos a estátua de ouro que o rei levantou" (vv.17-18).

Deus os socorreu e até mesmo caminhou com eles no fogo (vv.25-27). Em nossas provações e dificuldades de hoje, também temos a certeza de que Deus está conosco. Ele é capaz.

Alyson

2 DE OUTUBRO

Quem É Você

SALMO 8

*Quem são os simples mortais,
para que penses neles?*
—Salmo 8:4

O nome dele é Dnyan e ele se considera um estudante do mundo. E "esta é uma escola muito grande", ele diz sobre todas as cidades e vilas pelas quais já passou. Dnyan começou uma viagem de quatro anos em sua bicicleta em 2016 para conhecer e aprender com as pessoas. Ele descobriu que muitas vezes quando há uma barreira linguística as pessoas podem se entender apenas pelo olhar. O jovem também depende de um aplicativo de tradução em seu celular para se comunicar. Dnyan não mede sua jornada pelas milhas que percorre ou os pontos turísticos que vê. Em vez disso, ele a mede por pessoas que deixaram uma marca no seu coração: "Talvez eu não conheça o idioma dessa pessoa, mas gostaria de descobrir quem ela é".

O mundo é muito grande, mas Deus sabe tudo sobre ele e sobre os seus habitantes — total e completamente. O salmista Davi ficou maravilhado com Deus quando considerou todas as obras de Suas mãos: a criação dos céus, da lua e das estrelas (Salmo 8:3). Ele se perguntou: "Quem são os simples mortais, para que penses neles?" (v.4).

Deus o conhece mais profundamente do que qualquer outra pessoa o possa conhecer e Ele se importa com você. Só podemos responder: "Ó SENHOR, nosso Senhor, teu nome majestoso enche a terra!" (vv.1,9). *Anne*

3 DE OUTUBRO

Estar presente

EFÉSIOS 2:12-18

...sentaram-se no chão com ele durante sete dias e sete noites.
—Jó 2:13

Quando Jane, funcionária do parque temático, viu Rafael chorando no chão, ela correu para ajudá-lo. Rafael era jovem e autista e estava chorando porque o brinquedo que ele esperara o dia inteiro para se divertir havia quebrado. Em vez de apressá-lo ou simplesmente insistir para que ele se sentisse melhor, Jane sentou-se no chão com ele, validando seus sentimentos e dando-lhe tempo para chorar.

A pronta atitude dela é um belo exemplo de como podemos amparar aqueles que estão aflitos ou sofrendo. A Bíblia fala sobre a dor incapacitante que Jó sentiu após a perda de sua casa, seus rebanhos (sua renda), sua saúde e a morte simultânea de seus dez filhos. Quando os amigos de Jó souberam de sua dor, "cada um saiu de onde vivia e os três foram juntos consolá-lo e animá-lo" (Jó 2:11). Enlutado, Jó estava sentado sobre o chão. Ao chegarem, seus amigos se sentaram com ele — por sete dias — sem dizer nada, porque reconheceram a profundidade do sofrimento dele.

Em sua imperfeição, os amigos de Jó mais tarde lhe ofereceram conselhos insensíveis. No entanto, nos primeiros sete dias, eles lhe deram o terno presente da presença e do silêncio. Podemos não compreender o desconsolo dos outros, mas não precisamos entender para amá-los com o simples gesto de permanecer ao seu lado. *Kirsten*

4 DE OUTUBRO

Um processo de amadurecimento

JEREMIAS 15:15-1

Quando descobri tuas palavras, devorei-as;
são minha alegria e dão prazer a meu coração.
—Jeremias 15:16

No início de seu ministério de 50 anos em Cambridge, na Inglaterra, Charles Simeon (1759–1836) conheceu seu vizinho, o pastor Henry Venn e suas filhas. Após uma visita, as filhas deste pastor comentaram sobre o quanto Simeon parecia ser rude e arrogante. A reação do pai foi pedir que elas buscassem um pêssego verde de uma árvore próxima. Quando elas o questionaram o motivo de ele querer um fruto ainda imaturo, ouviram o seguinte: "Bem, minhas queridas, está verde agora e devemos esperar por um pouco mais de sol e algumas chuvas, e daí o pêssego amadurecerá e ficará doce. Assim acontecerá com o senhor Simeon".

Ao longo dos anos, Simeon foi moldado por intermédio da transformadora graça de Deus. Uma das razões foi decorrente do seu compromisso em ler a Bíblia e orar todos os dias. Um amigo que conviveu com ele por alguns meses testemunhou essa sua prática e comentou: "Ali estava o segredo de tanta graça e força espiritual".

Em seu tempo diário com o Senhor, Simeon seguiu a prática do profeta Jeremias, que ouvia fielmente as palavras de Deus. Jeremias dependia tanto delas a ponto de dizer: "Quando descobri tuas palavras, devorei-as". Sua alegria era meditar nas palavras de Deus. (Jeremias 15:16).

Podemos ter a plena confiança de que Deus nos ajudará a amadurecer por meio de Seu Espírito, à medida que o conhecermos através da oração e leitura da Sua Palavra e a ela obedecermos.

Amy

5 DE OUTUBRO

Esfacelado por dentro

SALMO 32:1-5; MATEUS 7:1-5

Disse comigo: "Confessarei ao SENHOR a minha rebeldia", e tu perdoaste toda a minha culpa. —Salmo 32:5

Quando eu era adolescente, minha mãe pintou um mural na parede da nossa sala. A pintura representava uma antiga cena grega de um templo em ruínas com colunas brancas estendidas ao lado dele, uma fonte em ruínas e uma estátua quebrada. Quando eu olhava para a arquitetura helenística, que outrora tinha sido muito bela, tentava imaginar o motivo de ter sido destruída. Fiquei curiosa, especialmente quando comecei a estudar sobre a tragédia de civilizações outrora grandes que tinham se desmoronado e esfacelado de dentro para fora.

A depravação pecaminosa e a aterrorizante destruição que vemos ao nosso redor nos dias atuais podem ser preocupantes. Para nós é natural tentarmos explicar tudo isso culpando as pessoas e as nações por terem rejeitado a Deus. Mas não deveríamos lançar o nosso olhar para dentro de cada um de nós também? A Bíblia nos adverte sobre a hipocrisia quando desafiamos outros para abandonar seus caminhos pecaminosos sem também olharmos mais profundamente para o nosso próprio interior (Mateus 7:1-5).

O Salmo 32 nos desafia a confessar o nosso pecado. É apenas quando reconhecemos e confessamos o nosso pecado individual que experimentamos a libertação da culpa e a alegria do verdadeiro arrependimento (vv.1-5). Ao nos alegrarmos em saber que Deus nos oferece completo perdão, podemos compartilhar essa mesma esperança com outras pessoas que também lutam contra o pecado. *Cindy*

6 DE OUTUBRO

Orações à beira do mar

SALMO 148

*Louvem todos o nome do Senhor,
pois exaltado é seu nome...* —Salmo 148:13

Durante uma viagem para comemorar o nosso 25.º aniversário de casamento, meu marido e eu líamos as nossas Bíblias na areia da praia. À medida que os vendedores passavam e anunciavam os preços de seus produtos, agradecíamos a cada um, mas não comprávamos nada. Certo vendedor insistiu que considerássemos comprar alguns presentes para os nossos amigos. Depois que recusei a sugestão dele, o jovem empacotou os seus produtos e começou a se afastar sorrindo. Então eu lhe disse: "Oro para que Deus abençoe o seu dia".

Fernando virou-se para mim e disse: "Já abençoou! Jesus já transformou a minha vida". Fernando se ajoelhou ao lado das nossas cadeiras dizendo: "Sinto a presença de Jesus aqui". Em seguida, ele compartilhou como Deus o havia libertado do abuso de drogas e álcool por mais de 14 anos.

Minhas lágrimas fluíram quando ele recitou poemas inteiros do livro dos Salmos e orou por nós. Juntos, louvamos a Deus e nos regozijamos em Sua presença... *à beira do mar*.

O Salmo 148 é uma oração de louvor. O salmista incentiva toda a criação a louvar "o nome do Senhor, pois ele ordenou, e [tudo veio] a existir, [...] pois exaltado é seu nome; sua glória está acima da terra e dos céus!" (vv.5,13).

Embora Deus nos convide a apresentar as nossas necessidades a Ele e a confiar que o Senhor ouve e se importa conosco, o Senhor também se deleita com os nossos louvores a Ele. Até mesmo à beira do mar. *Xochitl*

7 DE OUTUBRO

Floresça novamente

ÊXODO 1:6-14

*Porém, quanto mais eram oprimidos,
mais os israelitas se multiplicavam
e se espalhavam…* —Êxodo 1:12

Com a luz solar e água suficientes, as exuberantes flores silvestres cobrem extensas áreas de vegetação. Mas o que acontece quando a seca chega? Os cientistas descobriram que certas flores silvestres armazenam grandes quantidades de suas sementes no subsolo, não permitindo que penetrem no solo e floresçam. Após a seca, as sementes armazenadas sob o solo se movimentam rumo à superfície e reflorescem.

Os israelitas prosperaram na terra do Egito, apesar das condições duras e adversas. Os feitores os obrigavam a trabalhar nos campos e a fazer tijolos. Supervisores implacáveis exigiam que construíssem cidades inteiras para o Faraó. O rei do Egito tentou usar o infanticídio para reduzir o número deles. No entanto, porque Deus os sustentou "quanto mais eram oprimidos, mais os israelitas se multiplicavam…" (Êxodo 1:12). Muitos estudiosos da Bíblia estimam que a população israelita entre homens, mulheres e crianças cresceu para dois milhões (ou mais) durante o tempo que eles permaneceram no Egito.

Deus, que preservou o Seu povo naquela época, sustenta-nos hoje também. Ele pode nos ajudar em qualquer situação e onde estivermos. Podemos nos preocupar sobre a possibilidade de termos de enfrentar mais uma temporada de dificuldades, porém a Bíblia nos assegura de que o Deus, que "veste com tamanha beleza as flores silvestres que hoje estão aqui e amanhã [se vão]…", pode suprir as nossas necessidades (Mateus 6:30). Você pode voltar a florescer. *Jennifer*

8 DE OUTUBRO

Recuperando o que está perdido

1 SAMUEL 30:1-6, 18,19

*Mas Davi encontrou forças
no Senhor, seu Deus.*
—1 Samuel 30:6

Na loja de venda de telefones, o jovem pastor se preparou para receber más notícias. Seu telefone tinha caído acidentalmente durante o nosso estudo bíblico. Seria perda total, certo? Na verdade, não! A funcionária da loja recuperou todos os dados do aparelho danificado, incluindo seus vídeos bíblicos e fotos. Ela também recuperou todas as fotos que ele já havia deletado e a loja substituiu o aparelho por um novo. Como ele disse: "Recuperei tudo o que tinha perdido e um pouco mais".

Certa ocasião após um ataque dos violentos amalequitas, Davi liderou a sua própria missão de resgate. Rejeitado pelos governantes filisteus, ele e seu exército descobriram que os amalequitas haviam invadido e incendiado sua cidade de Ziclague, levando cativos "suas mulheres, seus filhos e suas filhas" (1 Samuel 30:2-3). Davi e seus soldados "lamentaram e choraram em alta voz até não aguentar mais" (v.4). Esses homens estavam tão amargurados com Davi que falavam em "apedrejá-lo" (v.6).

"Mas Davi encontrou força no Senhor, seu Deus" (v.6). Como Deus prometeu, Davi os perseguiu e "recuperou tudo que os amalequitas haviam tomado [...]. Não faltava coisa alguma: nem pequena nem grande, nem filho nem filha, nem qualquer outra coisa que havia sido tomada. Davi trouxe tudo de volta" (vv.18-19). À medida que enfrentamos ataques espirituais que nos "roubam" até mesmo a esperança, que possamos encontrar força renovada em Deus. Ele estará conosco em todos os desafios da vida. *Patricia*

9 DE OUTUBRO

Luz para o caminho

SALMO 119:97–105

*Como são doces as tuas palavras;
são mais doces que o mel!* —Salmo 119:103

Uma Exposição Mundial aconteceu no feriado de 9 de outubro de 1893, em Chicago, nos EUA. Os teatros da cidade fecharam porque os proprietários imaginaram que todos iriam à Exposição. Mais de 700 mil pessoas foram, mas Dwight Moody (1837–99) queria encher um salão na outra extremidade da cidade com pregação e ensino bíblico. Seu amigo R. A. Torrey (1856–1928) não acreditava que ele fosse conseguir isso no mesmo dia da Exposição. Mas, pela graça de Deus, Moody conseguiu. Mais tarde Torrey concluiu afirmando que as multidões compareceram porque Moody conhecia "o Livro mais desejável que este mundo anseia conhecer — a Bíblia". Torrey desejava que os outros amassem a Bíblia como Moody a amava, que a lessem regularmente com dedicação e zelo.

Por meio do Seu Espírito, Deus trouxe as pessoas de volta a si mesmo no fim do século 19 em Chicago, e Ele ainda hoje continua a falar. Podemos nos identificar com o amor do salmista por Deus e Suas Escrituras quando ele exclama: "Como são doces as tuas palavras; são mais doces que o mel!" (Salmo 119:103). Para o salmista, as mensagens de Deus sobre a Sua graça e verdade foram como a luz para o seu caminho, uma lâmpada para os seus pés (v.105).

De que maneira podemos crescer mais no amor pelo Salvador e Sua mensagem? Na medida em que nos aprofundamos nas Sagradas Escrituras, Deus aumentará a nossa devoção a Ele e nos guiará, brilhando Sua luz ao longo dos caminhos que percorremos. *Amy*

10 DE OUTUBRO

Amparo nas tempestades

SALMO 107:1-3,23-32

*[O Senhor] acalmou a tempestade
e aquietou as ondas.* —Salmo 107:29

Durante a primeira viagem do missionário escocês Alexander Duff à Índia, em 1830, ele naufragou durante uma tempestade na costa da África do Sul. Ele e seus companheiros foram parar numa ilha pequena e desolada. Tempos depois, um dos tripulantes encontrou uma cópia da Bíblia que pertencia a Duff à beira da praia. Quando o livro secou, Duff leu o Salmo 107 para seus companheiros sobreviventes, e eles se sentiram encorajados. Finalmente, depois de um resgate e mais um naufrágio, o missionário chegou à Índia.

O Salmo 107 relata sobre algumas maneiras como Deus libertou os israelitas. O missionário escocês e seus companheiros, sem dúvida se identificaram e se confortaram com as palavras do salmista: "Acalmou a tempestade e aquietou as ondas. A calmaria os alegrou, e ele os levou ao porto em segurança" (vv.29-30). E, como os israelitas, eles também "louvaram o SENHOR por sua bondade e pelas maravilhas que fez pela humanidade" (v.31).

Vemos um paralelo do Salmo 107:28-30 no Novo Testamento (Mateus 8:23-27; Marcos 4:35-41). Jesus e Seus discípulos estavam num barco, no mar, quando uma violenta tempestade começou. Seus discípulos gritavam de medo, e Jesus — Deus encarnado — acalmou o mar. Nós também podemos nos encorajar! Nosso poderoso Deus e Salvador ouve e responde aos nossos clamores e nos conforta em meio às tempestades que enfrentamos. *Alyson*

11 DE OUTUBRO

Os caminhos restauradores de Deus

OSEIAS 14

*Meu povo viverá novamente à minha sombra;
crescerá como o trigo e florescerá como a videira...*
—Oseias 14:7

Lembro-me de uma canção comovente a respeito de "prosseguir". É sobre uma pessoa que reflete sobre as dores que causou aos familiares e amigos. A canção celebra a alegria do retorno ao lar e a descoberta de que o que já possuímos é mais do que o suficiente.

De maneira semelhante, o livro de Oseias conclui com tônica semelhante: de alegria e gratidão desmedida pela restauração que Deus possibilita aos que se voltam a Ele. Grande parte desse livro compara o relacionamento entre Deus e o Seu povo ao relacionamento com um cônjuge infiel e lamenta os fracassos de Israel em amá-lo e viver para Ele.

No entanto, no capítulo 14, Oseias enaltece a promessa do amor ilimitado, graça e restauração de Deus, livremente disponível para aqueles que retornam a Ele com o coração quebrantado pelas formas como o abandonaram (14:1-3). "Curarei de sua infidelidade", promete Deus, "e os amarei com todo o meu ser" (v.4). E o que parecia quebrado e irrecuperável mais uma vez encontrará a plenitude e abundância, pois a graça de Deus, como o orvalho, fará o Seu povo florescer como o lírio e crescer como o trigo (vv.5-7).

É fácil presumirmos que comprometemos para sempre os dons que nos foram concedidos quando ferimos os outros ou pensamos que somos dignos de merecer a bondade divina em nossa vida. No entanto, ao voltarmos ao Senhor com humildade, descobrimos que o Seu amor está sempre pronto para nos acolher e restaurar. *Monica*

12 DE OUTUBRO

Nosso Pai canta

SOFONIAS 3:14–20

...o SENHOR seu Deus [...]
ele se alegrará em vocês
com gritos de alegria!
—Sofonias 3:17

Daniel gosta de encorajar as pessoas cantando para elas. Um dia ele estava almoçando em seu restaurante favorito e percebeu que a garçonete estava tendo um dia difícil. Ele lhe fez algumas perguntas e começou a cantarolar calmamente uma música alegre e cativante para animá-la. "O senhor é muito gentil e acabou de tornar o meu dia melhor. Muito obrigada!", ela disse com um grande sorriso, enquanto anotava o seu pedido de comida.

Quando abrimos o livro de Sofonias, descobrimos que Deus gosta de cantar. O profeta fez uma representação magistral com suas palavras, nas quais descreveu Deus como um músico que gosta de cantar para e com os Seus filhos. Ele escreveu que Deus "se agradará de vocês com exultação e acalmará todos os seus medos com amor" (Sofonias 3:17). Deus prometeu estar presente para sempre com aqueles que foram transformados por Sua misericórdia. Mas isso não para por aí! Ele convida e se une ao Seu povo para se alegrar e exultar de "todo o coração" (v.14).

Podemos apenas imaginar o dia em que estaremos juntos com Deus e com todos os que depositaram sua confiança em Jesus como seu Salvador. Quão incrível será ouvir o nosso Pai celestial cantar canções para nós e conosco e experimentarmos o Seu amor, aprovação e acolhimento. *Estera*

13 DE OUTUBRO

Tudo entregarei

MARCOS 10:26-31

...Pedro começou a falar: "Deixamos tudo para segui-lo". —Marcos 10:28

Dois servos do Senhor que deixaram um legado de serviço a Jesus começaram as suas carreiras no campo das artes. Ambos deixaram a sua profissão de lado para seguir o chamado de Deus. James O. Fraser (1886–1938) decidiu não prosseguir com sua carreira como pianista de concertos na Inglaterra para servir o povo Lisu na China, enquanto o americano Judson Van DeVenter (1855-1939) optou por se tornar um evangelista em vez de seguir uma carreira artística. Mais tarde, DeVenter escreveu o maravilhosos hino "Tudo entregarei" (CC 295).

Embora ser vocacionado para as artes seja o chamado perfeito para muitos, esses homens creram que Deus os chamava para abandonar uma carreira por outra. Eles fizeram o que o jovem rico não teve coragem para fazer quando Jesus o desafiou a desistir de suas posses para segui-lo (Marcos 10:17-25). Testemunhando essa troca entre Jesus e o jovem relutante, Pedro exclamou: "Deixamos tudo para segui-lo!" (v.28). Jesus assegurou-lhe de que Deus daria aos que o seguem "neste mundo, cem vezes mais" e no mundo futuro "a vida eterna" (v.30). Porém, Deus concederá de acordo com a Sua sabedoria: "muitos primeiros serão os últimos, e muitos últimos serão os primeiros" (v.31).

Não importa o local em que Deus nos colocou, somos chamados a entregar diariamente a nossa vida a Cristo, submeter-se ao Seu gentil chamado para segui-lo e servi-lo com nossos talentos e recursos, seja no lar, escritório, comunidade ou longe de casa. À medida que fizermos isso, Ele nos inspirará a amar uns aos outros colocando as necessidades deles acima das nossas. *Amy*

14 DE OUTUBRO

Impresso em nosso coração

PROVÉRBIOS 7:1–5

Amarre-as aos dedos como lembrança
e escreva-as no fundo do coração.
—Provérbios 7:3

Ao combinar a prensa com os tipos móveis em 1450, João Gutenberg inaugurou a era da comunicação em massa no Ocidente, espalhando o aprendizado para novos domínios sociais. A alfabetização aumentou em todo o mundo, e as novas ideias produziram rápidas transformações em contextos sociais e religiosos. Gutemberg produziu a primeira versão impressa da Bíblia. Antes disso, elas eram copiadas à mão e os copiadores demoravam até um ano para produzir uma única cópia.

Por séculos desde então, a impressão da Bíblia tem nos dado o privilégio do acesso direto às Escrituras. Embora também tenhamos as versões eletrônicas disponíveis, muitos de nós temos a Bíblia física em nossas mãos por causa da invenção de Gutemberg. O que antes era inacessível dado o alto custo e tempo para copiar uma Bíblia está largamente disponível hoje.

Ter acesso à verdade de Deus é um privilégio incrível. O autor de Provérbios indica que devemos tratar as instruções divinas que recebemos nas Escrituras como algo a ser valorizado, como "a menina de seus olhos" (Provérbios 7:2) e escrever as Suas palavras de sabedoria "no fundo do coração" (v.3). Ao procurarmos entender a Bíblia e vivermos de acordo com sua sabedoria, nós, assim como os copiadores, estamos levando a verdade de Deus de nossos "dedos" para o interior do nosso coração, para estarem conosco por onde formos. *Kirsten*

15 DE OUTUBRO

A promessa de Jesus para você

JOÃO 14:15–21, 25–27

E eu pedirei ao Pai, e ele lhes dará outro Encorajador, que nunca os deixará. —João 14:16

Jason choramingou quando seus pais o entregaram a Ana. Foi a primeira vez que o garoto de 2 anos foi para o berçário, enquanto a mamãe e o papai assistiam ao culto — e o menino não estava feliz. Ana lhes garantiu que o garoto ficaria bem. Ela tentou acalmá-lo com brinquedos e livros, balançando-o em uma cadeira, andando com ele, parando e falando sobre como Jason poderia se divertir. Mas tudo foi recebido com muitas lágrimas e gritos ainda mais altos. Então ela sussurrou cinco simples palavras em seu ouvido: "Eu vou ficar com você". A paz e consolo rapidamente se instalaram.

Jesus também ofereceu aos Seus amigos palavras de conforto semelhante durante a semana da Sua crucificação: "…o Pai, […] lhes dará outro Encorajador que nunca os deixará. É o Espírito da verdade…" (João 14:16-17). Após a Sua ressurreição, Ele lhes deu esta promessa: "…estou sempre com vocês, até o fim dos tempos" (Mateus 28:20). Jesus em breve ascenderia ao Céu e enviaria o Espírito para "permanecer" e habitar entre o Seu povo.

Sentimos o conforto e a paz do Espírito quando as nossas lágrimas fluem. Nós recebemos a Sua orientação ao nos questionarmos sobre o que fazer (João 14:26). O Espírito Santo abre os nossos olhos para entendermos mais de Deus (Efésios 1:17-20), e Ele nos ajuda em nossas fraquezas e intercede por nós (Romanos 8:26-27).

Jamais somos desamparados. Ele permanece conosco para sempre. *Anne*

16 DE OUTUBRO

Descanse bem

MATEUS 11:25–30

*Venham a mim todos vocês que estão cansados
e sobrecarregados, e eu lhes darei descanso.*
—Mateus 11:28

O relógio anunciou que era 1h55 da manhã. Preocupada por causa de uma mensagem de texto, o sono não vinha. Saí do aconchego da minha cama e fui silenciosamente para o sofá. Pesquisei na internet o que fazer para dormir, apenas para descobrir o que não fazer: não tirar uma soneca, não beber cafeína ou fazer exercício no final do dia. Concordei. Lendo mais, fui aconselhada a também não usar "telas" à noite. Opa! Enviar mensagens de texto não tinha sido uma boa ideia. Quando se trata de descansar bem, existem listas do que não se deve fazer.

No Antigo Testamento, Deus deu regras sobre o que não devia ser feito no *Shabat* para priorizar o descanso. No Novo Testamento, Jesus ofereceu um novo caminho. Em vez de enfatizar as leis, Jesus chamou os discípulos para ter um relacionamento com eles. "Venham a mim todos vocês […] cansados e sobrecarregados […] e eu lhes darei descanso" (Mateus 11:28). No versículo anterior, Jesus destacou o Seu relacionamento de unidade com o Pai, Aquele que Ele nos revelou. A provisão do contínuo auxílio que Jesus recebeu do Pai é algo que nós também podemos experimentar.

Embora sejamos sábios para evitar certos tipos de passatempos que possam interromper o nosso sono, descansar em Cristo tem mais a ver com relacionamento do que com normas. Desliguei a tela que estava lendo e coloquei o meu angustiado coração no travesseiro do convite de Jesus: "Venham a mim…".

Elisa

17 DE OUTUBRO

Homem de oração

MATEUS 6:9–13

Nunca deixem de orar. Sejam gratos em todas as circunstâncias, pois essa é a vontade de Deus em Cristo Jesus. —1 Tessalonicenses 5:17-18

Minha família se lembra do vovô como um homem de muita fé e oração. Mas nem sempre foi assim. Minha tia se lembra da primeira vez que ele disse à família: "Vamos começar a agradecer a Deus antes das refeições". Sua primeira oração estava longe de ser eloquente, mas ele continuou essa prática pelos cinquenta anos seguintes, orando sempre durante o dia. Quando ele morreu, meu marido deu à minha avó uma folhagem chamada "planta-oração", dizendo: "Vovô era um homem de oração". Sua decisão de seguir a Deus e falar com Ele diariamente o transformou num fiel servo de Cristo.

A Bíblia tem muito a dizer sobre oração. No evangelho de Mateus 6:9-13, Jesus deu um modelo de oração a Seus seguidores, ensinando-os a se aproximarem de Deus com louvor por quem o Senhor é. Ao levarmos nossos pedidos a Deus, confiamos que Ele fornecerá "nosso pão diário" (1 Tessalonicenses 5:11). Ao confessarmos os nossos pecados, pedimos perdão e ajuda a Deus para evitar a tentação (vv.12-13).

Mas não nos limitemos a orar o "Pai Nosso". Deus quer que oremos "em todos os momentos e ocasiões" e que sejamos persistentes em orar (Efésios 6:18). Orar é vital para nosso crescimento espiritual e nos traz a oportunidade de conversarmos continuamente com o Senhor todos os dias (1 Tessalonicenses 5:17-18).

Ao nos aproximarmos de Deus com o coração humilde que anseia por falar com o Senhor, que Ele nos ajude a conhecê-lo e amá-lo cada dia ainda mais. *Cindy*

18 DE OUTUBRO

Dia de lavar as roupas

MATEUS 28:16-20

Portanto, vão e façam discípulos de todas as nações... —Mateus 28:19

Dirigindo por uma área de baixa renda perto de sua igreja, o pastor Chad Graham, começou a orar por seus "vizinhos". Ao passar por uma pequena lavanderia, ele parou e deu uma olhada em seu interior repleto de clientes. Um deles pediu-lhe uma moeda para poder acionar a secadora. Esse pequeno pedido inspirou o "Dia da Lavanderia" patrocinado semanalmente pela igreja de Graham. Os membros doam moedas e sabão para uso na lavanderia, oram com os clientes e apoiam o proprietário do estabelecimento.

Esse alcance evangelístico na própria comunidade reflete a grande comissão de Jesus aos Seus discípulos. "Jesus se aproximou deles e disse: "Toda a autoridade no céu e na terra me foi dada. Portanto, vão e façam discípulos de todas as nações, batizando-os em nome do Pai, do Filho e do Espírito Santo" (Mateus 28:18-19).

A presença poderosa do Seu Santo Espírito possibilita a proclamação do evangelho em toda parte, incluindo uma lavanderia. Na verdade, não vamos sozinhos. Jesus prometeu: "estou sempre com vocês, até o fim dos tempos" (v.20).

Esse pastor pôde orar por um cliente que está lutando contra o câncer e ele relata: "Ao abrirmos os olhos, todos os clientes estavam orando e com as mãos estendidas em direção ao enfermo. Foi um dos momentos mais sagrados que experimentei como pastor". Qual a lição que podemos aprender? Vamos a todos os lugares. Para proclamar as boas-novas de Cristo!

Patricia

19 DE OUTUBRO

Fé inabalável

ISAÍAS 26:3-13

Tu guardarás em perfeita paz todos que em ti confiam, aqueles cujos propósitos estão firmes em ti. —Isaías 26:3

Com o nascimento do seu primeiro filho, Diane Dokko Kim e seu marido sofreram pela perspectiva de passar uma vida inteira de cuidados por seu bebê que nascera com deficiência cognitiva. Em seu livro *Unbroken Faith* (Fé inabalável), ela admite a dificuldade em ajustar os seus sonhos e expectativas ao futuro de seu filho. No entanto, o casal aprendeu que Deus pode lidar com suas raivas, dúvidas e medos. Agora que o filho está atingindo a idade adulta, Diana usa as suas experiências para encorajar os pais de crianças com necessidades especiais. Ela compartilha sobre as promessas divinas inabaláveis, poder ilimitado, e a amorosa fidelidade do Senhor. Assegura-lhes que Deus permite o lamento ao experimentarmos a morte de um sonho, uma expectativa, um caminho ou uma fase da vida.

O profeta Isaías declara que o povo de Deus pode confiar no Senhor para sempre, "pois o Senhor Deus é a Rocha eterna" (26:4). Ele é capaz de nos conceder paz sobrenatural em cada situação (v.12). Revigoramos a esperança ao nos firmarmos em Seu caráter imutável e clamarmos a Ele ao enfrentar dificuldades (v.15).

Quando estamos diante de alguma perda, de decepções ou circunstâncias difíceis, Deus nos convida a sermos honestos com Ele. O Senhor pode lidar com nossas dúvidas e emoções. Ele permanece conosco e revigora o nosso ânimo com esperança duradoura. Mesmo quando sentimos que tudo ao redor desmorona, Deus pode tornar a nossa fé inabalável. *Xochitl*

20 DE OUTUBRO

Hotel Corona

2 CORÍNTIOS 5:14-20

...o amor de Cristo nos impulsiona. Porque cremos [...] agora o conhecemos de modo bem diferente. —2 Coríntios 5:14-16

Em 2020, o Dan Hotel, em Israel, ficou conhecido por um nome diferente: "Hotel Corona". O hotel foi dedicado aos pacientes em recuperação da COVID-19 e tornou-se conhecido como um local alegre e de união em tempos difíceis. Já que os moradores estavam infectados, estavam livres para cantar, dançar e rir juntos. Assim o fizeram! Em um país onde as tensões entre grupos políticos e religiosos são altas, a crise em comum criou um lugar onde as pessoas podiam se ver como seres humanos primeiramente, e até mesmo se tornarem amigas.

É natural, até normal, sermos atraídos àqueles que vemos como semelhantes a nós, que compartilham experiências e valores semelhantes aos nossos. Mas, como o apóstolo Paulo enfatizava com frequência; o evangelho é um desafio às barreiras entre os seres humanos que consideramos *normais* (2 Coríntios 5:15). Com as lentes do evangelho, vemos um quadro maior do que as nossas diferenças: um quebrantamento e um desejo compartilhado e a necessidade de experimentar a cura no amor de Deus.

Se acreditamos que um "morreu por todos", então também não podemos mais nos contentar com suposições superficiais sobre os outros. Em vez disso, "o amor de Cristo nos impulsiona" (v.14) a compartilhar o Seu amor e missão com aqueles que Deus ama, mais do que podemos imaginar — todos nós.

Monica

21 DE OUTUBRO

Crescer na graça de Deus

2 PEDRO 1:3–11

…esforcem-se ao máximo […]. Acrescentem à fé a excelência moral; à excelência moral o conhecimento. —2 Pedro 1:5

O pregador inglês Charles H. Spurgeon (1834–92) viveu "a todo o vapor". Tornou-se pastor aos 19 anos e pregava às grandes multidões. Ele editou pessoalmente todos os seus sermões, que somam 63 volumes, escreveu muitos comentários, livros sobre oração e outras obras. E ainda, Spurgeon costumava ler seis livros por semana! Num dos sermões, ele afirmou: "O maior de todos os pecados é o pecado de não fazer nada, pois envolve a maioria dos outros. Deus nos livre dessa terrível ociosidade!".

Charles Spurgeon viveu com diligência, o que significa que ele esforçou-se "ao máximo" (2 Pedro 1:5) para crescer na graça de Deus e para viver por Ele. Se somos seguidores de Cristo, Deus pode incutir em nós esse mesmo desejo e capacidade de crescer mais em semelhança a Jesus, de nos esforçarmos ao máximo para acrescentarmos "à [nossa] fé a excelência moral; à excelência moral o conhecimento […] ao domínio próprio a perseverança; à perseverança a devoção a Deus…" (vv.5-7).

Cada um de nós tem motivações, capacidades e níveis de energia diferentes, nem todos podemos ou devemos viver no mesmo ritmo de Spurgeon! Mas quando compreendemos tudo o que Jesus fez por nós, temos maior motivação para vivermos com mais diligência e fidelidade. Temos a nossa força por meio dos recursos que Deus nos concedeu para vivermos por Ele e o servir. Deus, por intermédio do Seu Espírito, pode nos capacitar em nossos esforços, sejam eles grandes ou pequenos a agir da mesma forma. *Alyson*

22 DE OUTUBRO

Estrelas reluzentes

FILIPENSES 2:12-18

...brilhando como luzes resplandecentes [...].
Apeguem-se firmemente à mensagem
da vida... —Filipenses 2:15-16

Posso fechar os olhos e voltar no tempo para a casa onde cresci. Lembro-me de observar as estrelas com meu pai. Nós nos revezávamos olhando através de seu telescópio, buscando pontos brilhantes que tremeluziam e piscavam. As pitadas de luz, nascidas do calor e do fogo, contrastavam nitidamente com o céu liso e negro.

Você se considera uma estrela brilhante? Não falo do ápice da realização humana, mas de destacar-se contra à corrupção e maldade. O apóstolo Paulo disse aos cristãos em Filipos que Deus brilharia neles e por meio deles se eles se apegassem "firmemente à mensagem da vida" e evitassem se queixar ou discutir (Filipenses 2:14-16).

Nossa unidade com outros cristãos e nossa fidelidade a Deus podem nos distanciar do mundo. O problema é que essas circunstâncias não surgem naturalmente. Esforçamo-nos constantemente para vencer a tentação para podermos manter um relacionamento de comunhão íntima com Deus. Lutamos contra o egoísmo para termos harmonia com nossos irmãos e irmãs espirituais.

Mas ainda há esperança! O Espírito de Deus que habita em cada cristão nos capacita a sermos autocontrolados, bondosos e fiéis (Gálatas 5:22-23). Assim como somos convocados a viver além de nossa capacidade natural, a ajuda sobrenatural de Deus torna isso possível (Filipenses 2:13). Se cada cristão tornar-se uma "estrela reluzente" pelo poder do Espírito, imagine como a luz de Deus repelirá as trevas ao nosso redor! *Jennifer*

23 DE OUTUBRO

Perseguido pelo amor

JONAS 2:1-9

*...pois somente do SENHOR
vem o livramento".*
—Jonas 2:9

"Dele fugi, noites e dias adentro", abre o famoso poema *O cão de caça do céu* do poeta inglês Francis Thompson. O autor descreve a busca incessante de Jesus — apesar de seus esforços para se esconder, ou até mesmo fugir, de Deus. O poeta imagina Deus falando com Jesus e lhe dizendo: "Eu sou aquele a quem buscas!".

A busca pelo amor de Deus é o tema central do livro de Jonas. O profeta recebeu a ordem de falar ao ninivitas (notórios inimigos de Israel) sobre a necessidade de eles se voltarem a Deus, mas, em vez disso, "Jonas fugiu do SENHOR" (Jonas 1:3). Ele comprou uma passagem num navio que seguia em direção oposta de Nínive, mas o barco logo foi vencido por uma violenta tempestade. Para salvar a tripulação do navio, Jonas foi jogado ao mar sendo engolido por um grande peixe (1:15-17).

Em seu belo poema, Jonas contou que, apesar de seus melhores esforços para fugir de Deus, o Senhor o alcançou. Quando Jonas foi vencido por sua situação e precisava ser salvo, clamou a Deus em oração e voltou-se ao Seu amor (2:2,8). Deus respondeu e providenciou o resgate não apenas a Jonas, mas também aos seus inimigos assírios (3:10).

Em ambos os poemas, há momentos na vida que tentamos fugir do alcance de Deus. Mesmo assim, Jesus nos ama e orienta-nos de volta ao relacionamento restaurado com Ele (1 João 1:9).

Lisa

24 DE OUTUBRO

Rivais ou aliados?

1 CORÍNTIOS 1:10-17

*Antes, tenham o mesmo parecer,
unidos em pensamento e propósito.*
—1 Coríntios 1:10

A cidade de Texarkana fica na fronteira de dois estados norte-americanos, Texas e Arkansas. A cidade de 70 mil habitantes tem dois prefeitos, duas prefeituras e dois departamentos de polícia e corpo de bombeiros. A rivalidade esportiva entre as escolas secundárias atrai muitos e reflete a lealdade que cada time tem com a escola de seu próprio estado. As disputas sobre o sistema de água compartilhado também são desafios significativos, pois esse sistema segue as leis de cada estado. No entanto, a cidade é conhecida por sua unidade, apesar da linha que a divide. Os moradores se reúnem anualmente para um jantar realizado na "Avenida linha do Estado" para compartilhar uma refeição em comemoração à sua unidade como comunidade.

Os cristãos em Corinto talvez não tenham traçado uma linha na via principal, mas estavam divididos. Eles brigavam porque eram leais àqueles que os ensinavam sobre Jesus: Paulo, Apolo ou Cefas (Pedro). Paulo chamou todos eles à união "… em pensamentos e propósitos" (1 Coríntios 1:10), lembrando-lhes de que Cristo fora crucificado por eles, não os seus líderes espirituais.

Hoje agimos assim, não é? Às vezes, opomo-nos até aos que creem no sacrifício de Jesus por nossos erros tornando-os rivais e não aliados. Como Cristo não está dividido, nós, como Sua representação terrena, Seu corpo, não devemos permitir que as diferenças não essenciais nos dividam. Em vez disso, celebremos nossa unicidade em Cristo. *Kirsten*

25 DE OUTUBRO

Tudo bem se lamentar

LAMENTAÇÕES 3:19-26

O Senhor é bom para os que dependem dele,
para os que o buscam. —Lamentações 3:25

Durante a pandemia COVID-19, em 2020, ajoelhei-me e deixei as lágrimas escorrerem. "Deus, por que não estás cuidando de mim?" Chorei, pois tinha sido demitida há quase um mês e algo dera errado com os meus papéis de seguro-desemprego. Ainda não tinha recebido nenhum dinheiro e o auxílio que o governo prometera ainda não tinha chegado. No fundo, eu confiava que Deus resolveria tudo. Cria que Ele de fato me amava e cuidaria de mim. Mas, naquele momento, sentia-me abandonada.

O livro de Lamentações ensina que não há problema em lamentar. Provavelmente, foi escrito durante ou logo após os babilônios destruírem Jerusalém, em 587 a.C. Descreve a aflição (3:1,19), opressão (1:18) e fome (2:20; 4:10) que o povo enfrentou. Porém no meio do livro, o autor lembra o motivo de sua esperança: "As misericórdias do Senhor são a causa de não sermos consumidos, porque as suas misericórdias não têm fim; renovam-se cada manhã. Grande é a tua fidelidade" (3:22-23 ARA). Apesar da devastação, o autor lembrou-se de que Deus permanece fiel.

Às vezes, parece impossível acreditar que "O Senhor é bom para os que dependem dele, para os que o buscam" (v.25), especialmente quando não vemos o fim do nosso sofrimento. Mas podemos clamar a Ele e confiar que o Senhor nos ouve e será fiel para nos ajudar. *Julie*

26 DE OUTUBRO

Todos precisam de um mentor

TITO 2:1-8

Escrevo a Tito, meu verdadeiro filho na fé que compartilhamos. —Tito 1:4

Anos atrás, enquanto trabalhava para outro empregador, entrei no escritório do meu novo supervisor, sentindo-me cautelosa e inexperiente. Meu antigo supervisor administrara o nosso departamento com dureza e arrogância, muitas vezes deixando-me (e outros) em lágrimas. Agora eu me questionava: Como seria o meu novo supervisor? Logo após entrar no escritório dele, senti os meus medos se dissiparem ao ser recebida calorosamente. Ele me pediu para compartilhar sobre as minhas frustrações e me ouviu atentamente. E percebi por sua expressão e palavras gentis que ele realmente se importava com os funcionários. Ele cria em Jesus e se tornou meu mentor, incentivador e amigo.

O apóstolo Paulo foi o mentor espiritual de Tito, seu "verdadeiro filho na fé que [compartilhavam]" (Tito 1:4). Em sua carta a Tito, Paulo ofereceu-lhe instruções e diretrizes úteis para seu papel na igreja. Ele não apenas ensinou, mas insistiu: "que suas palavras [refletissem] o ensino verdadeiro" (2:1), dessem "exemplo da prática de boas obras" e "sua mensagem [fosse] tão correta a ponto de ninguém a criticar" (vv.7-8). Como resultado, Tito se tornou seu parceiro, irmão e colega de trabalho (2 Coríntios 2:13; 8:23) e mentor de outros.

Muitos de nós já nos beneficiamos de um mentor, professor, treinador, avô, líder do grupo de jovens ou pastor que nos orientou com seu conhecimento, sabedoria, encorajamento e fé em Deus. Quem pode se beneficiar das lições espirituais que você aprendeu em sua jornada com Jesus? *Alyson*

27 DE OUTUBRO

Procura-se: sabedoria

1 REIS 3:5-12

Dá a teu servo um coração compreensivo,
para que eu possa [...] saber a diferença
entre o certo e o errado. —1 Reis 3:9

Kevin, de 2 anos, desaparecera. No entanto, três minutos após sua mãe ligar para a polícia, eles o encontraram na feira do seu bairro a dois quarteirões de casa. Sua mãe havia prometido que ele iria até a feira mais tarde naquele dia com o avô. Mas Kevin dirigiu seu trator de brinquedo até o local e o estacionou perto do seu brinquedo favorito. Quando a criança já estava em segurança e em casa, seu pai sabiamente removeu a bateria do brinquedo.

Kevin foi inteligente para chegar no local que desejava, mas as crianças de 2 anos ainda não adquiriram outra qualidade fundamental: a sabedoria. E, como adultos, às vezes também não a temos. Salomão, nomeado rei por seu pai Davi (1 Reis 2), admitiu que se sentia como criança. Deus lhe apareceu em sonho e disse: "Peça o que quiser, e eu lhe darei" (3:5). Ele respondeu: "sou como uma criança pequena que não sabe o que fazer. [...] Dá a teu servo um coração compreensivo, para que eu possa governar bem o teu povo e saber a diferença entre o certo e o errado" (vv.7-9). Deus concedeu a Salomão "conhecimento tão vasto quanto a areia na beira do mar" (4:29).

Onde podemos obter a sabedoria que precisamos? Salomão disse que o princípio da sabedoria é o "temor" ou reverência a Deus (Provérbios 9:10). Assim, podemos começar pedindo a Ele que nos ensine sobre si mesmo e que nos dê sabedoria além da que temos. *Anne*

28 DE OUTUBRO

Ela fez o que podia

MARCOS 14:3-9

*Ela fez o que podia e ungiu meu corpo
de antemão para o sepultamento.*
—Marcos 14:8

A mãe colocou os bolos individuais sobre o balcão para serem passados pelo caixa do supermercado. Em seguida, colocou o cartão de aniversário e os pacotes de salgadinhos. Com os cabelos desalinhados pela agitação, e a filha clamando por atenção, ela ouviu o funcionário dizer-lhe o valor das compras. A mãe decepcionada suspirou e disse: "Bom, preciso devolver algo, mesmo sendo para a festa dela", e olhou com tristeza para a filha.

Na fila atrás dessa mãe, outra cliente reconheceu a sua dor. A cena é familiar nas palavras de Jesus para Maria de Betânia: "Ela fez o que podia" e isso lhe veio à mente (Marcos 14:8). Depois de ungi-lo com uma cara garrafa de nardo antes da morte e sepultamento de Jesus, ela foi ridicularizada pelos discípulos. Jesus corrigiu os Seus seguidores, celebrando o que Maria havia feito. Ele não disse: "Ela fez tudo o que podia", mas sim, "Ela fez o que podia". Jesus não se referia ao alto custo do perfume. Era o investimento bondoso de Maria demonstrando o amor que sentia por Ele que mais importava. O relacionamento com Jesus tem como consequência uma reação.

Naquele momento, antes que a mãe pudesse protestar, a segunda cliente se inclinou e inseriu o seu cartão de crédito no leitor para pagar pela compra. Não era uma grande despesa e, naquele mês, ela tinha dinheiro extra. Mas para a mãe beneficiada, era tudo. Um gesto de puro amor derramado num momento de necessidade. *Elisa*

29 DE OUTUBRO

Não somos Deus

EZEQUIEL 28:1-10

Em seu grande orgulho, você diz:
Sou um deus!... —Ezequiel 28:2

Em *Cristianismo puro e simples* (Thomas Nelson, 2017) C. S. Lewis recomendou que nos questionemos se somos orgulhosos: "Quanto me desagrada que os outros me tratem como inferior, ou não notem minha presença [...], ou me tratem com condescendência, ou se exibam na minha frente?". Ele via o orgulho como vício do "mal supremo" e principal causa da miséria nos lares e nações. Lewis chamou o orgulho de "câncer espiritual" que destrói as possibilidades de amor, contentamento e até mesmo do bom senso.

O orgulho tem sido um problema ao longo dos tempos. Deus, por meio do profeta Ezequiel alertou o líder da poderosa cidade costeira de Tiro contra o seu orgulho. Disse-lhe que o orgulho do rei resultaria em sua própria queda: "Uma vez que se considera sábio como um deus, trarei contra você um exército estrangeiro" (Ezequiel 28:6-7). Esse líder então reconheceria que não era um deus, "mas apenas homem" (v.9).

A "humildade" é uma atitude oposta ao orgulho e Lewis a chamou de "virtude" que recebemos por conhecermos Deus. Ele afirmou que ao entrarmos em contato com Deus, tornamo-nos "agradavelmente humildes" e nos sentimos aliviados por nos livrarmos da nossa própria insensatez no que diz respeito à nossa dignidade, algo que anteriormente nos deixava inquietos e infelizes.

Quanto mais adorarmos a Deus, mais o conheceremos e mais poderemos nos humilhar diante dele. Que sejamos aqueles que o amam e o servem com alegria e humildade. *Amy*

30 DE OUTUBRO

Um bom homem

ROMANOS 3:10-18

*Porque pela graça sois salvos, mediante a fé;
e isto não vem de vós; é dom de Deus.*
—Efésios 2:8

"Geraldo era um bom homem", disse o pastor no funeral dele. "Ele amava sua família, era fiel à sua esposa, serviu seu país nas Forças Armadas, foi excelente pai, avô e um grande amigo."

Em seguida, o pastor continuou, dizendo aos amigos e parentes reunidos que a boa vida que ele levava e as boas obras que ele havia praticado não eram suficientes para assegurar-lhe um lugar no céu. E que o próprio Geraldo teria sido o primeiro a dizer-lhes isso!

Geraldo creu nestas palavras da Bíblia: "…todos pecaram e carecem da glória de Deus" (Romanos 3:23) e "…porque o salário do pecado é a morte…" (6:23). O destino final e eterno na jornada da vida não fora determinado por ele ter vivido uma vida realmente boa, mas unicamente por Jesus ter morrido em seu lugar para pagar o preço pelo seu pecado. Geraldo creu que cada um de nós deve aceitar pessoalmente o dom gratuito de Deus, que é "…a vida eterna em Cristo Jesus, nosso Senhor" (6:23).

Geraldo foi um bom homem, mas jamais poderia ter sido 'bom o suficiente'. Nós também não podemos. Tanto ele, como nós, precisamos aprender que a salvação e a justificação não provêm dos esforços humanos. São dádivas que nos são concedidas pela graça de Deus (Efésios 2:8).

"Graças a Deus pelo seu dom inefável!" (2 Coríntios 9:15).

Cindy

Colaborando com Deus

1 CORÍNTIOS 3:1-9

*Pois nós somos colaboradores de Deus,
e vocês são lavoura de Deus e edifício de Deus.*
—1 Coríntios 3:9

Bill Ashe visitou o México em 1962 e, nessa ocasião ele ajudou a consertar bombas manuais de água num orfanato. Quinze anos mais tarde, sentiu-se inspirado por um profundo desejo de servir a Deus e atuou para fornecer água limpa às aldeias necessitadas. Nessa ocasião, Ashe fundou uma organização sem fins lucrativos e compartilhou: "Deus me despertou para 'aproveitar ao máximo o tempo' e, também para encontrar outras pessoas com o desejo de levar água potável aos necessitados da zona rural". Mais tarde, depois de aprender sobre a necessidade global por água potável por meio de milhares de pastores e evangelistas de mais de 100 países, Ashe convidou outros a se unirem aos esforços deste ministério.

Deus nos convida para nos unirmos a Ele e aos outros de várias maneiras. Quando os coríntios discutiram sobre quais mestres eles preferiam, o apóstolo Paulo reafirmou seu papel como servo de Jesus e companheiro de equipe de Apolo, totalmente dependente de Deus para o crescimento espiritual (1 Coríntios 3:1-7). Paulo nos lembra de que todo o trabalho é recompensado por Deus (v.8). Reconhecendo o privilégio de trabalhar com outras pessoas enquanto servia o Senhor, Paulo nos encoraja a edificarmos uns aos outros à medida que Ele nos transforma em amor (v.9).

Embora o nosso poderoso Pai não precise de nossa ajuda para realizar as Suas grandes obras, Ele nos instrumentaliza e nos convida a sermos parceiros em Sua obra. *Xochitl*

1.º DE NOVEMBRO

Levante-se novamente

PROVÉRBIOS 24:15-18

*Ainda que o justo tropece sete vezes,
voltará a se levantar...*
—Provérbios 24:16

O corredor olímpico Ryan Hall é o recordista dos EUA na meia maratona. Ele completou a distância da prova de 21 quilômetros em um tempo notável de 59 minutos e 43 segundos, tornando-se recorde norte-americano nessa corrida, completando-a em menos de uma hora. Embora ele já tenha celebrado vitórias com recordes, Hall conhece a decepção de não ter conseguido terminar uma corrida.

Tendo provado tanto o sucesso quanto o fracasso, Hall crê que a sua fé em Jesus o sustenta. Um de seus versículos favoritos é este lembrete encorajador: "Ainda que o justo tropece sete vezes, voltará a se levantar..." (Provérbios 24:16). Isso nos lembra de que os justos, aqueles que confiam e têm um relacionamento pessoal com Deus, ainda experimentarão dificuldades e sofrimentos. No entanto, à medida que o buscarem, mesmo em meio à dificuldade, Deus é fiel para dar-lhes a força para voltarem a se levantar.

Você experimentou recentemente uma decepção ou fracasso devastador e sente que jamais se recuperará? As Escrituras nos encorajam a não confiarmos em nossa força, mas a continuarmos a colocar a nossa confiança em Deus e em Suas promessas. À medida que confiamos no Senhor, o Espírito de Deus nos fortalece em cada uma das dificuldades que encontramos nesta vida, desde lutas aparentemente cotidianas até as mais significativas (2 Coríntios 12:9). *Lisa*

2 DE NOVEMBRO

Tempo de desaceleração

SALMO 90:4,12-15

*Ajuda-nos a entender
como a vida é breve, para que
vivamos com sabedoria.*
—Salmo 90:12

Muita coisa mudou desde a invenção do relógio elétrico em 1840. Hoje, acompanhamos a hora em relógios inteligentes, smartphones e *laptops*. O ritmo da vida parece mais rápido — acelerando a nossa lenta caminhada. Isso acontece especialmente nas cidades e, segundo especialistas, pode ter efeito negativo na saúde. "Movemo-nos cada vez mais rápido e atendemos os outros o mais rápido possível", observou o professor Richard Wiseman. "Isso nos faz pensar que tudo deve acontecer de imediato".

Moisés é o autor de um dos salmos mais antigos da Bíblia no qual ele refletiu sobre o tempo. Ele nos lembra de que Deus controla o ritmo da vida. "Para ti, mil anos são como um dia que passa, breves como algumas horas da noite" (Salmo 90:4).

O segredo do gerenciamento do tempo, portanto, não é ir mais rápido ou mais devagar. É permanecer em Deus investindo mais tempo com Ele. Dessa forma, entramos em sintonia uns com os outros, mas primeiro com Ele — Aquele que nos formou (139:13) e conhece os nossos propósitos e planos (v.16).

O nosso tempo na Terra não será eterno. No entanto, podemos administrá-lo com sabedoria, não somente observando o tempo no relógio, mas entregando cada dia a Deus. Como Moisés disse: "Ajuda-nos a entender como a vida é breve, para que vivamos com sabedoria" (90:12). Então, com Deus, estaremos sempre na hora, agora e para sempre. *Patricia*

3 DE NOVEMBRO

Os planos de Deus para você

SALMOS 37:3-7

*Busque no Senhor a sua alegria,
e ele lhe dará os desejos de seu coração.*
—Salmos 37:4

Por seis anos, Agnes tentou fazer dela mesma a "perfeita esposa de pastor", espelhando-se em sua querida sogra (também esposa de pastor). Ela pensou que esse papel a impediria de ser também escritora e pintora, porém ao enterrar a sua criatividade, ela sentiu-se deprimida e passou a pensar em suicídio. Apenas a ajuda de um pastor vizinho a tirou da escuridão, eles oraram juntos e o pastor a aconselhou a escrever por duas horas todas as manhãs. Isso a despertou para o que ela chamou de "ordens concretas", o chamado que Deus lhe havia dado. Ela escreveu: "Para que eu fosse realmente eu mesma, meu eu completo, cada… fluxo de criatividade que Deus tinha me dado precisava encontrar o seu fluir".

Mais tarde, ela mencionou uma das canções de Davi que expressava como ela havia encontrado o seu chamado: "Busque no Senhor a sua alegria, e ele lhe dará os desejos de seu coração" (Salmo 37:4). Conforme ela entregava o seu caminho a Deus, confiando nele para conduzi-la e orientá-la (v.5), o Senhor lhe abriu um caminho não apenas para escrever e pintar, mas para ajudar outros a se comunicarem melhor com o Senhor.

Deus tem um conjunto de "ordens concretas" para cada um de nós, não apenas para sabermos que somos Seus filhos, mas para entendermos os modos singulares de servi-lo por meio de nossos dons e paixões. Ele nos guiará à medida que confiarmos e nos alegrarmos nele. *Amy*

4 DE NOVEMBRO

As ideias impopulares de Jesus

MATEUS 5:38-48

Dê a quem pedir...
—Mateus 5:42

Durante 15 anos, o comerciante Mike Burden organizou reuniões cheias de ódio em sua loja de antiguidades na pequena cidade onde vivia. Mas quando a esposa dele começou a questionar o envolvimento do marido, o seu coração se abrandou. Burden reconheceu que estava errado em seu ponto de vista sobre o racismo e não quis mais ser aquela mesma pessoa. O grupo militante o retaliou e expulsou a sua família do apartamento que ele alugava de um dos seus membros.

Onde ele buscou ajuda? Surpreendentemente, ele a buscou com o pastor negro local com quem já tinha tido conflitos. Esse pastor e sua igreja forneceram moradia e mantimentos para a família de Burden por algum tempo. Quando o pastor foi questionado sobre o fato de ter concordado em ajudar o casal, ele explicou: "Jesus Cristo também fez coisas impopulares. Quando é hora de ajudar, você faz o que Deus quer que você faça". Mais tarde, Burden falou a essa igreja local e se desculpou com a comunidade negra por sua participação na disseminação do ódio.

Jesus ensinou ideias impopulares no Sermão do Monte: "Dê a quem pedir [...] amem os seus inimigos e orem por quem os persegue" (Mateus 5:42,44). Deus nos pede que tenhamos essa mesma maneira controversa de pensar. Embora isso pareça fraqueza, na verdade significa agir a partir da força de Deus.

Aquele que nos ensina é o mesmo que nos concede o poder de viver essa "controvérsia" da maneira que Ele nos pedir.

Anne

5 DE NOVEMBRO

Dimensões infinitas

EFÉSIOS 3:16-21

...peço que [...] vocês possam compreender a largura, o comprimento, a altura e a profundidade do amor de Cristo. —Efésios 3:18

Deitada sobre aquela placa de vinil, controlei minha respiração à medida que a máquina do exame se movimentava e clicava. Eu conhecia muitas pessoas que já tinham feito ressonância magnética, mas, para uma claustrofóbica como eu, a experiência exigia concentração em algo ou Alguém muito maior do que eu mesma.

Em minha mente, a frase das Escrituras: "a largura, o comprimento, a altura e a profundidade do amor de Cristo" (Efésios 3:18), movia-se no ritmo do zumbido da máquina. Em sua oração pela igreja de Éfeso, Paulo descreveu quatro dimensões do amor de Deus para destacar os parâmetros infinitos de Seu amor e presença.

Minha posição enquanto estava deitada para o exame trazia uma nova imagem ao meu entendimento. Largura: os 15 cm de cada lado onde meus braços se espremiam dentro do tubo. Comprimento: a distância entre as duas aberturas do cilindro, estendendo-se da minha cabeça aos meus pés. Altura: os 15 cm do meu nariz ao "teto" do tubo. Profundidade: o suporte do tubo fixo ao piso que me sustentava. Quatro dimensões que ilustravam a presença de Deus me cercando e me segurando no tubo de ressonância — e em todas as circunstâncias da vida.

O amor de Deus está TOTALMENTE ao nosso redor. Largura: Ele estende os Seus braços para alcançar as pessoas de todos os lugares. Comprimento: Seu amor jamais acaba. Altura: Ele nos eleva. Profundidade: Ele nos ampara em todas as situações. Nada pode nos separar dele! (Romanos 8:38-39). *Elisa*

6 DE NOVEMBRO

Opte por honrar a Deus

SALMO 18:20-27

Aos fiéis te mostras fiel...
—Salmo 18:25

Em "Felicidade Conjugal" de Leo Tolstoy (Editora 34, 2010), Sergey e Masha se encontram quando ela é jovem e linda. Sergey é um homem de negócios, mais idoso, bem viajado e que compreende o mundo fora do contexto rural onde Masha mora. Com o passar do tempo, ambos se apaixonam e se casam.

Eles se fixam na área rural, mas Masha se entedia com o seu entorno. Sergey a ama e a leva em viagem para São Petersburgo. Nela, a beleza e o encanto de Masha lhe trazem imediata popularidade. Quando o casal está prestes a regressar à casa no campo, um príncipe vem à cidade e quer conhecê-la. Sergey sabe que pode forçar Masha a acompanhá-lo de volta para casa, mas permite que ela tome tal decisão individualmente. Masha escolhe ficar onde está e a traição dela lhe parte o coração.

Como Sergey, Deus jamais nos forçará a lhe sermos fiéis. Por nos amar, o Senhor permite que nós escolhamos ser a favor ou contra Ele. Nossa primeira escolha por Ele é feita quando recebemos o Seu Filho, Jesus Cristo, como sacrifício pelo nosso pecado (1 João 4:9-10). Depois disso, temos uma vida repleta de decisões a tomar.

Escolheremos a fidelidade a Deus sob a direção do Seu Espírito, ou deixaremos que o mundo nos seduza? A vida de Davi não foi perfeita, mas muitas vezes ele escreveu sobre guardar "os caminhos do Senhor" e sobre os bons resultados advindos dessa escolha (Salmo 18:21-24). Quando as nossas escolhas honram a Deus, experimentamos as bênçãos que Davi descreveu: Aos fiéis Deus se mostra fiel. *Jennifer*

7 DE NOVEMBRO

Sobrevivendo à seca

JEREMIAS 17:5-8

Feliz é quem confia no Senhor. [...]
É como árvore plantada junto ao rio...
—Jeremias 17:7-8

Recentemente, na primavera, um bairro suburbano da Califórnia foi invadido por arbustos secos. Os ventos fortes empurraram os cardos rolantes para o deserto adjacente de Mojave, onde a planta cresce. Na sua maturidade, essa erva daninha pode crescer até um metro e oitenta de altura, um tamanho formidável quando se libera de suas raízes para "rolar" com o vento e espalhar suas sementes.

Quando leio a descrição de Jeremias sobre a pessoa que "afasta seu coração do Senhor" imagino arbustos secos (Jeremias 17:5). Ele diz que aqueles que extraírem seu apoio da "força humana" serão como "arbusto solitário no deserto" e serão incapazes de ver a prosperidade quando vier "sem esperança alguma" (vv.5-6). Contrastam nitidamente daqueles que confiam em Deus, e não nas pessoas. Como as árvores, as suas raízes fortes e profundas extraem sua força do Senhor, permitindo que permaneçam cheias de vida, mesmo em circunstâncias semelhantes à seca.

Os arbustos rolantes e as árvores têm raízes. No entanto, os primeiros não permanecem conectados à sua fonte de vida e isso os faz secar e morrer. As árvores, por outro lado, permanecem conectadas às suas raízes e isso lhes permite florescer e prosperar, ancoradas no que as sustêm em tempos de dificuldades. Quando nos apegamos a Deus, buscando força e encorajamento na sabedoria transformadora que encontramos na Bíblia, e orando ao Senhor, também podemos experimentar o alimento que Ele fornece e que nos concede vida e sustento. *Kirsten*

8 DE NOVEMBRO

Renovo em cada manhã

LAMENTAÇÕES 3:19-26

Grande é sua fidelidade; suas misericórdias se renovam cada manhã. [...] por isso, esperarei nele! —Lamentações 3:23-24

Meu irmão Paulo cresceu lutando contra a epilepsia grave, e quando entrou na adolescência isso piorou ainda mais. As noites eram excruciantes para ele e aos meus pais, com convulsões contínuas que muitas vezes perduravam por mais de 6 horas. Os médicos não conseguiam encontrar um tratamento que aliviasse os sintomas e o mantivesse consciente por pelo menos parte do dia. Meus pais clamavam: "Deus, ó Deus, ajuda-nos!".

Embora as emoções deles os baqueassem e os corpos estivessem esgotados, Paulo e os meus pais eram fortalecidos por Deus em cada novo dia. Além disso, meus pais encontraram o conforto nas palavras do livro de Lamentações. Nele, Jeremias expressou sua tristeza pela destruição de Jerusalém pelos babilônios, lembrando o sofrimento e desamparo (3:19). O profeta não perdeu a esperança e lembrou-se de que a fidelidade do Senhor e, "suas misericórdias se renovam cada manhã" (v.23). Meus pais também.

Seja o que for que você estiver enfrentando, saiba que Deus é fiel "cada manhã". Ele renova a nossa força, dia após dia, e nos concede esperança. E, muitas vezes, como ocorreu com a minha família, Ele traz alívio. Depois de vários anos, surgiu um novo medicamento capaz de interromper as contínuas convulsões noturnas de Paulo, o que trouxe para minha família um sono restaurador e esperanças para o futuro.

Quando a nossa alma sente-se abatida (v.20), lembremo-nos das promessas de Deus de que as Suas misericórdias renovam-se cada manhã. *Amy*

Desenterre

RUTE 1:3-5, 20-21

Livrem-se de toda amargura...
—Efésios 4:31

Quando o irmão de Rebeca e a sua cunhada começaram a ter problemas no casamento, Rebeca orou fervorosamente pela reconciliação deles, no entanto, eles se divorciaram. Sem os protestos por parte do pai, a mãe levou as filhas para outro estado e Rebeca nunca mais viu as suas amadas sobrinhas. Anos depois, ela disse: "Por lidar sozinha com essa tristeza, permiti que a raiz da amargura crescesse em meu coração e ela começou a espalhar-se à família e amigos".

O livro de Rute nos fala sobre Noemi que também lutou contra dores que se transformaram em amargura. Seu marido morreu numa terra estrangeira, e 10 anos depois seus dois filhos morreram. Ela e suas noras, Rute e Orfa, ficaram desamparadas, (Rute 1:3-5). Quando Rute e sua sogra voltaram para o país natal de Noemi, todos na cidade se alegraram por vê-las. Mas Noemi disse aos seus amigos: "o Todo-poderoso tornou minha vida muito amarga" e lhes pediu para que a chamassem de "Mara", ou seja, muito amarga (v.20).

Quem de nós nunca enfrentou decepção e sentiu-se tentado por tanta amargura? Frustramo-nos se alguém diz algo doloroso, se não atingimos a expectativa ou até mesmo quando as exigências alheias nos deixam ressentidos. Quando de nossa parte reconhecemos isso diante de Deus e lhe entregamos o que acontece no profundo do nosso coração, nosso afetuoso Jardineiro pode nos ajudar a desenterrar quaisquer raízes de amargura, estejam elas ainda pequenas ou crescendo há anos. O Senhor pode substituí-las por um espírito doce e alegre. *Anne*

A sabedoria que necessitamos

PROVÉRBIOS 1:1-9

O temor do Senhor é o princípio do conhecimento… —Provérbios 1:7

Helena abriu a sua caixa de correio e retirou um grosso envelope volumoso que tinha sido enviado por uma querida amiga. Poucos dias antes, elas tinham se desentendido. Curiosa, Helena o abriu e encontrou um colar de contas coloridas num fio de juta. No cartão empresarial junto ao presente havia uma mensagem em Código Morse e a tradução dessas sábias palavras eram: "Busque os caminhos de Deus". Sorrindo, ela o colocou no pescoço.

O livro de Provérbios é a compilação de ditos sábios e contém muitos escritos de Salomão, o homem aclamado como o mais sábio da sua época (1 Reis 10:23). Os seus 31 capítulos convidam o leitor a ouvir a sabedoria e evitar a loucura, começando pela mensagem: "O temor do Senhor é o princípio do conhecimento" (1:7). Sabedoria — conhecimento — saber o que se deve fazer é a consequência de honrar a Deus e buscar os Seus caminhos. Lemos: "preste atenção à correção de seu pai e não deixe de lado a instrução de sua mãe. O que aprender com eles será coroa de graça em sua cabeça e colar de honra em seu pescoço" (vv.8-9).

A amiga de Helena a tinha direcionado à Fonte da Sabedoria, ao princípio do conhecimento que ela precisava: Busque os caminhos de Deus. O colar ajudou aquela jovem a descobrir como buscar a ajuda que tanto precisava.

Se honrarmos a Deus e buscarmos os Seus caminhos, receberemos a sabedoria de que precisamos para todos os desafios que enfrentamos na vida. Todos e cada um deles. *Elisa*

11 DE NOVEMBRO

O presente da paz

LUCAS 2:25-35

Vi a tua salvação.
—Lucas 2:30

"Acredito em Jesus, Ele é meu Salvador e não temo a morte", disse a esposa do ex-presidente dos EUA George H. W. Bush a seu filho antes de morrer. Essa declaração incrível e cheia de confiança sugere uma fé forte e enraizada. Ela experimentou a paz de Deus concedida aos que conhecem Jesus, mesmo quando confrontados com a morte.

Simeão, residente em Jerusalém no primeiro século, também experimentou profunda paz por causa de Jesus. Movido pelo Espírito Santo, ele foi ao Templo quando Maria e José levaram o menino Jesus "para apresentá-lo ao Senhor" (Lucas 2:22). Embora pouco se saiba sobre Simeão, pela descrição de Lucas, pode-se dizer que ele era um homem de Deus, justo e devoto, que esperava fielmente pelo Messias, e que "o Espírito Santo estava sobre ele" (Lucas 2:25). No entanto, Simeão não experimentou *shalom* (paz), o profundo senso de plenitude, até que viu Jesus.

Enquanto segurava Jesus em seus braços, Simeão começou a cantar louvores, demonstrando sua plena satisfação em Deus: "Soberano Deus, agora podes levar em paz o teu servo, como prometeste. Vi a tua salvação, que preparaste para todos os povos" (vv.29-31). Ele sentiu paz porque anteviu a esperança futura para todo o mundo.

Cada vez que pensamos sobre e celebramos a vida, a morte e a ressurreição de Jesus, o Salvador prometido, que possamos nos alegrar com a dádiva que Deus nos concede — Sua paz!

Estera

12 DE NOVEMBRO

Conheça Sua voz

JOÃO 10:1-10

Eu sou o bom pastor;
conheço as minhas ovelhas,
e elas me conhecem...
—João 10:14

Certo ano, na escola bíblica de férias, a igreja de Carlos decidiu levar animais vivos para ilustrar a história bíblica. Quando Carlos foi ajudá-los, eles lhe pediram que trouxesse uma ovelha para dentro do salão de esportes. O rapaz praticamente teve que arrastar o animal lanudo por uma corda para dentro do salão de esportes da igreja. Mas com o passar dos dias, a ovelha ficou menos relutante em segui-lo. No final daquela semana, o jovem Carlos não precisava mais segurar a corda; ele apenas chamava a ovelha e ela o seguia, pois sabia que podia confiar nele.

No Novo Testamento, Jesus se compara a um pastor, declarando que Seu povo, as ovelhas, o seguirão porque eles conhecem a Sua voz (João 10:4). Mas que essas mesmas ovelhas fugiriam de um estranho ou de um ladrão (v.5). Como ovelhas, nós (os que creem em Jesus como Salvador) conhecemos a voz de nosso Pastor por meio de nosso relacionamento com Ele. E à medida que o conhecemos mais e mais, vemos o Seu caráter e aprendemos a confiar nele.

Conforme o conhecermos melhor e o amarmos, discerniremos Sua voz e seremos mais capazes de fugir do "ladrão [que] vem apenas para roubar, matar e destruir" (v.10) e daqueles que tentam nos enganar e nos afastar dele. Diferentemente dos falsos mestres, nós podemos confiar na voz de nosso Pastor para nos conduzir à plena segurança. *Julie*

13 DE NOVEMBRO

Símbolos de amor

CÂNTICO DOS CÂNTICOS 8:5-7

Coloque-me como selo sobre o seu coração,
como selo sobre seu braço.
—Cântico dos Cânticos 8:6

Fiquei espantada com as centenas de milhares de cadeados, muitos deles gravados com as iniciais dos apaixonados, presos a todas as partes imagináveis da *Pont des Arts*, em Paris. A ponte de pedestres sobre o rio Sena estava inundada com esses símbolos de amor: a confirmação dos casais do seu compromisso "para sempre". Em 2014, calculou-se que os cadeados de amor pesavam impressionantes 50 toneladas causando o colapso de uma parte da ponte e exigindo a retirada de todos eles.

A presença de tantos cadeados dos apaixonados reflete o profundo desejo que temos como seres humanos pela garantia de que o amor é seguro. Em Cântico dos Cânticos, um dos livros do Antigo Testamento, há a representação de um diálogo entre dois amantes. A mulher expressa seu desejo por segurança no amor pedindo ao seu amado que a colocasse "como selo sobre o seu coração, como selo sobre seu braço" (8:6). Seu desejo era ficar tão segura e protegida em seu amor quanto um selo impresso no coração dele ou um anel em seu dedo.

O anseio demonstrado para se ter um amor romântico e duradouro em Cântico dos Cânticos indica-nos a verdade bíblica que encontramos na carta de Paulo aos Efésios: somos marcados com o "selo do Espírito Santo" (1:13). Embora o amor humano possa ser inconstante e os cadeados possam ser removidos de uma ponte, o Espírito de Cristo que habita em nós é um selo permanente que demonstra o amor eterno e comprometido de Deus por cada um de Seus filhos. *Lisa*

14 DE NOVEMBRO

Tentação útil

TIAGO 1:2-5,12-21

...aceitem humildemente a palavra que lhes foi implantada no coração, pois ela tem poder para salvá-los. —Tiago 1:21

Um monge do século 15, Tomás de Kempis, oferece uma perspectiva sobre a tentação que pode ser surpreendente no amado clássico *A imitação de Cristo* (Publicações Pão Diário, 2021). Em vez de direcionar a sua atenção à dor e às dificuldades que a tentação pode trazer, ele escreve: "As tentações são úteis porque podem nos tornar humildes, purificar-nos e elas também podem nos ensinar". E ele explica: "A chave para a vitória é a verdadeira humildade e a paciência; nelas vencemos o inimigo".

Humildade e paciência. Como minha caminhada com Cristo seria diferente se eu reagisse com essa naturalidade à tentação! Com muita frequência, minha reação é demonstrar vergonha, frustração e tentativas impacientes de me livrar da luta.

No entanto, aprendemos com a carta de Tiago, que as tentações e provações que enfrentamos não precisam ser sem propósito ou simplesmente uma ameaça que tenhamos que suportar. Embora ceder à tentação possa nos trazer desgosto e destruição (Tiago 1:13-15), quando nós nos voltamos a Deus com corações humildes buscando a Sua sabedoria e graça, descobrimos que Ele é generoso e que não nos repreenderá por pedirmos (v.5). Pelo poder de Deus em nós, as nossas provações e lutas para resistir ao pecado nos tornam perseverantes, para que sejamos "maduros e completos", sem que nada nos falte (v.4).

Confiando em Jesus, não há razão para vivermos temerosos. Como filhos de Deus encontramos paz ao descansarmos em Seus braços amorosos, mesmo ao enfrentarmos as tentações. *Monica*

15 DE NOVEMBRO

Fazendo sua música

2 CORÍNTIOS 3:17-18

...o Espírito, nos transforma [...]
à sua imagem gloriosa...
—2 Coríntios 3:18

Arianne Abela, regente de coral, passou toda a infância sentando-se sobre as suas mãos tentando escondê-las. Ela nasceu com os dedos ausentes ou fundidos nas duas mãos, também não tinha a perna esquerda e faltavam-lhe os dedos do pé direito. Amante da música e cantora lírica, ela planejava estudar gestão política numa renomada universidade. Mas um dia sua professora de coral pediu-lhe que ela regesse os cantores. A partir desse momento, Arianne descobriu sua carreira, passando a reger coros de igrejas e hoje ela é a diretora dos corais em outra universidade. "Meus professores viram algo em mim", ela explica.

Sua história inspiradora convida os cristãos a se questionarem: *O que Deus, nosso santo Mestre, vê em nós, independentemente de nossos "limites"?* Mais do que tudo, Ele se vê. "Deus criou os seres humanos à sua própria imagem, à imagem de Deus os criou; homem e mulher os criou" (Gênesis 1:27).

Como gloriosos portadores da Sua imagem, quando outros nos veem, devemos refleti-lo. Para Arianne, isso significa Jesus, não as suas mãos, ou a falta dos dedos. E isso é válido para todos os cristãos. "Portanto, todos nós, dos quais o véu foi removido, podemos ver e refletir a glória do Senhor, e o Senhor, que é o Espírito, nos transforma gradativamente à sua imagem..." (2 Coríntios 3:18).

Como Arianne, podemos conduzir nossa vida pelo poder transformador de Cristo (v.18), oferecendo-lhe um cântico de vida que honre a Deus. *Patricia*

Um hóspede inesperado

LUCAS 19:1-10

[Jesus] disse: "Zaqueu, desça depressa! Hoje devo hospedar-me em sua casa".
—Lucas 19:5

Zaqueu era um homem bastante solitário. Quando ele caminhava pelas ruas, podia sentir os olhares hostis. No entanto sua vida deu uma guinada. Clemente de Alexandria, um dos pais da igreja, diz que Zaqueu se tornou um líder cristão importante e pastor da igreja em Cesareia. Sim, estamos falando do mesmo Zaqueu, o principal coletor de impostos que subiu numa figueira-brava para ver Jesus (Lucas 19:1-10).

O que o fez subir na árvore? Os coletores de impostos eram vistos como traidores, pois tributavam muito seu próprio povo para servir ao Império Romano. Mesmo assim, Jesus tinha a fama de aceitá-los. Zaqueu pode ter questionado se Jesus o aceitaria também. Por ser de estatura baixa, ele não conseguia ver por cima da multidão (v.3). Talvez tenha subido na árvore para tentar ver Jesus.

E Jesus também estava procurando por Zaqueu. Quando Cristo chegou à árvore onde ele estava, olhou para cima e disse: "Zaqueu, desça depressa! Hoje devo hospedar-me em sua casa" (v.5). Jesus considerou absolutamente necessário hospedar-se na casa deste proscrito. Imagine isso! O Salvador do mundo querendo investir Seu tempo com um rejeitado da sociedade.

Quer seja o nosso coração, relacionamento ou vida que precise de conserto, tenhamos esperança. Jesus nunca nos rejeitará ao nos voltarmos a Ele. O Senhor pode restaurar o que foi perdido e quebrado e nos dar um novo significado e propósito.

Poh Fang

17 DE NOVEMBRO

Boa medida

LUCAS 6:32-38

Deem e receberão...
—Lucas 6:38

Certo dia, no posto de gasolina, Sofia encontrou uma mulher que havia saído de casa sem o seu cartão do banco. Com o seu bebê no colo, ela pedia ajuda aos transeuntes. Sofia, mesmo desempregada, gastou R$ 60,00 para colocar gasolina no tanque do carro dessa senhora. Dias depois, Sofia encontrou uma cesta com brinquedos e presentes na varanda de sua casa. Os amigos dessa estranha do posto haviam retribuído a gentileza de Sofia e convertido sua bênção de R$ 60,00 num Natal inesquecível para a família dela.

Essa história emocionante ilustra o que Jesus fez quando disse: "Deem e receberão. Sua dádiva lhes retornará em boa medida, compactada, sacudida para caber mais, transbordante e derramada sobre vocês. O padrão de medida que adotarem será usado para medi-los" (Lucas 6:38).

Pode ser tentador ouvir isso e pensarmos apenas no que ganharemos ao doar, mas agindo assim, perdemos o propósito da doação. Antes disso, Jesus disse: "amem os seus inimigos, façam-lhes o bem e emprestem a eles sem esperar nada de volta. Então a recompensa que receberão do céu será grande e estarão agindo, de fato, como filhos do Altíssimo, pois ele é bondoso até mesmo com os ingratos e perversos" (v.35).

Nós não doamos para conseguir coisas; doamos porque Deus se deleita com a nossa generosidade. Nosso amor pelos outros reflete o Seu coração amoroso em relação a nós. *Remi*

18 DE NOVEMBRO

Na mesma equipe

1 TESSALONICENSES 5:1-11,16-18

...animem e edifiquem uns aos outros.
—1 Tessalonicenses 5:11

Quando o zagueiro do time voltou ao campo depois de se recuperar de uma lesão grave, o zagueiro reserva da equipe voltou graciosamente ao banco sem murmuração. Apesar de eles competirem pela mesma posição, os dois jogadores decidiram apoiar um ao outro e permaneceram confiantes em seus papéis. Um repórter observou que esses dois atletas têm um "relacionamento singular que está alicerçado na fé que ambos têm em Cristo" que é evidenciado pelas contínuas orações um pelo outro. Enquanto os outros os observavam, eles honraram a Deus lembrando-se de que estavam no mesmo time — não apenas como zagueiros do mesmo time, mas como pessoas que creem em Jesus e o representam.

O apóstolo Paulo exorta os cristãos para que vivam como "filhos da luz" aguardando o retorno de Jesus (1 Tessalonicenses 5:5,6). Com a nossa esperança firmada na salvação que Cristo nos proporcionou, podemos evitar qualquer tentação de competir por ciúme, insegurança, medo ou inveja. Em vez disso, podemos nos animar e edificar uns aos outros, como temos feito (v.11). Podemos respeitar os líderes espirituais que honram a Deus e viver "em paz" ao servirmos juntos para alcançar nosso objetivo comum — anunciando às pessoas sobre o evangelho e encorajando outros a viverem por Jesus (vv.12-15).

Ao servirmos na mesma equipe, podemos honrar o mandamento de Paulo: "Estejam sempre alegres. Nunca deixem de orar. Sejam gratos em todas as circunstâncias, pois essa é a vontade de Deus para vocês em Cristo Jesus" (vv.16-18). *Xochitl*

19 DE NOVEMBRO

Um novo chamado

2 TIMÓTEO 1:6-14

*Pois Deus nos salvou e nos chamou
para uma vida santa...*
—2 Timóteo 1:9

Carlos e sua gangue de adolescentes invadiam casas e carros, roubavam lojas e brigavam contra outras gangues. Com o passar dos dias, ele foi preso e condenado e, na prisão, tornou-se o "mandachuva", que distribuía estoques ou facas rústicas durante os distúrbios.

Tempos depois, ele foi colocado numa solitária. Enquanto refletia a respeito de si mesmo, Carlos viu uma espécie de "filme" dos acontecimentos de sua vida e de Jesus sendo levado e pregado na cruz lhe dizendo: "Estou fazendo isso por você". Carlos ajoelhou-se, começou a chorar e confessou os seus pecados. Mais tarde, ele compartilhou a sua experiência com um capelão, que explicou mais sobre Jesus e lhe deu uma Bíblia. "Esse foi o início de minha jornada de fé", disse Carlos. Com o passar do tempo, ele foi liberado para a ala carcerária principal, onde foi maltratado por sua fé. Mas ele se sentia em paz, porque "havia recebido um novo chamado: contar aos outros encarcerados sobre Jesus".

Em sua carta ao jovem Timóteo, o apóstolo Paulo fala sobre o poder de Cristo para transformar vidas: Deus nos convoca a deixar para trás as transgressões para seguir e servir a Jesus (1 Timóteo 1:9). Quando o recebemos pela fé, desejamos ser testemunhas vivas do amor de Cristo. O Espírito Santo nos capacita a fazer isso, mesmo quando sofremos ao buscarmos compartilhar as boas-novas (v.8). Como Carlos, vivamos o nosso novo chamado. *Alyson*

20 DE NOVEMBRO

A razão para descansar

ECLESIASTES 2:17-26

Que proveito tem um homem de todo o esforço e de toda a ansiedade com que trabalha debaixo do sol? —Eclesiastes 2:22

Se você quer viver por mais tempo, tire férias! Os pesquisadores em Helsinque, Finlândia, acompanharam um estudo com executivos do sexo masculino, de meia-idade, que apresentavam risco de doenças cardíacas. Depois de 40 anos, os cientistas descobriram algo que não estavam pesquisando em seus dados originais: a taxa de mortalidade era menor entre aqueles que haviam tirado férias.

O trabalho é uma parte necessária da vida. Deus o designou para nós antes mesmo de nosso relacionamento com Ele romper-se em Gênesis 3. Salomão escreveu sobre a aparente falta de sentido do trabalho por aqueles que não trabalham para a honra de Deus, reconhecendo seu "esforço e ansiedade", "dor e tristeza" (Eclesiastes 2:22-23). Mesmo quando as pessoas não estão trabalhando ativamente, ele diz que "à noite sua mente não descansa" porque elas estão pensando sobre o que precisa ser feito (v.23).

Nós também às vezes podemos sentir que corremos "atrás do vento" (v.17) e nos frustrarmos com nossa incapacidade de "finalizar" a nossa tarefa. Mas, ao nos lembrarmos de que Deus faz parte do nosso trabalho, do nosso propósito, podemos trabalhar bastante e também descansar. Posso confiar que Ele será nosso Provedor, pois Ele é o doador de todas as coisas. Salomão reconheceu que: "sem ele, quem pode comer ou se divertir?" (v.25). Talvez ao lembrarmos a nós mesmos sobre essa verdade, podemos trabalhar "de bom ânimo" para o Senhor (Colossenses 3:23) e nos permitirmos os tempos de descanso. *Kirsten*

21 DE NOVEMBRO

Sempre gratos

ISAÍAS 12:1-6

*Deem graças ao SENHOR! Louvem seu nome!
Contem aos povos o que ele fez…* —Isaías 12:4

No século 17, Martin Rinkart serviu como clérigo na Saxônia, Alemanha, por mais de 30 anos em tempos de guerra e pragas. Certo ano, ele conduziu mais de 4.000 funerais, incluindo o de sua esposa, e por vezes a comida era tão escassa que a sua família passava fome. Embora ele pudesse se desesperar, sua fé em Deus permaneceu firme e ele agradeceu continuamente ao Senhor. Na verdade ele demonstrou a sua gratidão nas palavras de um hino de gratidão que convoca a todos a serem continuamente gratos ao Senhor.

Rinkart seguiu o exemplo do profeta Isaías, que instruiu o povo de Deus a ser grato em todos os momentos, inclusive quando eles desapontaram a Deus (Isaías 12:1) ou quando os inimigos os oprimiram. Ainda assim, deveriam exaltar o nome de Deus, contando "aos povos o que ele fez" (v.4).

Podemos agradecer facilmente durante as celebrações das colheitas, como o Dia de Ação de Graças, e quando estamos desfrutando de um banquete abundante com amigos e familiares. No entanto, será que podemos expressar a nossa gratidão a Deus em tempos difíceis também: ao sentir a falta da presença de alguém à nossa mesa, ao termos dificuldades com as nossas finanças ou quando temos conflitos com alguém próximo a nós?

Imitemos o pastor Rinkart e vamos unir o nosso coração e nossas vozes enquanto louvamos e agradecemos ao "Deus eterno, a quem a Terra e o Céu adoram". Podemos dar graças ao "SENHOR, pois ele tem feito maravilhas" (v.5). *Amy*

22 DE NOVEMBRO

Quem dera pudéssemos...

SALMO 28

O Senhor é a força do seu povo.
—Salmo 28:8

O cedro chorão do Alasca balançava de um lado ao outro nos fortes ventos da tempestade. Regina amava a árvore que não somente os abrigava contra o sol do verão mas também protegia a privacidade da sua família. Agora a ferocidade do vento estava arrancando as raízes dessa bela árvore. Rapidamente, Regina e seu filho de 15 anos correram para tentar salvaguardar a tal árvore. Com as mãos e o peso corporal de cada um firmemente contra ela, eles tentaram impedir que caísse, mas viram que não eram fortes o suficiente para isso.

Deus era a força do rei Davi quando este clamou por Ele em outro tipo de tempestade (Salmo 28:8). Alguns comentaristas dizem que ele escreveu isso durante uma época em que seu mundo desmoronava. Seu próprio filho tinha se rebelado contra ele e tentara tomar-lhe o trono (2 Samuel 15). Davi se sentia tão vulnerável e fraco que temia que Deus permanecesse calado e que ele fosse morrer e portanto lhe disse: "A ti eu clamo, ó Senhor, minha rocha; não feches teus ouvidos para mim" (Salmo 28:1-2). Deus concedeu força para Davi prosseguir, apesar de o relacionamento dele com o seu filho nunca ter sido restaurado.

Como gostaríamos de impedir que coisas ruins acontecessem! Quem dera pudéssemos. Todavia, em nossa fraqueza, Deus promete que podemos sempre clamar a Ele para que o Senhor seja a nossa Rocha (vv.1-2). Quando não temos forças, Ele é o nosso pastor e nos ampara sempre (vv.8-9). *Anne*

23 DE NOVEMBRO

Uma chamada para partir

MATEUS 4:18-22

*No mesmo instante,
deixaram suas redes e o seguiram.*
—Mateus 4:20

Quando eu era adolescente, imaginava-me casada com o meu namorado do Ensino Médio — até que terminamos. O futuro pareceu-me sem horizontes e lutei para descobrir o que deveria fazer com a minha vida. Por fim, senti que Deus me guiava para servi-lo, servindo aos outros, e me matriculei no seminário. Em seguida, caí na realidade e percebi que, para responder ao chamado de Deus, eu teria que me afastar e deixar para trás tudo que me era familiar: minhas raízes, amigos e família.

Jesus estava andando à beira do mar da Galileia quando viu Pedro e seu irmão André lançando suas redes ao mar, pescando para ganhar o sustento diário. Ele os convidou: "Sigam-me, e eu farei de vocês pescadores de gente" (Mateus 4:19). Pouco adiante, Jesus viu outros dois pescadores, Tiago e seu irmão João, e lhes fez um convite similar (v.21).

Quando esses discípulos vieram a Jesus, eles também deixaram algo. Pedro e André "deixaram suas redes" (v.20). Tiago e João "o seguiram de imediato, deixando para trás o barco e o pai" (v.22). Lucas coloca desta forma: "E, assim que chegaram à praia, deixaram tudo e seguiram Jesus" (Lucas 5:11).

Todo chamado para Jesus também inclui um chamado a entregar outra coisa — redes, barcos, pais, amigos e lar. Deus chama todos nós para termos um relacionamento com Ele. E, na sequência, o Senhor chama cada um de nós para servi-lo.

Elisa

24 DE NOVEMBRO

Toque os necessitados

LUCAS 13:10-17

*Então ele a tocou e, no mesmo instante,
ela conseguiu se endireitar e começou
a louvar a Deus.* —Lucas 13:13

Não foi surpresa quando a Madre Teresa recebeu o Prêmio Nobel da Paz. Como esperado, ela recebeu o prêmio "em nome dos famintos, dos nus, dos sem-teto, dos cegos, dos leprosos, de todos aqueles que se sentem indesejados, não amados e não cuidados pela sociedade". Ela ministrou a essas pessoas durante a maior parte dos seus dias entre nós.

Jesus deixou o exemplo de como cuidar e amar os marginalizados, independentemente das circunstâncias. Diferentemente dos líderes da sinagoga que respeitavam mais a lei do sábado do que os doentes (Lucas 13:14), quando Jesus viu uma mulher doente no Templo, compadeceu-se dela. Ele olhou além da deficiência física e viu cativa a bela criação de Deus. Ele a chamou para perto de si e disse que ela estava curada. Em seguida, "ele a tocou e, no mesmo instante, ela conseguiu se endireitar e começou a louvar a Deus" (v.13). Por tocar nessa mulher, Jesus aborreceu o líder da sinagoga porque era sábado — o dia do *Shabat*. Jesus, o Senhor do sábado (Lucas 6:5) compassivamente decidiu curar a mulher que havia enfrentado desconforto e humilhação por quase duas décadas.

Questiono-me com que frequência julgamos o outro como alguém não merecedor da nossa compaixão? Ou talvez também tenhamos experimentado a rejeição porque não cumprimos o padrão de outra pessoa. Que não sejamos como a elite religiosa que se importou mais com as leis do que com as pessoas. Em vez disso, sigamos o exemplo de Jesus e tratemos os outros com compaixão, amor e dignidade. *Estera*

25 DE NOVEMBRO

Peixes pequenos

MATEUS 19:16-26

...venha e siga-me.
—Mateus 19:21

Um casal britânico que morou na África Ocidental, por muitos anos, desenvolveu grande amizade com um homem da cidade e muitas vezes eles puderam compartilhar o amor de Jesus e a história da salvação com ele. No entanto, este amigo relutava em abandonar a fidelidade que sempre tivera em relação à outra religião, mesmo tendo reconhecido que a fé em Cristo era "a maior verdade". Sua preocupação era parcialmente financeira, já que ele era um líder em sua fé e, para sobreviver, dependia do salário que recebia. Ele também temia perder sua reputação entre as pessoas da comunidade que liderava.

Com tristeza, ele explicou: "Sou como um homem pescando com as mãos em um córrego. Peguei um peixe pequeno em uma mão, mas um peixe maior está nadando nas proximidades. Para pegar o peixe maior, tenho que deixar que o peixe menor se vá!".

O jovem rico descrito no evangelho de Mateus passou pelo mesmo dilema. Quando ele se aproximou de Jesus, perguntou: "Mestre, que boas ações devo fazer para obter a vida eterna?" (Mateus 19:16). O jovem parecia sincero, mas não queria entregar totalmente sua vida a Jesus. Ele era rico, não só financeiramente, mas também em seu orgulho por ser seguidor das leis. Embora ele desejasse a vida eterna, amava outra coisa ainda mais e rejeitou as palavras de Cristo.

Quando nos entregarmos humildemente a Jesus e aceitamos livremente a Sua dádiva de salvação, Ele nos convida: "venha e siga-me" (v.21). *Cindy*

Algo muito maior

1 CORÍNTIOS 3:5-9

Pois nós somos cooperadores de Deus.
—1 Coríntios 3:9

Mais de 200 pessoas voluntárias ajudaram a mover o estoque de uma livraria para outro endereço na mesma rua. Os ajudantes se enfileiraram na calçada e passaram os livros por uma "esteira rolante humana". Após testemunhar o empenho dos voluntários, um dos funcionários da loja disse: "Foi realmente comovente vê-los ajudando e fazendo parte de algo muito maior".

Nós também podemos fazer parte de algo muito maior do que nós mesmos. Deus nos usa para alcançarmos o mundo com a mensagem de Seu amor. Pelo fato de alguém ter compartilhado a mensagem de Cristo conosco, podemos compartilhar com outras pessoas e elas, adiante. O apóstolo Paulo comparou a construção do reino de Deus com um jardim vicejante. Alguns de nós plantam as sementes, enquanto outros as regam. Paulo diz que somos: "cooperadores de Deus" (1 Coríntios 3:9).

Cada trabalho é importante, no entanto, todos são feitos sob o poder do Espírito de Deus. Por intermédio do Seu Espírito, Deus capacita as pessoas a crescerem espiritualmente, quando ouvem que Ele as ama e que enviou Seu Filho a fim de morrer em nosso lugar para sermos libertos do pecado (João 3:16).

Deus faz grande parte do Seu trabalho na Terra por meio da atuação de "voluntários" como você e eu. Embora façamos parte de uma comunidade que é muito maior do que qualquer contribuição individual que possamos dar, podemos ajudá-la a crescer colaborando para compartilhar o Seu amor com o mundo. *Jennifer*

27 DE NOVEMBRO

Uma sacola de emoções

LEVÍTICO 19:32-34

...amem-nos como a si mesmos. Lembrem-se de que vocês eram estrangeiros quando moravam na terra do Egito. —Levítico 19:34

Karen, uma professora do Ensino Médio, criou uma atividade para ensinar seus alunos a entenderem-se melhor uns com os outros. Os alunos participaram de uma atividade na qual escreveram alguns dos pesos emocionais que carregavam e o colocaram numa "sacola de emoções".

As notas ali colocadas foram compartilhadas anonimamente, trazendo a eles uma visão das dificuldades que tinham, sendo muitas delas acolhidas com uma resposta cheia de lágrimas por parte dos colegas de classe. Desde então, o ambiente da sala de aula foi preenchido com um sentido mais profundo de respeito mútuo entre os jovens adolescentes, que agora desfrutam de maior empatia uns pelos outros.

Ao longo do texto bíblico, Deus encoraja o Seu povo a tratar uns aos outros com dignidade e demonstrar empatia em suas interações (Romanos 12:15). Lemos sobre o início da história de Israel, no livro de Levítico, que Deus ensinou aos israelitas sobre a empatia, especialmente em suas interações com os estrangeiros. Ele lhes disse para amá-los "como a si mesmos" e para lembrarem-se de que eles também tinham sido estrangeiros no Egito e que portanto conheciam intimamente tal dificuldade (Levítico 19:34).

Às vezes nos sentimos como estrangeiros, mesmo estando entre pessoas conhecidas. Nem sempre temos experiência semelhante à dos israelitas com os estrangeiros. No entanto, tratar os que Deus coloca em nossos caminhos com respeito e compreensão. Honramos a Deus quando agimos assim. *Kirsten*

28 DE NOVEMBRO

Brincar livremente

MALAQUIAS 4:1-3

E vocês sairão e saltarão de alegria,
como bezerros soltos no pasto. —Malaquias 4:2

Jaime era a terceira geração de fazendeiros da sua família e emocionou-se ao ler "para vocês que temem meu nome, o sol da justiça se levantará, trazendo cura em suas asas. E vocês sairão e saltarão de alegria…" (Malaquias 4:2). Ele não somente se sentiu tocado, mas orou para receber a vida eterna, a oferta de Jesus. Jaime finalmente entendeu a promessa de Deus de conceder verdadeira liberdade ao relembrar dos saltos de alegria dos seus bezerros que em alta velocidade saíam de seu espaço de confinamento.

A filha de Jaime me contou esta história quando falávamos sobre detalhes das descrições em Malaquias 4. Nela, o profeta distingue entre aqueles que veneravam o nome de Deus, ou eram fiéis a Ele, e os que só confiavam em si mesmos (4:1-2). Ele encorajava os israelitas a seguirem a Deus quando muitos líderes religiosos desconsideravam Deus e Seus padrões de fidelidade (1:12-14; 3:5-9).

Malaquias chamou o povo para viver fielmente por estar próximo o momento em que Deus faria a distinção entre estes dois grupos. Ele usou as imagens inesperadas de um bezerro brincalhão para descrever a alegria indescritível que os fiéis experimentarão quando "o sol da justiça se [levantar], trazendo cura em suas asas" (4:2).

Jesus é o último cumprimento desta promessa, Ele traz a boa-nova de que a verdadeira liberdade está disponível a todos (Lucas 4:16-21). E um dia, na criação restaurada e renovada por Deus, experimentaremos plenamente esta liberdade. Que alegria indescritível será saltar de alegria livremente! *Lisa*

29 DE NOVEMBRO

Amor sem medo

1 JOÃO 3:11-14

Se amamos nossos irmãos, significa que passamos da morte para a vida. Mas quem não ama continua morto. —1 João 3:14

Há algumas imagens tão poderosas que jamais poderão ser esquecidas. Essa foi a minha experiência quando vi uma famosa fotografia da falecida princesa Diana de Gales. À primeira vista, a cena capturada parece banal: o sorriso caloroso, a princesa está apertando a mão de um homem não identificado. Mas é a história da fotografia que a torna significativa.

No final dos anos 80, quando a princesa Diana visitou um respeitado hospital em Londres, o Reino Unido estava mergulhado numa onda de pânico no enfrentamento de uma epidemia de AIDS. Sem saber como a doença, que muitas vezes matava com velocidade assustadora, tinha sido espalhada, com frequência, o público, em geral, tratava as vítimas da AIDS como verdadeiros párias sociais.

Foi um momento digno de apreciação quando a princesa Diana, sem luvas e com um sorriso genuíno, apertou as mãos de um paciente aidético e calmamente o acolheu. Essa imagem demonstrando respeito e bondade encorajaria o mundo a tratar as vítimas da doença com misericórdia e compaixão semelhantes.

Essa fotografia me lembra que vale a pena oferecer livre e generosamente o amor de Jesus aos outros. João lembrou aos primeiros cristãos que deixar o amor murchar ou se esconder diante do medo é realmente viver "na morte" (1 João 3:14). E que amar livremente e sem medo, fortalecido e capacitado pelo amor doador do Espírito, significa experimentar a vida ressurreta em plenitude. (vv.14,16). *Monica*

Discurso gentil

2 TIMÓTEO 2:22-26

O servo do Senhor não deve ser briguento.
—2 Timóteo 2:24

Eu estava no *Facebook*, discutindo. Má jogada. O que me fez pensar que eu era obrigada a "corrigir" um estranho em determinado tópico, especialmente naquele tão polêmico? Os resultados foram palavras agressivas, sentimentos feridos (de minha parte de qualquer forma), e perdi a oportunidade de um bom testemunho de amor a Jesus. Esse foi o resultado da "raiva virtual". Esse é o termo adequado para as duras palavras atiradas diariamente através da blogosfera. Como um especialista em ética explicou: "as pessoas concluem erroneamente que a agressividade é "a maneira adequada para explicar suas ideias em público".

O sábio conselho de Paulo para Timóteo traz a mesma cautela. "Digo mais uma vez: não se envolva em discussões tolas e ignorantes que só servem para gerar brigas. O servo do Senhor não deve viver brigando, mas ser amável com todos, apto a ensinar e paciente" (2Timóteo 2:23-24).

O bom conselho de Paulo escrito a Timóteo de dentro de uma prisão romana foi enviado para preparar o jovem pastor para o ensino da verdade divina. O conselho do apóstolo é igualmente oportuno para hoje, especialmente quando a conversa se volta para nossa fé. "Instrua com mansidão aqueles que se opõem, na esperança de que Deus os leve ao arrependimento e, assim, conheçam a verdade" (v.25).

Ser amável é parte deste desafio, mas não apenas para os pastores. Para todos os que amam a Deus e procuram anunciá-lo aos outros, que possamos falar Sua verdade com amor. O Espírito Santo nos ajudará com cada palavra. *Patricia*

1.º DE DEZEMBRO

Acalma as ondas

SALMO 89:5-17

Ó Senhor, Deus dos Exércitos,
quem é poderoso como tu, Senhor?
Tu és totalmente fiel! —Salmo 89:8

Enquanto meu marido caminhava pela praia rochosa fotografando o horizonte havaiano, sentei-me numa grande rocha sentindo-me inquieta por causa de mais um problema com minha saúde. Ainda que meus problemas me aguardassem no retorno, eu precisava de paz naquele momento. Olhei para as ondas que batiam nas pedras escuras e irregulares, e uma sombra na curva da onda chamou a minha atenção. Identifiquei a forma de uma tartaruga marinha seguindo com as ondas tranquilamente e suas nadadeiras se esticando amplamente. Virando meu rosto para a brisa salgada, sorri.

"Senhor, os céus louvam as tuas maravilhas" (Salmo 89:5). Nosso incomparável Deus governa "os mares revoltos e acalmas as ondas agitadas (v.9). Ele fez o mundo e "todas as coisas" (v.11). Ele criou tudo, é dono de tudo, governa tudo e Seu propósito é que tudo seja para Sua glória e nossa apreciação.

Sobre os alicerces da nossa fé — o amor de nosso Pai imutável — podemos andar "na luz de [Sua] presença…" (v.15). Deus permanece grandioso em poder e misericórdia em Suas interações conosco. Podemos nos alegrar em Seu nome "o dia todo" (v.16). Não importa os obstáculos ou quantos contratempos tenhamos que suportar, Deus nos ampara conforme as ondas sobem e descem. *Xochitl*

2 DE DEZEMBRO

Nenhum mal-entendido

ROMANOS 8:26-30

E sabemos que Deus faz todas as coisas cooperarem para o bem daqueles que o amam...
—Romanos 8:28

Alexa, Siri e outros assistentes virtuais de voz instalados nos dispositivos que temos em nossa casa, às vezes, não entendem o que dizemos. Uma criança de 6 anos falou com esse novo dispositivo de sua família sobre biscoitos e uma casa de bonecas. Mais tarde, sua mãe recebeu um e-mail dizendo que um pedido de 3 quilos de biscoitos e uma caríssima casa de boneca estavam a caminho. Até mesmo um papagaio, cujo dono nunca comprara nada on-line, de alguma forma, encomendou um pacote de caixas douradas de presente sem o seu conhecimento. Uma pessoa pediu ao dispositivo para "ligar as luzes da sala" e o assistente virtual confuso, respondeu: "Não há sala de pudim".

Não existe qualquer tipo de mal-entendido da parte de Deus quando falamos com Ele. O Senhor nunca se confunde, pois conhece o nosso coração melhor do que nós. O Espírito não somente sonda o nosso coração, mas compreende a vontade de Deus. O apóstolo Paulo disse às igrejas em Roma que Deus promete que realizará o Seu propósito de nos tornar maduros e mais semelhantes a Seu Filho (Romanos 8:28). Mesmo quando, por causa da "nossa fraqueza", não sabemos do que precisamos para crescer, o Espírito intercede por nós segundo a vontade de Deus (vv.26-27).

Preocupado em como se expressar para Deus? Não sabe sobre o que ou como orar? Diga o que puder e partir do seu coração. O Espírito entenderá e cumprirá o propósito de Deus.

Anne

3 DE DEZEMBRO

Olhando para o alto

COLOSSENSES 3:1-4

*Pensem nas coisas do alto,
e não nas coisas da terra.*
—Colossenses 3:2

A lula de olhos vesgos vive no fundo rochoso do oceano, onde a luz solar mal se filtra por entre as águas profundas. Esse nome é uma referência aos dois olhos extremamente diferentes: com o tempo o olho esquerdo se torna quase duas vezes maior do que o olho da direita. Os cientistas que estudam esse molusco deduziram que o molusco usa o olho direito, o menor, para ver nas profundezas escuras. O olho esquerdo maior, para olhar em direção à luz solar.

A lula é uma representação improvável do que significa viver em nosso mundo atual e da esperança que temos como pessoas que foram ressuscitadas "para uma nova vida com Cristo". Na carta que Paulo escreve aos colossenses, ele insiste que devemos manter "os olhos fixos nas coisas do alto, e não nas coisas da terra" porque nossa "verdadeira vida está escondida com Cristo em Deus" (Colossenses 3:1-3).

Enquanto aguardamos a nossa vida no Céu, olhemos firmemente ao que está ocorrendo ao nosso redor hoje. Mas assim como o olho esquerdo da lula se desenvolve ao longo do tempo e torna-se maior e mais sensível ao que está acontecendo, nós também podemos perceber mais conscientemente como Deus age no reino espiritual. Talvez ainda não tenhamos compreendido completamente o que significa "viver" em Jesus, mas à medida que olharmos "para as coisas do alto", nossos olhos começarão a enxergar cada vez mais. *Kirsten*

Vida plena

JOÃO 10:7-11

Eu vim para lhes dar vida,
uma vida plena, que satisfaz.
Eu sou o bom pastor.
—João 10:10-11

Thomas Hobbes, filósofo do século 17, escreveu que a vida humana em seu estado natural é "solitária, pobre, desagradável, brutal e curta". Ele argumentou que nossos instintos tendem à guerra numa tentativa de alcançar o domínio sobre os outros; assim, o estabelecimento de um governo seria necessário para manter a lei e a ordem.

A visão sombria da humanidade soa como a situação que Jesus descreveu quando disse: "Todos que vieram antes de mim eram ladrões e assaltantes" (João 10:8). Mas Jesus oferece esperança em meio ao desespero. "O ladrão vem para roubar, matar e destruir", mas depois as boas-novas: "Eu vim para lhes dar vida, uma vida plena, que satisfaz" (v.10).

O Salmo 23 mostra um retrato encorajador da vida que nosso Pastor nos dá. Nele, "nada me falta" (v.1), e somos renovados (v.3). Ele nos conduz pelos caminhos da Sua perfeita vontade, de modo que, mesmo quando enfrentamos tempos sombrios, não precisamos ter medo; pois Ele está presente para nos consolar (vv.3-4). Ele nos faz triunfar diante das adversidades e transborda as Suas bênçãos sobre nós (v.5). Sua bondade e amor nos seguem todos os dias, e temos o privilégio da Sua presença para sempre (v.6).

Que possamos responder ao chamado do Pastor e experimentar a vida plena e abundante que Ele veio nos conceder.

Remi

5 DE DEZEMBRO

Habitando em nossos corações

EFÉSIOS 3:14-21

Peço que [...] ele os fortaleça com poder interior [...].
Então Cristo habitará em seu coração...
—Efésios 3:16-17

À s vezes, as palavras das crianças podem nos levar a uma compreensão mais profunda da verdade de Deus. Certa noite quando milha filha era pequena contei-lhe sobre um dos grandes mistérios da fé cristã: Deus, por meio de Seu Filho Jesus e do Espírito, habita em Seus filhos. Ao colocá-la para dormir, disse que Jesus estava com ela e em seu interior. "Ele está na minha barriga?" ela perguntou. "Não, você não o engoliu, mas Ele está com você", respondi.

A compreensão literal dela me fez lembrar que, ao pedir a Jesus para ser meu Salvador, Ele veio e passou a "habitar" em meu interior.

O apóstolo Paulo se referiu a esse mistério ao orar para que o Espírito Santo fortalecesse os cristãos de Éfeso para que Cristo habitasse "em [seus] corações pela fé" (Efésios 3:17). Com Jesus vivendo em seu interior, eles podiam compreender o quanto o Salvador os amava. Alimentados por esse amor, eles amadureceriam em sua fé e amariam os outros com humildade e gentileza, enquanto falavam a verdade em amor (4:2,25).

O fato de Jesus "habitar em Seus seguidores" significa que o Seu amor nunca se afasta daqueles que o acolheram em sua vida. Seu amor que ultrapassa o conhecimento (3:19), enraíza-nos nele, ajudando-nos a compreendermos o quão profundamente Ele nos ama.

A canção infantil descreve melhor: "Cristo tem amor por mim!"

Amy

6 DE DEZEMBRO

Treinamento interno

MATEUS 16:21-28

...sobre esta pedra edificarei minha igreja... —Mateus 16:18

A gerente de uma empresa no Brasil solicitou um relatório por escrito dos zeladores de seu hotel. Todos os dias, ela queria saber quem limpava cada cômodo, quais quartos não tinham sido tocados e quanto tempo os funcionários investiam na limpeza e organização de cada ambiente. O primeiro relatório "diário" chegou uma semana depois, parcialmente concluído.

Quando a gerente examinou o que estava acontecendo, ela descobriu que a maioria dos funcionários não sabia ler. Ela poderia demiti-los, mas providenciou para que tivessem aulas de alfabetização. Em 5 meses, todos liam o nível básico e continuaram trabalhando.

Deus muitas vezes usa as nossas lutas como oportunidades para nos preparar para continuarmos trabalhando para Ele. A vida de Pedro foi marcada por inexperiência e erros. Sua fé vacilou quando ele tentou andar sobre as águas. Pedro não tinha a certeza se Jesus deveria ou não pagar o imposto do Templo (Mateus 17:24-27). Ele até mesmo rejeitou a profecia de Cristo sobre a crucificação e ressurreição (16:21-23). Com cada questionamento, Jesus ensinou a Pedro algo mais sobre quem Ele era — o Messias prometido (v.16). Pedro ouviu e aprendeu o que precisava saber para ajudar a edificar a Igreja Primitiva (v.18).

Se hoje você sente-se desencorajado por algum motivo ou falha, lembre-se de que Jesus pode usar isso para ensinar-lhe e levá-lo adiante em seu serviço ao Senhor. Jesus continuou a agir na vida de Pedro, apesar das limitações dele, e Ele pode nos usar para continuar a construir o Seu reino até que o Senhor volte. *Jennifer*

7 DE DEZEMBRO

O resplendor do arco-íris

GÊNESIS 9:12-17

*...o arco-íris nas nuvens [...]
é o sinal da minha aliança com
toda a terra.* —Gênesis 9:13

Ao caminhar nas montanhas, Adriano observou e viu que estava acima de algumas nuvens baixas. Com o sol por detrás, ele viu não somente a sua sombra, mas também a brilhante exibição conhecida como o espectro de Brocken. Esse fenômeno se assemelha ao halo do arco-íris, circulando a sombra da pessoa. Ocorre quando a luz do sol é refletida nas nuvens baixas. Adriano o descreveu como um momento "mágico", que o encantou imensamente.

Podemos imaginar como deve ter sido igualmente encantador para Noé ter visto o esplendor do primeiro arco-íris. Mais do que um deleite para os seus olhos, a luz refletida e as cores foram acompanhadas com uma promessa de Deus. Após um dilúvio devastador, Deus garantiu a Noé e a todos os "seres vivos" que viveram desde então, que: "Nunca mais as águas de um dilúvio destruirão toda a vida" (Gênesis 9:15).

Nossa Terra ainda experimenta inundações e fenômenos assustadores que causam perdas trágicas, mas o arco-íris é uma promessa de que Deus nunca mais julgará a Terra com um dilúvio global. Essa promessa de Sua fidelidade pode nos lembrar de que, embora soframos perdas pessoais e morte física por doenças, desastre natural, erros ou idade avançada, Deus nos ampara com Seu amor e presença em todas as dificuldades que enfrentamos. As cores do reflexo da luz solar sobre as águas lembra-nos de Sua fidelidade em encher a Terra com aqueles que portam Sua imagem e refletem Sua glória aos outros. *Kirsten*

8 DE DEZEMBRO

Recebendo a realeza

GÁLATAS 3:26-29

Todos vocês são filhos de Deus mediante a fé em Cristo Jesus. —Gálatas 3:26

Após conhecer a rainha da Inglaterra em um baile na Escócia, Sylvia e seu marido receberam uma mensagem de que a família real gostaria de visitá-los para um chá. Sylvia começou a limpar sua casa e a preparar tudo, nervosa por receber os hóspedes reais. Antes que eles chegassem, ela foi até o jardim e colheu algumas flores para ornamentar a mesa, com o coração acelerado. Nesse momento, ela sentiu a presença de Deus lembrando-a de que Ele é o Rei dos reis e que está com ela todos os dias. Imediatamente, ela sentiu-se em paz e pensou: "Afinal, é apenas a rainha!".

Sylvia está certa. Como o apóstolo Paulo observou, Deus é o "Rei dos reis e Senhor dos senhores" (1 Timóteo 6:15) e aqueles que o seguem são "filhos de Deus" (Gálatas 3:26). Quando pertencemos a Cristo, somos herdeiros de Abraão (v.29). Não estamos mais limitados pela divisão como raça, classe social ou gênero, pois somos "um em Cristo Jesus" (v.28). Somos filhos do Rei.

Embora eles tenham tido uma refeição maravilhosa com a rainha, eu não tenho a expectativa de receber um convite de monarcas tão cedo. Mas gosto de lembrar que o maior Rei de todos está comigo a cada momento — e que aqueles que acreditam em Jesus de todo o coração (v.27) podem viver em união, sabendo que são filhos de Deus.

O fato de nos apegarmos a essa verdade molda a maneira como vivemos hoje? *Amy*

9 DE DEZEMBRO

A alegria no louvor

HABACUQUE 3:6,16-19

...mesmo assim me alegrarei no S*enhor*. —Habacuque 3:18

Quando o afamado escritor britânico C. S. Lewis entregou sua vida a Jesus, de início, ele resistiu em louvar a Deus. Chegou a dizer que o louvor era "pedra de tropeço". Sua luta era compreender a ideia "de que o próprio Deus exigia isso". No entanto, ele finalmente reconheceu que "quando estamos em adoração o Senhor comunica a Sua presença" ao Seu povo. Portanto nós, "em perfeito amor com Deus", encontramos alegria nele não mais divisível "do que o brilho que um espelho recebe" do "brilho que derrama".

O profeta Habacuque concluiu isso há séculos. Depois de reclamar a Deus sobre os males designados ao povo de Judá, o profeta percebeu que louvar a Deus conduz à alegria, não pelo que Ele faz, mas por quem Deus é. Logo, mesmo frente às crises nacionais ou mundiais, Deus ainda é grande. Como o profeta declarou:

"Ainda que a figueira não floresça e não haja frutos nas videiras, ainda que a colheita de azeitonas não dê em nada e os campos fiquem vazios e improdutivos, ainda que os rebanhos morram nos campos e os currais fiquem vazios, mesmo assim me alegrarei no S*enhor*" e acrescentou: "exultarei no Deus de minha salvação!" (3:17-18).

Assim como C. S. Lewis percebeu que: "O mundo inteiro ressoa em louvor," Habacuque da mesma forma, rendeu-se a louvar a Deus continuamente, encontrando a rica alegria no Único a quem pertence "...os caminhos eternos" (v.6).

Patricia

Ajudando uns aos outros

1 TESSALONICENSES 5:11-25

*...procurem sempre fazer o bem
uns aos outros e a todos.*
—1 Tessalonicenses 5:15

Jogando basquete com suas amigas, Amanda percebeu que sua comunidade se beneficiaria de uma liga feminina. Então, iniciou uma organização sem fins lucrativos para promover o trabalho em equipe e impactar a próxima geração. As líderes do *Moças que Encestam* se esforçam para construir confiança e caráter nas mulheres e incentivá-las a contribuírem significativamente com as suas comunidades locais. Uma das jogadoras do time original que agora treina e orienta outras meninas disse: "Há tanto companheirismo entre nós. Eu sentia falta exatamente disso. Apoiamo-nos mutuamente de maneiras diferentes. Amo ver as meninas tendo sucesso e crescendo".

O desejo de Deus é que o Seu povo se una e ajude uns aos outros. O apóstolo Paulo exortou os tessalonicenses dizendo: "animem e edifiquem uns aos outros" (1 Tessalonicenses 5:11). Deus nos colocou em Sua família para termos esse apoio em nossa vida. Precisamos do apoio mútuo para continuarmos seguindo no caminho da vida em Cristo. Às vezes, isso significa ouvir alguém em dificuldades, suprir uma necessidade específica ou dizer palavras de encorajamento. Podemos celebrar os sucessos, orar por força na dificuldade ou desafiar uns aos outros a crescer na fé. E em tudo, podemos "sempre fazer o bem uns aos outros" (v.15).

Podemos desfrutar de companheirismo ao nos unirmos a outros cristãos para confiar em Deus juntos! *Anne*

11 DE DEZEMBRO

Pertencer à realeza

JOÃO 1:9-14

*Mas, a todos que creram nele e o aceitaram,
ele deu o direito de se tornarem filhos de Deus.*
—João 1:12

Quanto mais um herdeiro da família real se aproxima do trono, mais ouvimos sobre ele ou ela. Os mais distantes quase ficam no esquecimento. A família real britânica tem uma linha de sucessão que inclui quase 60 pessoas. Um deles é o Lorde Frederick Windsor, no momento, ele é o 52.º na fila do trono. Em vez de estar no centro das atenções, ele silenciosamente segue sua vida. Embora ele trabalhe como analista financeiro, não é considerado um "trabalhador real", um dos membros importantes da família que são pagos para representá-la.

O filho de Davi, Natã (2 Samuel 5:14), é outro membro da realeza que viveu longe dos holofotes. Muito pouco se sabe sobre ele. Mas, enquanto a genealogia de Jesus em Mateus menciona seu filho Salomão (Seguindo a linha de José, Mateus 1:6), a genealogia no evangelho de Lucas, que muitos estudiosos acreditam ser a linhagem da família de Maria, menciona Natã (Lucas 3:31). Embora Natã não tivesse um cetro, ainda assim, ele teve uma função no reino eterno de Deus.

Como pessoas que creem em Cristo, também pertencemos à realeza. O apóstolo João escreveu que Deus nos deu o "direito de [nos tornarmos] filhos de Deus" (João 1:12). Embora não estejamos no centro das atenções, somos filhos do Rei! Deus considera cada um de nós importante o suficiente para representá-lo aqui na Terra e um dia reinar com Ele (2 Timóteo 2:11-13). Como Natã, podemos não usar uma coroa terrena, porém ainda temos um papel a desempenhar no reino de Deus. *Linda*

12 DE DEZEMBRO

Escolhendo a esperança

MIQUEIAS 7:2-7

Quanto a mim, busco o Senhor e espero confiante que Deus me [...] ouvirá...
—Miqueias 7:7

Sou uma das milhões de pessoas no mundo que sofrem de TAS (transtorno afetivo sazonal), um tipo de depressão comum em locais com pouca luz solar devido aos dias curtos de inverno. Quando começo a ficar ansiosa que os dias congelantes do inverno se perpetuam, busco por qualquer evidência de que os dias mais longos e as temperaturas mais quentes se aproximam.

Os primeiros sinais da primavera, as flores desbravando com muito sucesso o seu caminho pela neve persistente, lembram-me de maneira poderosa como a esperança em Deus pode romper até mesmo as estações mais sombrias. O profeta Miqueias confessou isso enquanto aguentava um "inverno" de cortar o coração vendo os israelitas se afastarem de Deus. Quando Miqueias avaliou a situação sombria, ele lamentou: "Os fiéis desapareceram; não resta uma só pessoa honesta na terra..." (7:2).

No entanto, mesmo que a situação parecesse terrível, o profeta se recusou a desistir da esperança, e confiou que Deus estava agindo (v.7) mesmo que em meio à devastação, e que ainda não pudesse ver as evidências.

Em nossos "invernos", escuros e intermináveis, quando a primavera parece não chegar, enfrentamos a mesma luta desse profeta. Vamos nos desesperar ou esperar confiantes no "Senhor" (v.7)?

Nossa esperança em Deus nunca é desperdiçada (Romanos 5:5). Ele está trazendo um tempo sem "inverno": sem luto ou dor (Apocalipse 21:4). Até lá, que possamos descansar no Senhor, confessando: "És minha única esperança" (Salmo 39:7). *Lisa*

13 DE DEZEMBRO

Uma reação crítica

PROVÉRBIOS 15:1-2,31-33

...quem tem paciência acalma a discussão. —Provérbios 15:18

As palavras difíceis ferem e meu amigo, um premiado autor, lutou para saber como responder às críticas que havia recebido. Seu novo livro recebera críticas cinco estrelas excelentes e um valioso prêmio. No entanto, um respeitado e reconhecido crítico literário o elogiou descrevendo seu livro como algo muito bem escrito, mas ainda assim, criticando-o severamente. Buscando apoio nos amigos, o autor perguntou: "Como devo responder?".

Um amigo aconselhou: "Deixa para lá". Compartilhei conselhos da redação de revistas sobre a escrita, incluindo dicas para ignorar tais críticas ou aprender com elas e continuar trabalhando e escrevendo.

Finalmente, decidi ver o que as Escrituras, que têm os melhores conselhos, têm a dizer sobre como reagir às críticas semelhantes. Lemos em Tiago o seguinte conselho: "estejam todos prontos para ouvir, mas não se apressem em falar nem em se irar" (1:19). O apóstolo Paulo nos orienta a vivermos "em harmonia uns com os outros" (Romanos 12:16).

Um capítulo inteiro de Provérbios, no entanto, oferece extensa sabedoria sobre como reagir em relação às disputas. "A resposta gentil desvia o furor", diz Provérbios 15:1. "Quem tem paciência acalma a discussão" (v.18). Além disso, "quem dá ouvidos à repreensão adquire entendimento" (v.32). Considerando tal sabedoria, que Deus nos ajude a guardar a língua, como meu amigo o fez. Mais do que tudo, porém, a sabedoria nos instrui a "temer ao Senhor" porque "a humildade precede a honra" (v.33). *Patricia*

14 DE DEZEMBRO

Adoração como estilo de vida

SALMO 100

Sirvam ao S<small>ENHOR</small> com alegria, apresentem-se diante dele com cânticos. —Salmo 100:2

Eu estava num centro de conferências e esperava na fila pelo café da manhã, quando um grupo de mulheres entrou no refeitório. Eu sorri, cumprimentando a pessoa que estava na fila, atrás de mim, que correspondeu dizendo: "Eu te conheço". Nós nos servimos das guloseimas oferecidas e tentamos descobrir de onde nos conhecíamos, mas eu tinha a certeza de que ela tinha me confundido com outra pessoa.

Quando fomos almoçar, ela me perguntou: "Você dirige um carro branco?". Concordei com ela e lhe disse: "Eu costumava, alguns anos atrás". Ela riu e disse: "Parávamos no mesmo semáforo perto de uma escola quase todas as manhãs. Você cantava com alegria e mãos levantadas e sempre pensei que você estivesse adorando a Deus. Isso me fazia querer cantar, mesmo em dias difíceis".

Louvamos a Deus, oramos, abraçamo-nos e almoçamos juntas.

Minha nova amiga confirmou que as pessoas percebem como os cristãos se comportam, mesmo quando pensamos que ninguém está nos observando. À medida que adotamos um estilo de vida de adoração, podemos entrar na presença do nosso Criador a qualquer hora e em qualquer lugar. Quando reconhecemos o Seu amor e fidelidade, podemos usufruir da comunhão íntima com Ele e agradecê-lo pelos Seus cuidados contínuos (Salmo 100). Podemos inspirar outros, louvando-o em nosso carro, orando em público ou espalhando o Seu amor por meio de atos gentis para que todos "louvem o seu nome" (v.4). Adorar a Deus é mais do que um compromisso no domingo de manhã. *Xochitl*

15 DE DEZEMBRO

Presentes de cima

MATEUS 1:18-25

A virgem ficará grávida!
Ela dará à luz um filho,
e o chamarão Emanuel...
—Mateus 1:23

De acordo com uma história antiga, um homem chamado Nicolau (nascido em 270 d.C.) ouviu falar de um pai que era tão pobre que não conseguia alimentar suas três filhas, muito menos prover-lhes um dote para seus futuros casamentos. Querendo ajudar esse pai, mas esperando manter sua ajuda em segredo, Nicolau jogou uma bolsa de ouro por uma janela aberta e esta caiu sobre uma meia ou sapato secando ao pé da lareira. Esse homem era conhecido como São Nicolau, que mais tarde se tornou a inspiração para o Papai Noel.

Quando ouvi a história desse presente vindo "do alto", pensei em Deus, o Pai, que por amor e compaixão enviou à Terra o maior presente, Seu Filho, por meio de um nascimento miraculoso. Segundo o evangelho de Mateus, Jesus cumpriu a profecia do Antigo Testamento de que uma virgem ficaria grávida e daria à luz um filho que eles chamariam de Emanuel, que significa "Deus conosco" (v.23).

Por mais amável que fosse o presente de Nicolau, tão maior e mais surpreendente é o presente de Jesus. Ele deixou o Céu para se tornar um homem, morreu e ressuscitou, e é Deus vivendo conosco. Ele nos traz conforto quando estamos sofrendo e tristes; Jesus nos encoraja quando nos sentimos desanimados; Ele nos revela a verdade quando podemos ser enganados. *Amy*

16 DE DEZEMBRO

Maiores do que os nossos problemas

JÓ 40:15-24

*Veja o Beemote, que eu criei,
assim como criei você...*
—Jó 40:15

Como você imagina que os dinossauros eram quando viviam neste mundo? Dentes grandes? Pele escamosa? Caudas longas? A artista Karen Carr recria estas criaturas extintas em enormes murais.

Um desses murais tem 6 m de altura e 18 m de comprimento. Seu tamanho exigiu uma equipe de especialistas para o instalar no Museu de História Natural de Sam Noble Oklahoma.

Seria difícil não se sentir um anão diante do tamanho dos dinossauros. Sinto o mesmo quando leio a descrição de Deus sobre um poderoso animal chamado "Beemote" (Jó 40:15). Esta criatura grandalhona ruminava como boi, sua cauda era do tamanho de um tronco de árvore e seus ossos eram como tubos de ferro. Ele pastava nas colinas, parando ocasionalmente no pântano para relaxar e jamais se preocupou com as enchentes.

Ninguém podia domar essa incrível criatura, exceto o seu Criador (v.19). Deus lembrou Jó dessa verdade numa época em que os problemas dele tinham lançado sombras sinistras em sua vida. O luto, desnorteamento e frustração encheram o seu campo de visão até ele começar a questionar Deus. Mas a resposta do Senhor o ajudou a ver o tamanho real das coisas. Deus era maior do que todos os seus problemas e suficientemente poderoso para lidar com os que Jó não conseguia resolver sozinho. No final, Jó admitiu: "Sei que podes fazer todas as coisas" (42:2). *Jennifer*

17 DE DEZEMBRO

Alegria ao mundo

JOÃO 3:1-8,13-16

Porque Deus amou tanto o mundo…
—João 3:16

Todo Natal decoramos a casa com presépios de todo o mundo. Temos uma pirâmide de presépio alemã, a cena da manjedoura feita de madeira de oliveira de Belém e uma versão colorida e folclórica mexicana. O favorito da nossa família é o presépio extravagante da África. Em vez das tradicionais ovelhas e camelos, um hipopótamo olha com atenção para o menino Jesus.

A perspectiva cultural única trazida à vida nessas cenas da natividade aquece o meu coração ao refletir sobre cada belo lembrete de que o nascimento de Jesus não era apenas para uma nação ou cultura. São boas-novas para toda a Terra, uma razão para as pessoas de todos os países e etnias se alegrarem.

O bebezinho retratado em cada um dos presépios revelou essa verdade do coração de Deus para o mundo inteiro. Como João escreveu em relação à conversa de Cristo com um fariseu muito inquisitivo chamado Nicodemos: "Porque Deus amou tanto o mundo que deu seu Filho único, para que todo o que nele crer não pereça, mas tenha a vida eterna" (João 3:16).

O presente de Jesus é uma boa notícia para todos. Não importa o local na terra que você chame de lar, o nascimento de Jesus é a oferta de amor e paz de Deus para você. E todos os que encontrarem nova vida em Cristo, "de toda tribo, língua, povo e nação" um dia celebrarão a glória de Deus para todo o sempre (Apocalipse 5:9). *Lisa*

18 DE DEZEMBRO

Compartilhando a sua fé

2 CORÍNTIOS 12:5-10

Minha graça é tudo de que você precisa.
Meu poder opera melhor na fraqueza.
—2 Coríntios 12:9

Quando a autora e evangelista Becky Pippert viveu na Irlanda, seu desejo era compartilhar as boas-novas de Jesus com a manicure que lhe atendera por dois anos. Mas ela parecia não demonstrar qualquer interesse. Sentindo-se incapaz de iniciar uma conversa, Becky orou antes do seu atendimento.

Enquanto a manicure a atendia, Becky folheou uma revista e pausou na foto de uma das modelos. Quando a atendente lhe perguntou o porquê de tanto entusiasmo, Becky lhe contou que a foto era de uma amiga que tinha sido modelo de capa da revista Vogue anos antes. Becky compartilhou sobre algumas histórias sobre como a sua amiga encontrou a fé em Deus e a manicure a ouviu com grande atenção.

Becky viajou e quando regressou à Irlanda, soube que a manicure tinha se mudado para um novo local. E ela recordou-se: "Eu tinha pedido a Deus que desse uma oportunidade de partilhar o evangelho, e Ele me concedeu"!

Inspirada pelo apóstolo Paulo, em sua fraqueza, Becky procurou a ajuda de Deus. Quando Paulo estava fraco e suplicou a Deus que removesse o espinho da sua carne, o Senhor lhe disse: "Minha graça é tudo de que você precisa. Meu poder opera melhor na fraqueza" (2 Coríntios 12:9). Paulo tinha aprendido a confiar em Deus, em todas as circunstâncias — grandes e pequenas.

Quando dependemos de Deus para nos ajudar a amar os que nos rodeiam, também podemos compartilhar a nossa fé com autenticidade. *Amy*

19 DE DEZEMBRO

O prazer do doador

LUCAS 2:4-14

*Hoje em Belém, a cidade de Davi,
nasceu o Salvador, que é Cristo,
o Senhor!* —Lucas 2:11

Você se lembra dos Ioiôs, dos blocos de Lego e dos Cubos Mágicos? O que eles têm em comum? Cada um deles já esteve entre os 20 presentes de Natal mais populares de todos os tempos. Também estão incluídos na lista outros favoritos como Monopólio, Nintendo *Game Boy* e Wii.

Todos nós nos alegramos em dar presentes no Natal, mas isso não é nada se comparamos a alegria de Deus em nos conceder o primeiro presente de Natal. Esse presente veio na forma de um bebê, nascido numa manjedoura em Belém (Lucas 2:7).

Apesar do humilde nascimento de Jesus, a Sua chegada foi proclamada por um anjo que declarou: "Não tenham medo! Trago boas notícias, que darão grande alegria a todo o povo. Hoje em Belém, a cidade de Davi, nasceu o Salvador, que é Cristo, o Senhor!" (vv.10-11). Seguindo essa notícia magnífica, uma "hoste celestial" apareceu, "louvando a Deus e dizendo: Glória a Deus nos mais altos céus, e paz na terra àqueles de que Deus se agrada!" (vv.13-14).

Neste Natal, aproveite para dar presentes aos seus entes queridos, mas nunca perca de vista o motivo dessa doação: o favor surpreendente de Deus em Sua criação que está cristalizado na dádiva do Seu próprio Filho para nos salvar de nossos pecados. Nós presenteamos porque Ele nos presenteou. Com gratidão o adoremos! *Remi*

20 DE DEZEMBRO

Sem brilho, apenas glória

ISAÍAS 53:1-9

Teu amor é melhor que a própria vida;
com meus lábios te louvarei. —Salmo 63:3

Olhando os enfeites de Natal artesanais que o meu filho tinha feito ao longo dos anos e as bugigangas discrepantes que a avó anualmente lhe enviava, não conseguia entender por que não estava contente com as nossas decorações. Eu tinha sempre valorizado a criatividade e as memórias que cada enfeite representava. Então, por que o fascínio das vitrines decoradas nas lojas me fez desejar uma árvore enfeitada com lâmpadas que combinassem perfeitamente, bolas brilhantes e fitas de cetim?

Ao me distanciar lentamente de nossa humilde decoração, vislumbrei um enfeite em forma de coração com a escrita "Jesus, meu Salvador". Como pude esquecer que minha família e minha esperança em Cristo são as razões pelas quais amo celebrar o Natal? Nossa árvore tão simples em nada se parecia com as árvores das vitrines, mas o amor envolvido em cada decoração a tornava bela.

Como a nossa modesta árvore, o Messias também não atendeu às expectativas do mundo (Isaías 53:2). Jesus "foi desprezado e rejeitado" (v.3). No entanto, numa incrível demonstração de amor, Ele ainda escolheu ser "esmagado por causa de nossos pecados" (v.5). Ele sofreu a punição, para que pudéssemos desfrutar da paz (v.5). Nada é mais bonito do que isso.

Com uma atitude renovada, senti-me agradecida pelas decorações imperfeitas e por nosso perfeito Salvador, e parei de desejar o brilho dos enfeites e louvei a Deus por Seu glorioso amor. Os adornos brilhantes jamais corresponderiam à beleza de Sua dádiva sacrificial — Jesus. *Xochitl*

21 DE DEZEMBRO

Lembre-se de cantar

SALMO 147:1-7

*Como é bom cantar louvores
ao nosso Deus.* —Salmo 147:1

Nancy Gustafson, cantora de ópera aposentada, sentiu-se arrasada ao visitar sua mãe e observar o seu contínuo declínio por demência. A mãe mal a reconhecia e mal falava. Depois de várias visitas mensais, Nancy teve a ideia de começou a cantar para ela. Os olhos de sua mãe se iluminaram com os sons musicais, e ela começou a cantar também, por 20 minutos! Até brincou que elas eram "As cantoras da Família Gustafson!". A dramática reviravolta demonstra o poder da música e alguns terapeutas já concluíram que a música é capaz de evocar memórias perdidas. Cantar "as favoritas" já foi responsável por melhorar o humor, reduzir quedas, diminuir as idas ao pronto-socorro e a necessidade de sedativos.

Mais pesquisas sobre memória musical estão em andamento. No entanto, como a Bíblia nos revela, a alegria que vem do canto é uma dádiva de Deus — e é verdadeira. "Como é bom cantar louvores ao nosso Deus. Como é agradável e apropriado!" (Salmo 147:1).

Na verdade, ao longo das Escrituras, o povo de Deus é encorajado a levantar suas vozes em canções de louvor ao Senhor. "Cantem ao SENHOR, pois ele tem feito maravilhas" (Isaías 12:5). "Deu-me um novo cântico para entoar, um hino de louvor a nosso Deus. Muitos verão o que ele fez, temerão e confiarão no SENHOR" (Salmo 40:3). Nosso canto inspira não somente a nós mas também aos que os ouvem. O nosso Deus é grande e digno de louvor. *Patricia*

22 DE DEZEMBRO

O bazar de Natal

1 TIMÓTEO 6:6-10,17-19

No entanto, a devoção acompanhada de contentamento é, em si mesma, grande riqueza. —1 Timóteo 6:6

Uma mãe sentiu que estava gastando demais com os presentes de Natal da família, então, certo ano, decidiu tentar algo diferente. Por alguns meses antes do feriado natalino, ela vasculhou os bazares disponíveis por itens usados e baratos. Ela comprou mais do que o habitual, mas por muito menos dinheiro. Na véspera do Natal, seus filhos abriram entusiasmados presentes após presentes. No dia seguinte, eles receberam mais presentes! A mãe se sentira culpada por não ter dado presentes novos e guardou alguns presentes para a manhã de Natal. As crianças começaram a abri-los, mas eles logo começaram a reclamar dizendo: "Estamos cansados de abrir tantos presentes! Você nos presenteou demais!". Essa não é uma reação típica de crianças numa manhã de Natal!

Deus nos abençoou com muito, mas parece que estamos sempre procurando mais: uma casa maior, um carro melhor, uma conta bancária maior ou [preencha esse espaço]. Paulo encorajou Timóteo a lembrar as pessoas de sua congregação que "não trouxemos nada conosco quando viemos ao mundo, e nada levaremos quando o deixarmos. Portanto, se temos alimento e roupa, estejamos contentes" (1 Timóteo 6:7,8).

Deus nos concedeu o nosso fôlego e vida — além de suprir as nossas necessidades. Como deve ser fortalecedor apreciar e se contentar com as Suas dádivas a ponto de lhe dizermos: "Tu nos deste muito! Não precisamos de mais". "…A devoção acompanhada de contentamento é, em si mesma, grande riqueza" (v.6).

Anne

23 DE DEZEMBRO

Deliciando-se com o bom livro

2 TIMÓTEO 3:14-17

Toda a Escritura é inspirada por Deus...
—2 Timóteo 3:16

A pequena Islândia é uma nação de leitores e, de fato, relata-se que nesse país se publica, e se lê mais livros por pessoa do que qualquer outro país. Na véspera de Natal, amigos e familiares se presenteiam com livros e depois os leem noite adentro. Essa tradição remonta à Segunda Guerra Mundial, quando as importações eram restritas, mas o papel era barato. Os editores islandeses inundaram o mercado com novos títulos na época de Natal. Hoje, um catálogo dos lançamentos do país é enviado a todos os lares em meados de novembro. Essa tradição é conhecida como a *Inundação de livros de Natal*.

Somos gratos por Deus ter abençoado tantos com a capacidade de criar boas histórias e educar, inspirar ou motivar os outros por meio de suas palavras. Não há nada como um bom livro! A Bíblia, o livro mais vendido de todos os tempos, foi escrita por muitos autores que escreveram em poesia e prosa — algumas ótimas histórias, outras não tanto — mas todas elas inspiradas. Como o apóstolo Paulo lembrou a Timóteo: "Toda a Escritura é inspirada por Deus e útil para nos ensinar o que é verdadeiro e para nos fazer perceber o que não está em ordem em nossa vida. Ela nos corrige quando erramos e nos ensina a fazer o que é certo Deus a usa para preparar e capacitar seu povo para toda boa obra" (2 Timóteo 3:16-17). Ler a Bíblia nos convence, inspira e nos ajuda a viver para o Senhor e nos guia à verdade (2:15).

Não esqueçamos de encontrar tempo para nos envolvermos com o maior livro de todos os tempos: a Bíblia. *Alyson*

24 DE DEZEMBRO

Um visitante no Natal

LUCAS 2:25-33

*Soberano Deus, agora podes levar em paz
o teu servo, como prometeste.* —Lucas 2:29

Na véspera do Natal de 1944, um senhor conhecido como "Old Brinker" estava à beira da morte no hospital da prisão, esperando pelo culto de Natal que seria improvisado e liderado por outros prisioneiros. "Quando começará a música?", ele perguntou a William McDougall, seu companheiro na prisão Muntok, em Sumatra. "Em breve", respondeu McDougall. "Bom, daí poderei compará-la ao cântico dos anjos", disse-lhe o moribundo.

Embora Brinker tivesse se afastado de sua fé em Deus décadas antes, em seus últimos dias ele confessou seus pecados e encontrou a paz com o Senhor. Em vez de cumprimentar os outros com o olhar amargo, ele sorria. McDougall disse que "a transformação fora grande".

Brinker morreu pacificamente depois que o coro de 11 presos cantou a seu pedido, "Noite de Paz". Sabendo que Brinker mais uma vez seguia a Jesus e se uniria a Deus no Céu, McDougall observou: "Talvez a morte tenha sido um visitante muito bem-vindo para o Natal do velho companheiro".

A maneira como Brinker aguardou a hora da sua morte me faz lembrar de Simeão, um homem piedoso a quem o Espírito Santo revelou que "ele não morreria enquanto não visse o Cristo enviado pelo Senhor". Quando Simeão viu Jesus no Templo, exclamou: "agora podes levar em paz o teu servo, como prometeste. Vi a tua salvação" (vv.26,29-30).

Tal como aconteceu com Brinker, o maior presente de Natal que podemos receber ou compartilhar é a fé salvadora em Jesus.

Patricia

25 DE DEZEMBRO

Investimentos da fé

DEUTERONÔMIO 11:18-20

*Ensinem-nas [minhas palavras]
a seus filhos.* —Deuteronômio 11:19

O garoto de 12 anos aguardava ansioso a abertura dos presentes que estavam sob a árvore. Ele queria tanto uma bicicleta nova, mas sentiu-se frustrado quando recebeu um dicionário como o seu último presente. Na primeira página, ele leu: "Para Carlos de seus pais, 1958. Com amor e grandes esperanças para a sua melhor atuação na escola".

Na década seguinte, o garoto se saiu muito bem na escola. Ele formou-se na faculdade e, mais tarde, treinou pilotagem de aviões. Ele se tornou um piloto e atuou em terras estrangeiras, cumprindo o seu desejo de compartilhar sobre Jesus e ajudar os necessitados. E, cerca de 60 anos após receber tal presente, ele compartilhou o desgastado dicionário com seus netos. Isso se tornou um símbolo do investimento amoroso de seus pais em seu futuro, e ele ainda o valoriza. Mas sua gratidão é ainda maior pelo investimento que seus pais fizeram na edificação de sua fé, ensinando-o sobre Deus e as Escrituras.

Em Deuteronômio 11, lemos sobre a importância de aproveitar todas as oportunidades para compartilhar as palavras das Escrituras com as crianças: "Ensinem-nas a seus filhos. Conversem a respeito delas quando estiverem em casa e quando estiverem caminhando, quando se deitarem e quando se levantarem" (11:19).

Para Carlos, os valores eternos plantados quando ele ainda era uma criança frutificaram numa vida de serviço para o seu Salvador. Que sejamos capacitados por Deus, que sabe o quanto o nosso investimento no crescimento espiritual de alguém pode tornar-se frutífero. *Cindy*

26 DE DEZEMBRO

Uma sequência de "sim"

LUCAS 2:15-19

Maria, porém, guardava todas essas coisas no coração e refletia sobre elas. —Lucas 2:19

Certo Natal, vovó me deu um lindo colar de pérolas. As belas contas brilhavam no meu pescoço até que um dia o cordão arrebentou. Elas saltaram em todas as direções do nosso piso de madeira. Rastejando sobre as tábuas, recuperei cada minúsculo orbe. Individualmente, as pérolas eram pequenas. Mas quando colocadas lado a lado elas causavam uma bela impressão!

Às vezes as minhas respostas afirmativas a Deus parecem insignificantes, como aquelas pérolas individuais. Comparo-me à mãe de Jesus, que era maravilhosamente obediente. Ela respondeu "sim" quando aceitou o chamado de Deus para gerar o Messias em seu ventre e disse: "Sou serva do Senhor [...] Que aconteça comigo tudo que foi dito a meu respeito" (Lucas 1:38). Maria entendia tudo o que seria exigido dela? Que à frente surgiria um "sim" ainda maior para ceder seu Filho para a cruz?

Após as visitas dos anjos e pastores, Lucas nos diz que Maria "guardava todas essas coisas no coração e refletia sobre elas" (2:19). Guardar significa "armazenar", guardar como se fosse um tesouro, e refletir significa "meditar, ponderar". Essa atitude de Maria é repetida em Lucas 2:51. Muitas vezes ela responderia afirmativamente durante a sua vida.

Assim como aconteceu com Maria, a chave para a nossa obediência pode ser o entrelaçamento de vários "sim" aos convites do nosso Pai, um de cada vez, até que se reflitam numa vida submissa ao Senhor. *Elisa*

27 DE DEZEMBRO

Nosso Deus é compassivo

SALMO 138

…tu me protegerás da ira de meus inimigos.
—Salmo 138:7

Era uma gelada noite de inverno quando alguém jogou uma grande pedra pela janela do quarto de uma criança judia. Naquela janela exibia-se uma estrela de Davi, e o Menorá para celebrar Chanucá, o Festival Judaico das Luzes. Milhares de pessoas, muitas delas cristãs, responderam a esse ato odioso demonstrando compaixão. Elas optaram por se identificar com a dor e o medo de seus vizinhos judeus e colaram fotos do Menorá em suas próprias janelas.

Como pessoas que creem em Jesus, também somos alvo de grande compaixão. Nosso Salvador se humilhou para viver entre nós (João 1:14), identificando-se conosco. Por nós, Ele "embora sendo Deus […] assumiu a posição de escravo" (Filipenses 2:6-7). Sentindo como nos sentimos e chorando como nós choramos, Ele morreu numa cruz sacrificando Sua vida para salvar a nossa.

Nenhuma de nossas lutas está além da preocupação do nosso Salvador. Se alguém "joga pedras" em nossa vida, Ele nos conforta. Se a vida nos traz decepções, Ele caminha conosco em meio ao desespero. "Mesmo nas alturas, o Senhor cuida dos humildes, mas mantém distância dos orgulhosos" (Salmo 138:6). Em nossos problemas, Ele nos preserva, estendendo Sua mão contra a "ira de [nossos] inimigos" (v.7) e alcançando os nossos medos mais profundos.

Obrigado, Pai, por Teu amor pleno de compaixão. *Patricia*

Esperançoso

ROMANOS 12:9-13

Alegrem-se em nossa esperança.
Sejam pacientes nas dificuldades
e não parem de orar.
—Romanos 12:12

Em uma de nossas conversas com Rogério, um garçom que conhecemos em nossas férias, ele agradeceu a Jesus por sua esposa ser compassiva e ter sua fé fortalecida. Depois de ele terem tido o seu primeiro filho, Deus lhes deu a oportunidade de cuidar de uma sobrinha com síndrome de Down. E, logo depois, sua sogra precisou de cuidados médicos contínuos.

Ele trabalha com alegria, muitas vezes Rogério dobra o seu turno de trabalho para que a sua esposa fique em casa cuidando das pessoas que Deus lhes confiou. Quando lhe disse que o seu testemunho em servir seus familiares me inspirou a amar melhor, ele disse: "É um prazer servir a eles e a vocês."

A vida dele reafirma o valor de sermos bondosos e confiantes na provisão de Deus para servirmos o próximo com altruísmo. O apóstolo Paulo nos exorta: "Amem-se com amor fraternal e tenham prazer em honrar uns aos outros […]. Sejam pacientes nas dificuldades e não parem de orar" quando "membros do povo santo passarem por necessidade, ajudem com prontidão. Estejam sempre dispostos a praticar a hospitalidade" (Romanos 12:10-13).

Nossa vida pode mudar num instante, deixando-nos a nós ou nossos amados em circunstâncias aparentemente insuportáveis. Mas dispondo-nos a compartilhar tudo o que Deus nos deu enquanto esperamos nele, podemos nos apegar ao Seu eterno amor — juntos. *Xochtl*

29 DE DEZEMBRO

Vivendo bem

ECLESIASTES 7:1-4

*…afinal, todos morrem, e é bom
que os vivos se lembrem disso.*
—Eclesiastes 7:12

Um estabelecimento na Coreia do Sul oferece funerais grátis para os vivos. Desde que iniciou em 2012, mais de 25 mil pessoas, de adolescentes a aposentados, participaram em massa desses "funerais vivos", na esperança de melhorar a sua vida ao pensar na morte. Os seus oficiantes dizem que "as cerimônias têm o objetivo de dar ao participante um verdadeiro sentido da vida, inspirar gratidão e ajudar na prática do perdão e reconexão entre familiares e amigos".

Essas palavras repercutem a sabedoria dada pelo mestre escritor de Eclesiastes. "…todos morrem, e é bom que os vivos se lembrem disso" (Eclesiastes 7:2). A morte nos lembra de que a vida é breve e que temos somente um certo tempo para amar e viver bem. Isso nos libera para usufruirmos das boas dádivas de Deus, como dinheiro, relacionamentos e prazer e nos liberta para desfrutá-las aqui e agora, enquanto ajuntamos "tesouros no céu, onde traças e ferrugem não destroem, e onde ladrões não arrombam nem furtam" (Mateus 6:20).

Ao lembrarmos que a morte pode bater a qualquer hora, isso talvez nos obrigue a não adiar a visita a nossos pais, postergar nossa decisão de servir a Deus de um modo específico, ou negligenciar o tempo com nossos filhos por causa do trabalho. Com a ajuda de Deus, podemos aprender a viver com sabedoria.

Poh Fang

30 DE DEZEMBRO

Olhos eternos

2 CORÍNTIOS 4:7-18

…não olhamos para aquilo que agora podemos ver; […] fixamos o olhar naquilo que não se pode ver. —2 Coríntios 4:18

Minha amiga Madalena ora para que os seus filhos e netos mantenham o olhar no que é eterno. A família dela passou por momentos tumultuados, o que culminou com a morte de sua filha. À medida que sofrem com essa perda, Madalena deseja que sejam cada vez menos míopes, menos consumidos pela dor deste mundo. Quer que se concentrem no que é eterno e permaneçam cheios de esperança em nosso Deus amoroso.

O apóstolo Paulo e seus cooperadores sofreram muito nas mãos dos perseguidores e até de cristãos que tentaram desacreditá-los. Porém, eles mantiveram o olhar fixo na eternidade. Ele reconheceu com ousadia que "não olhamos para aquilo que agora podemos ver; em vez disso, fixamos o olhar naquilo que não se pode ver. Pois as coisas que agora vemos logo passarão, mas as que não podemos ver durarão para sempre" (2 Coríntios 4:18).

Embora eles estivessem realizando a obra de Deus, estavam "de todos os lados pressionados por aflições", "perplexos" e "derrubados" (vv.8-9). Deus não deveria tê-los livrado desses problemas? Mas, em vez de desapontar-se, Paulo edificou a sua esperança na "glória que pesa mais que todas as angústias" (v.17). Ele sabia que o poder de Deus estava agindo nele e sentia-se convicto de que aquele "que ressuscitou o Senhor Jesus, também nos ressuscitará com Jesus…" (v.14).

Quando o mundo ao nosso redor parecer instável, voltemos os nossos olhos a Deus — a Rocha eterna que jamais será destruída. *Estera*

31 DE DEZEMBRO

Fogos de artifício da vida

EFÉSIOS 2:12-18

Porque Cristo é nossa paz.
—Efésios 2:14

Na véspera de Ano Novo, quando os poderosos fogos de artifício estouram em todos os locais ao redor do mundo, o barulho é alto de propósito. Os fabricantes dizem que, por natureza, os fogos de artifícios são feitos para dividir a atmosfera, literalmente. As explosões do "repetidor" podem soar mais alto quando acontecem perto do chão.

Os problemas também podem explodir em nosso coração, mente e lar. Os "fogos" da vida — lutas familiares, problemas de relacionamento, desafios de trabalho, tensão financeira e até a divisão da igreja — parecem explosões que sacodem nossa atmosfera emocional.

Porém, conhecemos o Único que nos eleva acima disso. Paulo escreveu: "Porque Cristo é a nossa paz" (Efésios 2:14). Quando permanecemos em Sua presença, temos a Sua paz que é maior do que qualquer perturbação e acalma o ruído da preocupação, mágoa ou desunião.

Isso teria sido uma garantia poderosa aos judeus e gentios que viviam no mundo "sem Deus e sem esperança" (v.12). Enfrentavam ameaças de perseguição e de divisão interna. Mas em Cristo foram trazidos para perto dele e um do outro, pelo Seu sangue. "Porque Cristo é nossa paz. Ele uniu judeus e gentios em um só povo ao derrubar o muro de inimizade que nos separava" (v.14).

Ao começarmos um novo ano, com ameaças de inquietação e divisões estrondosas no horizonte, deixemos de lado as provações barulhentas da vida e busquemos a nossa Paz sempre presente. Jesus acalma as nossas agitações e nos cura. *Patricia*

Autoras

Alyson Kieda Kieda editou textos do *Pão Diário* por mais de uma década. Ela ama escrever desde a infância e aprecia muito escrever os devocionais *Pão Diário*. Ela é casada, tem três filhos e cada vez mais netos. Ama ler, fazer trilhas pelos bosques e estar com sua família. Sente-se abençoada por seguir os passos de sua mãe, que também era autora de artigos devocionais.

Amy Boucher Pye é escritora, é norte-americana e mora em Londres onde atua como palestrante e líder em encontros cristãos internacionais. Escreveu vários livros, entre eles o premiado *Finding Myself in Britain* (Descobrindo o meu eu na Inglaterra). É mestra em Espiritualidade Cristã pela Universidade de Londres, mantém um clube de leitura para mulheres e vive alegremente com sua família em sua casa paroquial anglicana. Seus contatos: amyboucherpye.com ou Facebook, Twitter e Instagram (@amyboucherpye).

Anne Cetas começou a seguir Jesus no fim da adolescência. Uma amiga lhe presenteou um exemplar do *Pão Diário* para ajudá-la a ler a Bíblia consistentemente; a partir disso, ela estudou os livretos da nossa série *Descobrindo a Palavra*. Integrou-se à equipe editorial de *Pão Diário* como revisora e depois editora por muitos anos. Começou a escrever para o devocional em 2004.

Ela e seu marido, Carl, servem nos ministérios com refugiados e no berçário na igreja local. Seus artigos devocionais foram reunidos e publicados sob o título *Finding Jesus in Everyday Moments* (Encontro com Jesus em todos os momentos).

Cindy Hess Kasper serviu por mais de quarenta anos em *Ministérios Pão Diário*. Escreveu artigos devocionais para jovens por mais de uma década, e para o *Pão Diário* a partir de 2006. Sua paixão por trabalhar com palavras vem de seu pai, seu maior mentor e encorajador, o experiente editor-chefe Clair Hess. Cindy e seu esposo, Tom, têm três filhos adultos e, como ela mesma diz, vários netos deliciosamente doidinhos.

Elisa Morgan escreveu mais de 25 livros, incluindo a *Bíblia NVI para Mães* (em inglês). Por 20 anos, Elisa foi a CEO do MOPS Internacional (grupo de apoio às mães dos pequeninos). Além de escrever para o devocional *Pão Diário*, apresenta um programa de rádio e produz *podcasts* para mulheres. É casada com Evan, e eles têm dois filhos adultos e dois netos, que vivem próximos a eles em Denver, Colorado, EUA. Seus contatos: elisamorgan.com, Facebook e Instagram (@elisamorganauthor) e Twitter (@elisa_morgan).

Estera Pirosca Escobar é romena e seu coração é voltado para o mundo. Foi para os EUA como estudante universitária e vivenciou tanto a saudade e a solidão quanto o amor da comunidade cristã pelos estudantes internacionais. Viu muitos estudantes internacionais tornarem-se seguidores de Jesus a partir da hospitalidade e amor que receberam. Como diretora nacional da *International Friendships* (IFI-Acolhimento internacional), apoiou líderes da instituição nos EUA no fortalecimento e crescimento de seus ministérios locais. Estera e Francisco, seu esposo chileno, vivem em Columbus, Ohio, EUA, onde ela faz doutorado em educação internacional.

Jennifer Benson Schuldt atua profissionalmente com a escrita desde 1997, quando se formou pela Universidade Cedarville e começou sua carreira como redatora técnica. Graduou-se pelo *C. S. Lewis Institute* e faz mestrado em Belas Artes (Escrita) na Universidade Lindenwood. Jennifer vive na região de Chicago com seu marido, Bob, e seus dois filhos. Quando ela não está escrevendo ou servindo em sua igreja e seu lar, Jennifer gosta de ler poesia e ficção, pintar e fazer caminhadas com sua família.

Julie Schwab é bacharel em Escrita Criativa e mestre em Estudos Teológicos. Atua como editora e professora e faz o mestrado em Língua Inglesa. Vive em Michigan com seu esposo Jake (que a convence frequentemente a não adotar mais gatos) e o "zoológico" deles: Shep, o cão "pastor-labrador" e dois gatos, Tabi e Tuxi. Jake e Julie amam a vida que levam e apreciam fazer longas caminhadas, quando aproveitam para falar sobre a vocação, a história e a grandeza de Deus, bem como a exortarem-se mutuamente em amor e a não fazerem reformas demais na casa ao mesmo tempo.

Kirsten Holmberg é palestrante, autora e *coach* residente no litoral Noroeste Pacífico. Escreveu vários livros e estudos bíblicos. Ela ministra palestras com regularidade em eventos empresariais, eclesiásticos e comunitários, encorajando as pessoas a caminharem mais perto de Jesus e a conhecerem melhor o Seu amor por meio da Sua Palavra. Seus contatos: www.kirstenholmberg.com ou (@kirholmberg).

Laura L. Smith é escritora, palestrante e ama música. Ela cresceu cantando hinos antigos em sua igreja tradicional e, logo após os cultos, correndo para casa para acompanhar a lista da Billboard dos Top 40 *hits* musicais. Laura viaja os EUA compartilhando o amor de Cristo pelas mulheres em eventos e conferências. Vive na cidade universitária de Oxford, Ohio, com seu marido e seus quatro filhos. Visite laurasmithauthor.com para saber mais.

Linda Washington é bacharel em Escrita de Língua Inglesa pela Universidade Northwestern em Evanston, Illinois, e mestra em Belas Artes pelo Vermont College, em Montpelier, Vermont, EUA. É autora e coautora de livros para crianças, adolescentes e adultos.

Lisa Samra anseia por ver Cristo glorificado em sua vida e no ministério onde serve. Nascida e criada no Texas, Lisa aprecia um chá gelado e churrasco de *brisket* (de peito bovino). Formou-se em Jornalismo pela Universidade do Texas e é mestra em Estudos Bíblicos pelo Seminário Teológico de Dallas. Lisa vive em Grand Rapids, Michigan, com seu esposo, Jim, e seus quatro filhos. Faz mentoria para facilitar os relacionamentos e para grupos que visam a formação espiritual e o desenvolvimento de liderança.

Lori Hatcher é blogueira, esposa de pastor e palestrante de ministérios de mulheres. Editora de uma revista cristã norte-americana, preside uma organização que visa promover os líderes e as suas habilidades da comunicação (*Toastmasters* em Colúmbia), além de contribuir regularmente para publicações e sites. Seu livro *Hungry for God… Starving for Time*

(Famintos for Deus: esfomeados for tempo) recebeu o prêmio de Livro Cristão de Pequena Publicadora do Ano de 2016. Descubra mais sobre Lori e seus amados devocionais de cinco minutos em lorihatcher.com.

Monica La Rose estudou Língua Inglesa e Teologia no *Trinity Christian College* em Palos Heights, Illinois, e completou seu mestrado em Estudos Teológicos no Seminário Calvin em Grand Rapids, Michigan. Em outubro de 2019, casou-se com Bem La Rose, músico e engenheiro eletricista. Ambos vivem em St. Charles, Illinois, e valorizam o tempo passado com amigos, família e seus dois gatos maluquinhos, Heathcliff and Mystique.

Patricia Raybon escreve livros que constroem pontes, auxiliando as pessoas a moverem montanhas pela fé. Uma autora e jornalista premiada, Patricia escreve para encorajar os outros na Palavra, inspirando-os a amar a Deus e uns aos outros. Apoia projetos de tradução da Bíblia ao redor do mundo e é autora de livros e devocionais. Mãe e esposa, vive no Colorado com seu esposo Dan, um educador aposentado. Acompanhe a sua jornada em patriciaraybon.com.

Poh Fang Chia nunca sonhou em atuar numa profissão relacionada a idiomas; seu primeiro amor era a química. A grande virada ocorreu quando, aos quinze anos, recebeu Jesus como seu Salvador e disse a Ele que gostaria de escrever livros que tocassem corações. Ela serve nos Ministérios Pão Diário em Singapura como diretora de desenvolvimento de conteúdos em língua inglesa. Integra o comitê editorial de revisão no idioma chinês. Poh Fang afirma que aprecia explorar as Escrituras e encontrar passagens que apresentam uma perspectiva nova, respondem uma questão que está queimando em sua mente ou lidam com alguma questão da vida que ela esteja enfrentando. Ela ora para que os leitores percebam como a Bíblia é viva hoje e que possam reagir ao poder transformados da Palavra.

Remi Oyedele atua na área de finanças e é escritora freelancer com uma paixão dupla: a Palavra de Deus e livros infantis. Seu objetivo é transmitir as verdades das Escrituras por meio de histórias para crianças e para a criança que ainda existe no coração de seus leitores maiores. C. S. Lewis é uma grande inspiração para ela! Ela é mestre em Literatura infantil. Nascida na Nigéria, ela hoje vive na Flórida, onde dedica seu tempo livre a ler e como blogueira no wordzpread.com. Remi é casada com David, o fã número um do seu blog.

Ruth O'Reilly Smith nasceu na África do Sul e vive no Reino Unido desde 1999. É casada e tem um casal de gêmeos. Iniciou sua atuação no rádio como estudante na Universidade de Pretória, em 1995. Foi apresentadora de vários programas musicais e de entrevistas, liderou a bancada de notícias numa rádio comunitária cristã. Atualmente, ela apresenta um programa numa emissora cristã. Publicou seu primeiro livro em 2021. Ruth e sua família são parte de uma igreja local em Staffordshire, Inglaterra.

Xochitl Dixon encoraja e oferece recursos para que seus leitores abracem a graça de Deus, aprofundando-se em seu relacionamento pessoal com Cristo e com outras pessoas. É autora, palestrante e blogueira em xedixon.com, e se interessa por cantar, ler, fotografia, maternidade. É casada com seu melhor amigo, o Dr. W. Alan Dixon Sr., um professor universitário.

Tem diversos livros já publicados em inglês, um dos quais o premiado *Different Like Me* (Diferente como eu), um livro infantil premiadopelo ECPA 2021 na categoria Livro Cristão.